Cinco Estudos de Direito do Trabalho

Antônio Álvares da Silva
Professor titular de Direito do Trabalho da Faculdade de Direito da UFMG.
Desembargador Federal do Trabalho da 3ª Região.

Cinco Estudos de Direito do Trabalho

Dados Internacionais de Catalogação na Publicação (CIP)
(Câmara Brasileira do Livro, SP, Brasil)

Silva, Antônio Álvares da
 Cinco estudos de direito do trabalho / Antônio
Álvares da Silva. — São Paulo: LTr, 2009.

Bibliografia.
ISBN 978-85-361-1356-2

1. Direito do trabalho 2. Direito do trabalho —
Brasil I. Título.

09-05296   CDU-34:331(81)

Índices para catálogo sistemático:

1. Brasil : Direito do trabalho   34:331(81)
2. Direito do trabalho : Brasil   34:331(81)

Produção Gráfica e Editoração Eletrônica: **RLUX**
Capa: **FABIO GIGLIO**
Impressão: **ASSAHI GRÁFICA EDITORA**

© Todos os direitos reservados

EDITORA LTDA.

Rua Apa, 165 — CEP 01201-904 — Fone (11) 3826-2788 — Fax (11) 3826-9180
São Paulo, SP — Brasil — www.ltr.com.br

LTr 3861.3   Junho, 2009

ÍNDICE

PREFÁCIO 7

A MULTA DO ART. 475-J DO CPC: Sua aplicabilidade ao processo do trabalho .. 13

1. Etimologia e conceito da palavra 13
2. Conceito de sanção 13
3. Classificação geral da sanção jurídica 19
4. Sanção e direito do trabalho 21
5. A multa do artigo 475-J e sua aplicação ao processo do trabalho 27
      5.1. Origem 27
      5.2. Questões processuais do artigo 475-J 32
      5.3. O conceito de sentença depois da Lei n. 11.232/05 35
6. A multa do artigo 475-J e o processo do trabalho 37
7. Adaptações formais 43
8. Liquidação 44
9. A multa do artigo 475-J no processo de conhecimento e na execução provisória 48
10. A jurisprudência do TST. 49
11. A multa do artigo 475-J e o mandado de segurança 52
12. Conclusões 53

CONCILIAÇÃO 55

1. Etimologia e significado da palavra 55
2. Fundamentos políticos e filosóficos 55
3. A conciliação no direito 62
      3.1. A conciliação no direito público 64
      3.2. A conciliação no direito coletivo. O "comum acordo" 65

3.3. A conciliação no direito privado 69

4. Aspectos pragmáticos da conciliação 76

   4.1. Reforço efetivo do que já temos, para conscientizar os cidadãos, os empregados, os empregadores e os sindicatos da necessidade e das vantagens da conciliação 76

   4.2. Aplicação de sanções 80

5. A conciliação e as comissões prévias 83

   5.1. Perspectiva geral 83

   5.2. Quitação geral 85

   5.3. Acesso ao Judiciário 86

   5.4. Função arbitral 87

6. Filosofia da conciliação 88

   6.1. Sentido amplo 88

   6.2. Sentido restrito e processual 89

INFORMATIZAÇÃO DO PROCESSO: Realidade ou utopia? 96

1. Introdução 96

2. Cibernética e direito 102

3. O computador na sociedade contemporânea 113

4. Computador e a ciência do direito 118

5. Informática e direito. Direito informático 130

6. Informática jurídica no Brasil 133

7. A experiência dos tribunais 148

8. Conclusão 153

JUS POSTULANDI — Um bem ou um mal? 158

RELAÇÃO DE EMPREGO DOS SERVIDORES CONTRATADOS SEGUNDO O ART. 37, IX, DA CONSTITUIÇÃO FEDERAL 180

1. Colocação do problema 180

2. Natureza jurídica do art. 37, IX 181

3. A evolução da jurisprudência trabalhista 186

4. Conclusões 187

BIBLIOGRAFIA 193

PREFÁCIO

Este livro é o resultado de algumas leituras e dos debates nas salas de aula da Pós-Graduação. Com alunos brilhantes e interessados, passamos em revista os principais problemas da jurisdição trabalhista. Resolvi ordenar as ideias e transformá-las em livro. Agora as apresento ao leitor para uma discussão mais ampla.

A informática virou moda. Transformou-se em tema maior da reforma do Judiciário. Ministros e presidentes de tribunais superiores fazem dela o objeto de suas gestões. E dizem que descobriram a chave mágica dos julgamentos rápidos e do desafogo dos processos. As estantes serão esvaziadas. Os processos serão um *pendrive* que levaremos no bolso. O tempo morto dos despachos e atos ordenatórios estará definitivamente superado. Entraremos no mundo da eficiência máxima. E tudo estará resolvido.

Nunca concordei com estes entusiasmos irreais. Estamos pedindo a um Deus falso o milagre que ele jamais nos dará. Enquanto isto, adiamos a verdadeira reforma processual que precisa ser feita, para limitar recursos, extinguir instâncias superiores e modernizar o Judiciário com soluções rápidas e seguras, por intermédio de juízes competentes e abertos (o que não falta no País). Num mundo atual, globalizado e em rede, onde nada pode esperar, é isto que se exige do Judiciário.

Estamos vestindo com roupa nova uma velharia de dois séculos de atraso. As vestes funerárias, por mais bonitas que sejam, não restituem ao morto a vida. Computador não julga sozinho. Estamos correndo o risco de jogar fora todo este esforço caríssimo da informatização e apresentar ao povo uma falsa "modernização", cujos efeitos o jurisdicionado ainda não sentiu nem vai sentir em futuro próximo.

A multa do art. 475-J do CPC é um esforço de dotar o Judiciário trabalhista de efetividade. Quem demanda e perde procrastina o crédito social, do qual vive quem trabalha. Esta atitude precisa ter uma consequência. O débito trabalhista é pago com atraso. Os juros são irreais. É muito mais negócio protelá-lo e empregar o dinheiro na atividade econômica. Temos que combater este oportunismo e esta mentalidade demandista que tomaram conta da jurisdição do trabalho, que só deve julgar o conflito sério e necessário. O restante fica para os órgãos extrajudiciais de conciliação e arbitragem, sob controle dos sindicatos, que são plenamente capacitados para esta função.

O *jus postulandi* é uma instituição democrática e justa. Se a Constituição garante o acesso ao Judiciário, a parte pode ter a alternativa de usá-lo pessoalmente, sem intermediário, se esta for sua opção. Isto não significa desprezo à função do advogado. Há casos em que sua presença é indispensável. Mas não há de ser obrigatória em todas as hipóteses. Em vez de se afirmar que o processo é uma técnica complicada, inacessível ao leigo, o certo é simplificá-lo para que se torne um instrumento a favor do povo e não contra ele.

Karl Larenz, em seu famoso livro *O Direito Justo* (*Das Richtige Recht*) estabeleceu parâmetros fundamentais e necessários para que todos os ramos da Ciência do Direito fossem justos e cumprissem sua finalidade de pacificação social por meio de adequada solução dos conflitos humanos. Para o processo, fixou dois princípios, sem os quais não se pode falar em "processo justo": a imparcialidade do juiz — *Unparteilichkeit der Richter* e o contraditório — direito de ser ouvido — *Das Prinzip des recdhtlichen Gehörs*[1].

O resto é histórico e contingente: número de jurisdições, recursos, procedimentos, tribunais superiores, etc. O que importa é que todos sejam julgados por um juiz isento, com oportunidade de ser ouvido.

Portanto a construção de um processo simples, objetivo e sem complicações formais é hoje o grande objetivo da ciência processual. Esta é, aliás, a condição para que ela possa ser informatizado. Como construir um programa com base em um modelo incoerente, tortuoso, cheio de meandros e desvios? Nenhuma cibernética, por mais engenhosa que seja, atingirá este propósito.

Se é verdade que o direito material tem um certo grau de tecnicismo que envolve conhecimento especializado, este fato não pode ser afirmado para o processo, cuja construção, informada pelos dois princípios apontados, pode erguer-se de maneira simples e racional, numa única audiência, em atos concentrados, que o juiz pratica com o auxílio das partes. Quem pode dizer que, pelo menos no Direito do Trabalho, esta proposta não é factível e razoável?

A multa do 475-J é apenas um tímido começo. Quem protela o crédito social deve ser punido com muito maior intensidade. Direito de defesa não pode se transformar em direito de protelação. Não podemos permitir mais que a Justiça do Trabalho continue sendo uma arena de conflitos inúteis e, o que é pior, cuja demora beneficia quem tem a obrigação de pagá-los.

Quem viola as normas do imposto de renda é severamente multado. O mesmo se diz em relação aos madeireiros que desmatam, aos que não cumprem normas sanitárias, aos que desrespeitam a lei seca. Porém, aos que violam as normas trabalhistas, de alto conteúdo social e político, não há sanção. Há prêmio, pois pagam o débito vários anos depois, com juros insuficientes e com valor defasado.[2]

Finalmente, a conciliação, que deve merecer uma melhor análise e um tratamento mais aprofundado do legislador. Não pode transformar-se, como a informática, em propaganda oficial e ter semanas dedicadas à sua promoção com mutirões, festas e loas a seus efeitos supostamente miraculosos.

Todos sabemos que o Judiciário tem a obrigação de ser, antes de julgar, um eficiente conciliador, juntamente com órgãos extrajudiciais, principalmente as Comissões de Conciliação Prévia, cuja estrutura deveria ser alterada. Não obtido o acordo, elas se transformariam automaticamente em órgão arbitral, decidindo a

---

(1) LARENZ, Karl. *Richtiges Recht:* Grundzüge einer Rechtsethik. München: C.H. Beck,1979. p. 164.
(2) Até hoje, a jurisdição do trabalho não se deu conta de que tem plena competência para aplicar multas administrativas quando na sentença se constata a violação de um dispositivo que também é cominado com sanção administrativa. Se a multa administrativa, prevista ao final de cada capítulo da CLT não provém da relação de trabalho, então provirá de onde? Das relações de família? Das relações tributárias? *In claris non est locus coniecturis.* Quando a questão é clara, não sobra lugar para as conjecturas, como já dizia a sabedoria romana.

controvérsia num prazo mínimo. A parte ou as partes insatisfeitas recorreriam à Vara competente, que manteria ou revogaria a decisão arbitral.

Não é preciso dizer que o conflito trabalhista, na maioria dos casos, é simples e se limita, salvo nas hipóteses de justa causa, à prova documental. Raramente vai além de um acerto de contas de quem já trabalhou e não recebeu por seu trabalho. Mas o processo do trabalho, com suas formalidades e sucessivos recursos, é que complica a solução. Qualquer pessoa, com um mínimo de treinamento, fica apto a arbitrar as controvérsias fora do processo e dos tribunais.

Mas, se o conflito vai à Justiça, é preciso simplificar e dar logo a solução conveniente. Basta lembrar que hoje, a nível nacional, cerca de 50% dos conflitos trabalhistas sujeitam-se ao procedimento sumaríssimo. Isto significa que, se dobrássemos a alçada para 80 salários mínimos, a absoluta maioria morreria no primeiro grau. Por que não adotar esta óbvia e evidente medida?

Esperamos que estas reflexões[3] despertem outras no leitor, a fim de que caminhemos juntos em direção à verdade que, como todo ideal humano, só pode ser obtido num ambiente de diálogo e parceria.

Se conseguir este objetivo, dar-me-ei por plenamente satisfeito.

Esta é a maior recompensa de quem escreve: procurar na ideia do próximo um meio permanente de melhorar a sua.

---

[3] Termo que uso no sentido schopenhaueriano: "deliberação racional da consideração imparcial e da apresentação honesta, portanto o verdadeiro uso normal da razão em geral." SCHOPENHAUER, Arthur. *Fragmentos sobre a história da filosofia*. São Paulo: Martins Fontes, 2007. p. 31.

"All linguistic denotation is essentially ambiguous and in this ambiguity, this paronymia of words lies the source of all myths." (Toda denotação linguística é essencialmente ambígua e, nesta ambiguidade ou paronímia de palavras está a razão de todos os mitos.)

(KASSIRER, Ernst. *Language and myth*. s.l. Dover Publications.1946. p. 4)

Da ambiguidade da linguagem nasce para nós juristas o mito da interpretação, ou seja, o esforço do espírito para descobrir o que as leis quiseram dizer. E nasce também a controvérsia permanente em torno do sentido vacilante das palavras.

(Relexão do autor sobre o tema)

"Espinoza teria sido um mero renovador dos eleatas, como Gassedi o foi de Epicuro. Mais uma vez verificamos quão extremamente raras são a verdadeira novidade e a complexa originalidade em todos os ramos do pensamento e do saber."

(SCHOPENHAUER, Arthur. *Fragmentos sobre a história da filosofia*. São Paulo: Martins Fontes, 2007. p. 106)

A MULTA DO ART. 475-J DO CPC

Sua aplicabilidade ao processo do trabalho

1. ETIMOLOGIA E CONCEITO DA PALAVRA

"Multa" faz parte de um conceito maior, denominado sanção. Como não se pode conceituar o gênero pela espécie, sob pena de limitar-lhe a extensão e reduzir-lhe o conteúdo, é necessário que se coloque previamente o conceito de sanção.

Sanção provém do adjetivo latino *sacer, sacra, sacrum*, que significou inicialmente o que não se podia tocar, daí maldito. *Sacer esto*: estais condenado aos deuses malditos. É comum e conhecida a frase: *auri sacra fames*, a fome maldita do ouro.[4]

Depois, com a evolução, passou a significar sagrado, sentido que se aplicou à religião e ao Direito. O verbo *sancio, sancis, sancire, sanctum,* com nasal infixa, originou em português diversas palavras, além de sanção: são, Sacramento, sacerdote (de sacerdos, o que torna sagradas as coisas) sacrilégio, sacrifício.[5]

Por ampliação de sentido, evoluiu de significado para firmar, estabelecer, sancionar as leis, ou seja, torná-las vigentes e sagradas, de modo que sejam obedecidas como algo sagrado e intocável. Depois, assumiu finalmente o sentido de punição pelo desrespeito às leis, assim como punidos são, no sentido religioso, os que desrespeitam os preceitos sagrados.

Bem se vê, com este exemplo, que as palavras guardam a história dos fatos que expressam ao longo do tempo. A língua é mesmo a principal identidade do homem.

2. CONCEITO DE SANÇÃO

O Direito, ao formular-se por meio de normas, transcende a realidade. Não a encara como é, mas como deveria ser. Cria uma situação hipotética que, quando incide na realidade, recria-a e a transforma.

Esta situação só é possível, porque o legislador percebeu a realidade pela ótica de certos valores, que deseja tornar concretos por meio da norma ou normas que estabelece. Por isto se diz que o Direito é uma forma da realização de valores.

Toda ciência, como salienta *Helmut Coing*, firma o conhecimento do ser por meio da combinação metódica de posições empíricas e aprioristicas.[6]

---

(4) VIRGILIO. *Eneida*, Livro III, linha 56. "Quid non mortalia pectora cogis, auri sacra fames?" A que não contranges os corações dos mortais, ó maldita fome (ambição) do ouro.
(5) MARTIN, F. *Les mots latins*. Paris: Hachette, 1941. p. 222.
(6) COING, Helmut. *Fundamentos de filosofia do direito.* Barcelona: Ediciones Ariel, 1961.

Pela visão empírica, vê-se o homem histórico, situado na vida, vivendo as circunstâncias de seu tempo. Pela perspectiva apriorística, transcende-se este mundo por meio da alavanca dos valores, elevando-se a visão além dos fatos, para melhor analisá-los. Abstrai-se exatamente para melhor analisar, já que os objetos abstratos são aqueles que não se sujeitam a cadeias causais.[7]

Quando o legislador acha que os fatos estão adequados ou suficientes, silencia-se. Se os julga carentes de modificação, propõe transformá-los pela norma. Esta visão apriorística é essencialmente valorativa, pois deduz uma melhor situação das relações humanas em prisma que não coincide com o momento atual.

Para o Direito o homem é um ser integrado de vida e de futuro. Vive agora e pensa no depois. As inúmeras relações sociais que estabelece com os outros homens por meio de relações individuais, coletivas ou públicas, não são nem podem ser definitivas. Como salienta *Carnelutti*,

> O homem é em si a sua história. E sua história é composta não somente do seu passado, mas também do seu futuro. Eu sou não só aquilo que tenho sido, mas também aquilo que serei. O presente é síntese do passado e do futuro.[8]

O homem é valor e experiência, que se integram no movimento da história. Porém, como já salientara *Goethe*, a experiência é apenas metade da experiência.[9] E o mesmo se pode dizer dos valores: um valor, idealmente concebido, é apenas metade do que dele se concebe. Sua realização dependerá do grau de incidência sobre a vida, no eterno movimento da história humana.

As leis, como dever-ser, compõem-se deste dois fatores. Enquanto realidade, incidente sobre a vida, considera o homem como ele é. Enquanto valor, procura transcendê-lo para além da realidade em que vive. Quer a mudança, mas não cai num historicismo absoluto nem numa abstração irreal. O legislador é realista sem ser escravo dos fatos e valorativo sem se separar da realidade.

Entre empiria e abstração centra o legislador o fiel de sua balança, a fim de que faça leis para o homem concreto e abstrato, cujas metades se integram no tipo que normativamente descreve. Os fatos concretos o chamam à realidade; os valores elevam-no além dos fatos.

As leis existem para ser aplicadas. São feitas para a vida. É nela que se integram através do fluxo da história pelo tempo. Tornando-se positiva, a lei vige, torna-se válida para todos e tem que ser eficaz, ou seja, não apenas prever a situação fática alvejada, mas de fato nela incidir e transformá-la.[10] Como assinala *Pontes de Miranda*, "A regra jurídica somente se realiza quando, além da coloração, que resulta da incidência, os fatos ficam efetivamente subordinados a ela. Aí a vontade humana pode muito".[11]

---

(7) BRANQUINHO, João; MURCHO, Desidério; GOMES, Nelson Gonçalves. *Enciclopédia de termos lógico-filosóficos*. São Paulo: Martins Fontes, 2006. p. 13.
(8) CARNELUTTI, Francesco. *As misérias do processo penal*. Campinas: Conan, 1995. p. 52.
(9) GOETHE, Johann Wolfgang. *Máximas e reflexões*. Lisboa: Guimarães Editores, 2001. p. 208.
(10) *Positividade, vigência, validez e eficácia são* as características determinantes da lei.
(11) MIRANDA, Pontes de. *Tratado de direito privado*. 3. ed. Rio de Janeiro: Borsoi, 1970. t.1, p. 36.

Aqui, de fato, a vontade humana pode muito, pois a norma, como toda entidade cultural, depende do homem para ter vida. Nada que o homem cria pode situar-se fora de sua esfera, pois a cultura é um mundo intersubjetivo, ou seja, um mundo que não existe apenas em um indivíduo, mas é acessível a todos, que dele participam e o ajudam a construir. O homem cria e compartilha sua criação com os demais, irmanados numa atividade comum.

A norma jurídica, enquanto criação cultural do homem, exige compartilhamento. É preciso que atinja seu objetivo, sob pena de tornar-se inútil. As normas não podem restringir-se a um agrupamento de palavras, mas num efetivo e concreto comando para a realidade. Este objetivo pode falhar sob dois aspectos:

a) a lei, por não ser eficaz, é relegada. É como se não existisse. O mundo pretendido pelo legislador não se concretiza, porque a lei não é praticada;

b) a lei é violada. Não há acatamento a seu comando. Seu mandamento não se transforma em comando das ações humanas a que se destina. Aqui o desrespeito é ativo. Não se desconhece, viola-se. Pratica-se um ato contrário a seu comando ou deixa-se de praticar o ato que ela determinou. Neste caso, ação e omissão são atos deliberados, que conduzem ao terreno da ilicitude.

A norma, utilizando-se de "funtores", ou seja, de operadores lógicos, exprime--se em linguagem deôntica ou normativa, exteriorizando uma proibição, determinação ou permissão. Quando estes comandos são cumpridos, a lei é obedecida. Quando são desrespeitados, a lei é violada.

Toda norma jurídica sofre violação. Não existe conduta perfeita na vida social. O legislador sabe que a ação negativa necessariamente virá. O problema não consiste em tentar evitá-la pois a experiência mostra este fato, desde que o homem se organizou em sociedade e monopolizou a aplicação da lei, mas em estabelecer a reação adequada para cada tipo de violação, atribuindo consequências ao violador. É exatamente a este fato que se dá o nome de "sanção", ou seja, a resposta à violação de uma norma.[12]

Esta resposta é um mal que se inflige ao indivíduo, retirando de seu patrimônio ou uso um bem que lhe é caro: liberdade, multa, exercício da profissão, perda de cargo, etc.[13]

Hoje, perante o direito moderno, esta resposta pode consistir não só na retirada de um bem ao descumpridor da lei, mas também na concessão de um bem ao indivíduo que a cumpre. Trata-se de uma sanção reversa. Em vez da punição pelo mal cometido, uma vantagem ou prêmio pelo cumprimento da lei.

A reação contra a desobediência das normas é uma necessidade jurídica e política. Se o Direito convive com ela e se omite, desmorona-se o ordenamento e cria-se na mentalidade do cidadão a execrável convicção de que as normas não precisam ser cumpridas.

A sociedade passa a organizar-se segundo a esperteza e a conveniência. A ordem social que, em última análise, é a função do Direito, rompe-se. Dissemina-se

---

(12) BOBBIO, Norberto. *Teoria general del derecho*. Bogotá: Temis, 1992. p. 104.
(13) KELSEN, Hans. *Teoria geral das normas*. Porto Alegre: Fabris, 1986. p. 171.

a convicção de que é melhor a desobediência do que o acatamento das leis. Os contratos e as obrigações não mais se cumprem e as normas imperativas são uma vã promessa, que não vai além do papel.

Fala-se, no caso, de uma "síndrome da violação das leis", que se transforma num negócio lucrativo para os oportunistas e num incentivo permanente de ganho fácil e imoral para os desonestos.

Nenhuma sociedade progredirá nem se poderá falar em justiça, enquanto esta mentalidade imperar.

Por isso, o Estado moderno monopoliza a sanção e sua aplicação. Mesmo quando aplicada pelas partes, esta se dá por delegação de norma, como é o caso da cláusula penal.

A monopolização permite a garantia de incidência da sanção, a proporcionalidade entre ela e a ilicitude e, finalmente, um agente especializado que a aplique com isenção, critério e fundamentação, dizendo à sociedade, em cujo nome age, as razões da sanção e os motivos que fundamentam sua incidência.

A adesão espontânea à norma e, no caso de violação, a certeza de atribuição de uma consequência ao violador são atributos dos povos cultos, pois assim se garantem o respeito ao ordenamento jurídico e o cumprimento das obrigações, não só na relação de subordinação entre o Estado e os indivíduos, bem como na relação de coordenação dos indivíduos entre si, por meio das obrigações e contratos.

Porém esta adesão voluntária é um valor que, como todo valor, nunca se realiza plenamente. Deixar o cumprimento das normas a critério dos destinatários de seu comando é uma utopia.

Nenhuma sociedade regulada pelo Direito jamais abriu mão de sanções para levar os indivíduos à conduta desejada pela norma. As sociedades primitivas serviram-se da religião, da pena eterna em reinos de fogo, do medo e do terror. Para situações concretas, serviam-se da "vingança de sangue", matando-se quem matou, pois a alma do morto exigia dos vivos a vingança.[14]

Porém a vingança de sangue, aplicada pelos grupos, gera a reação e a violência contrárias. Os grupos se colocam na condição de indivíduo, tanto internamente nas relações recíprocas, como nas relações externas entre Estados.

Também, quando predomina a violência, não há controle sobre a proporcionalidade da pena. O fato delituoso menor e o mais grave podem ser punidos com penas inversas. Um delito que coloque em risco a sociedade pode ser sancionado com pena branda e o leve com pena radical.

Todos estes fatos levaram o Estado moderno a monopolizar a aplicação das sanções, estabelecendo sua definição prévia em leis e encarregando pessoas especializadas de aplicá-las.

Este foi o núcleo histórico do nascimento do Judiciário e de sua independência de outros poderes, o que constituiu um refinado aperfeiçoamento da sociedade humana, elevando seu padrão de justiça e equilíbrio.[15]

---

(14) KELSEN, Hans. *Teoria geral do direito e do Estado*. São Paulo: Martins Fontes, 1990.
(15) Para uma história resumida do Judiciário no mundo e no Brasil, ver ÁLVARES DA SILVA, Antônio. *Reforma do Judiciário*. Belo Horizonte: Del Rey, 2004. p.17 e ss.

Estas considerações já nos permitem fixar um conceito de sanção que, segundo a lição kelseniana, consiste na privação de bens que são caros e necessários ao violador, tais como a vida, saúde, liberdade, propriedade, exercício de profissão, trabalhos executados contra a vontade, perda de lazer, proibição de frequência a certos lugares e assim por diante.

Porém a reação do Estado à conduta indevida não é apenas sancionada negativamente, quando o destinatário viola a lei. O Estado moderno vem cada vez mais adotando a função promocional, ou seja, em vez de punir a conduta violadora, incentiva a conduta adequada ao comando da lei. Em vez de punir, premia quem age adequadamente.

A análise meramente positiva do Direito que dominou praticamente quase toda a metade do século XX, por influência do pensamento de *Kelsen*, cedeu lugar a um outro tipo de sanção, a sanção positiva ou promocional: em vez da pena pela conduta indevida, o prêmio e o reconhecimento pela conduta devida.

É o que se denomina hoje "direito premial"[16], que consiste na "realização de atos desejáveis", fazendo uma *ars combinatória* da sanção repressiva com a sanção promotora,[17] o que permite um conceito abrangente e genérico de sanção como a privação de bens da vida pela infligência de mal e a promessa de vantagem pela obediência à norma.[18]

À primeira vista, estranha-se que se possa conceituar como sanção o prêmio ou a recompensa. Mas o fato se deve ao conceito predominante de sanção repressiva. A conduta positiva premiada pela obediência às leis também é uma consequência do ordenamento jurídico à conduta humana. Só que tem um lado positivo, promocional e construtivo.

Chega-se aqui à síntese de *Bobbio* "pode-se tanto desencorajar a fazer quanto encorajar a não fazer".[19] Ou seja, reprimir a ação errada e promover a ação certa são dois lados da conduta humana. Evidentemente, como já se convenceu o direito moderno, é muito mais fácil, humano e construtivo premiar o homem pela conduta positiva do que puni-lo pela conduta negativa.

Para esta se exige todo um sistema sancional, localizado principalmente no Direito Penal, que importa em juízes, prisões, reformatórios, reeducação e outras necessidades que custam caríssimo ao Estado e levam a resultados pouco promissores no sentido da reeducação do infrator.

Já a conduta premiada não passa pela área repressiva. É aplicada exatamente em função da conduta correta reconhecida. Lida com o ser humano por meio de sua face positiva e construtiva, que é realçada e distinguida.

---

(16) BENAVIDES FILHO, Maurício. *A sanção premial no direito*. Brasília: Brasília Jurídica, 1999. p. 38, em que se afirma corretamente que "as recompensas, sempre distribuídas com base no mérito e sob o controle do judiciário, constituem também um instrumento de intervenção do Estado nos processos econômicos". O livro, de 119 páginas, merece ser lido pela profundidade e oportunidade do tema.
(17) BOBBIO, Norberto. *Da estrutura à função*. São Paulo: Manole, 2007. prefácio, p. XII. Também no prefácio à edição brasileira do livro, faz Mário Losano esta judiciosa anotação: "Nas teorias jurídicas estruturais, a função do direito era limitada à ameaça ou à aplicação da sanção: era o 'estado castigador' de Thoma Paine. Entre-mentes, o Estado transformara-se também em pagador e em promotor: a teoria sistemática não bastava mais".
(18) KELSEN, Hans. *Op. cit.*, p. 24.
(19) BOBBIO, Norberto. *Op. cit.*, p. 6.

Conforme confessa *Carnelutti*, só depois "Pude compreender que, enquanto observava o conceito de sanção sob o aspecto da sombra, não me podia ser revelado o seu segredo".[20] Este segredo, no Direito Penal, é a reabilitação do criminoso e, para o Direito em geral, acrescentamos, é exatamente o incentivo e a promoção da conduta certa.

O Direito premial ajuda a dar conteúdo à máxima de que a melhor sanção é a que constrói e não a que priva. O indivíduo punido torna-se um dependente do Estado. O premiado, um de seus agentes auxiliares, para a promoção do bem comum.

Portanto a sanção, apenas como resposta à ilicitude, não mais se justifica. Conceituá-la apenas pelo lado repressivo é postura insatisfatória, porque não vê a integridade do instituto. Definições, tais como a de *Daniel Ferreira*[21], salientando apenas a "incompatibilidade com a moldura jurídica", não têm mais lugar no direito moderno.

Sanção hoje é consequência da aplicação das normas jurídicas, que pode ter dois aspectos distintos: se o destinatário age de acordo com os objetivos da norma, ela atinge sua finalidade e consegue seus objetivos. Fala-se então em cumprimento. Se o destinatário age contrariamente ao preceito da norma, verifica-se sua violação. Fala-se então em descumprimento.

Esquecer o lado positivo das normas e seu cumprimento espontâneo pelo destinatário, como acontece comumente, é omitir seu lado principal, que consiste em ordenar e organizar a sociedade por meio de comportamentos estáveis e comumente aceitos.

A sanção positiva ou premial salienta exatamente este lado. Não se satisfaz apenas com o cumprimento da lei, mas a premia, pelo fato de ser a conduta construtiva de que a sociedade precisa.

Na mesma proporção em que o Estado desencadeia o elemento repressivo para combater a ilicitude, promove, por outro lado, a obediência das normas e o cumprimento espontâneo de seus preceitos. Como salienta *Bobbio*:

> Na literatura filosófica e sociológica, o termo "sanção" é empregado em sentido amplo, para que nele caibam não apenas as consequências desagradáveis da inobservância das normas, mas também as consequências agradáveis da observância, distinguindo-se no *genus* sanção, duas *species*: as sanções positivas e as sanções negativas. Ao contrário, é fato que, na linguagem jurídica, o termo "sanção", se for usado sem determinações ulteriores, denota exclusivamente sanções negativas.

O que se quer, no mundo de hoje, é exatamente eliminar a noção unilateral de sanção como repressão e salientar seu lado positivo como promoção, pois este é o aspecto verdadeiramente útil e desejável das normas jurídicas.

---

(20) CARNELUTTI, Francesco. *Op. cit.*, p. 94.
(21) FERREIRA, Daniel. *Sanções administrativas*. São Paulo: Malheiros, 2001. p. 14: "A consequência determinada pelo ordenamento jurídico a um comportamento comissivo ou omissivo incompatível com a moldura normativa anteriormente estipulada, quer fosse esta de permissão, de obrigação ou de proibição."

Ao incentivar o cumprimento dos preceitos legais e despertar no cidadão o convencimento não só do dever mas também das vantagens deste comportamento positivo, diminui-se a imensa estrutura burocrática da atividade repressiva, que se constitui de um mecanismo pesado, caro, ineficiente e foco de corrupção e consumo de dinheiro público.

Mas nenhuma sociedade viverá apenas da sanção positiva. Onde há luz, haverá sempre um reflexo de sombras. A repressão é uma fatalidade que jamais abandonará o homem no curso da História. Reprimir sua conduta para salvar a ordem social é um remédio extremo, mas necessário e insubstituível. Porém, incentivar a conduta correta é também uma missão histórica que deveria constituir a meta dos governos em qualquer sociedade organizada, pois violação e pena estão na mesma proporção que cumprimento e prêmio das normas.

Como salienta *Jeremias Benthan*

Quando a lei ameaça, se todo mundo obedece, não se castiga a ninguém; mas quando a lei promete, se todos obedecem, é preciso que se recompense a todos e que haja infinitas recompensas e estas não podem senão sair do trabalho do povo da contribuição que tiram de suas posses.[22]

A sociedade humana tem dois elementos preponderantes: a política, que diz respeito à organização e a economia, que garante a subsistência e o bem-estar do povo. E, como afirma *Bobbio*, "a alavanca que move a sociedade econômica é a recompensa; a que move a sociedade política é a pena".[23]

Portanto unificar a repressão com a recompensa é o mesmo que unificar a economia com a política, ou seja, dois valores que estão sempre na base de toda sociedade justa e organizada.

Promovendo a conduta desejada ou reprimindo a indesejada, a sanção tem uma finalidade única e constante: incentivar a conduta desejada e desestimular a ilicitude.

3. CLASSIFICAÇÃO GERAL DA SANÇÃO JURÍDICA

O esquema abaixo é a síntese do que falamos.

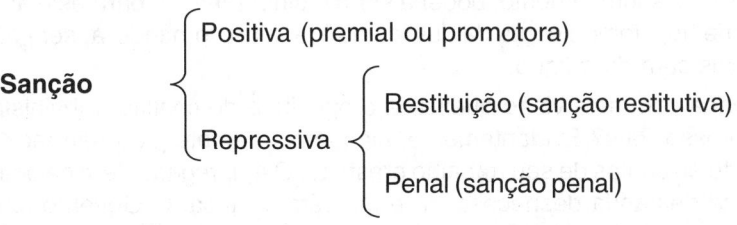

A sanção como consequência das normas jurídicas pode ser objeto de classificações múltiplas, conforme se analise sua repercussão nos fatos sociais.

---

(22) BENTHAM, Jeremias. *As recompensas em matéria penal*. São Paulo: Rideel, 2007. p. 36.
(23) BOBBIO, Norberto. *Op. cit.*, p. 9.

A sanção pode dar-se de diferentes modos e em todos os ramos da Ciência do Direito.

No Direito Penal, a sanção positiva se personifica na pena, que é uma reação do Estado, em grau máximo, contra a conduta inadequada, que repercute duramente na esfera do condenado, inclusive na vida posterior ao crime. Os antecedentes criminais ou a condenação prejudicam a pessoa na posse e exercício de cargos públicos, na obtenção de bons empregos e na reinserção social.

Já nos outros ramos, o ambiente para o direito premial é mais propício e adequado.

No Direito Tributário, o pagamento correto de tributos e a ausência de débito e sonegação trariam para as empresas compensações de diferentes dimensões: empréstimos públicos, isenção de tributos, redução de alíquotas, benefícios em concorrências públicas, empréstimos para a renovação de instrumentos da produção, etc.

No Direito Administrativo, a obediência às normas gerais de interesse público deveriam trazer também para todos os que participam da vida social — empresas, associações, sociedades civis e comerciais —, vantagens compensatórias que valeriam como incentivo para a conduta positiva.

No Direito do Trabalho, tem ela a oportunidade de seu emprego ideal. O empregador que não viola as normas de proteção ao trabalho teria preferência em concorrências e empréstimos públicos. Os que respeitam a saúde pública e obedecem a normas ecológicas e preservacionistas deveriam ter descontos e até isenções em tributos.

A prevenção contra acidentes de trabalho já traz vantagem de enquadramento em faixas com menor índice de custeio. A ausência de acidentes deveria ter compensações financeiras por parte do Governo.

A ausência de reclamação trabalhista e de práticas antissindicais deveria ter as mesmas vantagens da certidão negativa de débitos com a previdência e ser condição de empréstimos públicos, participação em concorrências e concessão de verbas para realização de programas sociais, refletir nas alíquotas do FGTS e contribuições previdenciárias e assim por diante.

Há inumeráveis meios de prestigiar as empresas quando cumprem as normas trabalhistas de Direito Individual, Coletivo, Público e Processual do Trabalho. Este lado promocional e compensatório, combinado com uma repressão eficaz e imediata quando houvesse descumprimento, poderia ser o melhor remédio para este absurdo demandismo que hoje tomou conta da Justiça do Trabalho, tornando-a, sem dúvida, a maior e a mais cara do mundo.

Quem ganha com esta visão duelística e opositora do conflito trabalhista que se pratica em nosso País? Evidentemente, ninguém. O empregado não recebe de imediato o acerto de contas de seu trabalho prestado. O empregador tem de enfrentar gastos com uma demanda desnecessária e também custosa. O Governo tem que financiar a máquina, desviando dinheiro de áreas carentes.

O remédio capaz de coibir este veneno social é, de um lado, a repressão eficaz contra a violação da norma trabalhista de modo a evitar a ilicitude social.

Enquanto isto, do outro lado do problema, se mostrariam ao empregador caminhos compensadores, capazes de evitar sanções e multas por meio de recompensas e vantagens.

Torna-se difícil entender como o Governo, o Congresso e a própria sociedade ainda não atinaram com esta realidade, preferindo a montagem de uma máquina gigantesca para bancar um conflito que nem sequer precisava existir, mandando para o povo uma conta caríssima e prejudicando a vida econômica pois o conflito empregado x empregador desagrega o sistema produtivo e prejudica a criação de riquezas.

4. SANÇÃO E DIREITO DO TRABALHO

O Direito do Trabalho situa-se entre o Direito Público e o Privado. Está acima do indivíduo e abaixo do Estado. Mesmo no Direito Individual do Trabalho, que tem por base um contrato — o contrato individual de trabalho — a intervenção do legislador, restringindo a autonomia da vontade, é tão marcante que praticamente se estabelece um contrato de adesão, em que as partes são livres apenas para estabelecer seu começo, mas não para determinar seu conteúdo e seu fim.

No Direito Coletivo, os sindicatos agem como substitutos processuais para criar normas e condições de trabalho. Esta função legisladora nos limites da categoria que se faz por meio da convenção coletiva tem como instrumentos auxiliares a greve e o dissídio coletivo.

A cogestão, como instrumento de participação do empregado na gestão do estabelecimento e da empresa, integra o empregado na atividade produtiva, promovendo a natureza associativa e não opositiva da relação de trabalho.

Todos estes fatos dão ao Direito do Trabalho uma posição *sui generis* na taxinomia da Ciência do Direito, que não o compromete nem com o Direito Público nem com o Privado, permitindo-lhe uma permanente abertura para os fenômenos sociais que sempre tiveram e têm em seu bojo o primeiro contato com a realidade jurídica.

Pense-se nas modificações atuais do Processo Civil, quase todas baseadas nos princípios do processo trabalhista, do qual a Lei n. 9.099/95 é uma versão atualizada e melhorada. Isto sem falar na cogestão do estabelecimento e da empresa como uma das mais exitosas experiências da moderna democracia do após-guerra.

Por cobrir extensa área jurídica, na qual se compreendem o Direito Individual, o Público, o Processual e o Associacionista (por meio da cogestão), o Direito do Trabalho sintetiza e assimila diferentes influências e técnicas para que possa ser eficaz e dinâmico.

Tome-se, como exemplo, o instituto do salário. Os efeitos de sua regulamentação jurídica refletem-se em três áreas distintas:

a) no Direito Individual do Trabalho, em que é considerado como resultado ou preço do trabalho prestado, por meio do Capítulo III do Título II — salário mínimo — e do Título IV, Capítulo II, da remuneração;

b) no Direito Processual do Trabalho, quando o empregador é obrigado a pagar a parte incontroversa das verbas devidas (inclusive, naturalmente, o salário, verba principal), sob pena de pagá-las acrescidas de 50%;

c) no Direito Coletivo, como objeto da negociação coletiva;

d) no Direito Público do Trabalho, em razão da retenção dolosa de salários, que é crime — art. 7º, X, da CF.

Vê-se que o Direito do Trabalho, em razão da extensão jurídica de seu objeto, abriga todos os tipo sanção:

a) a sanção restitutiva, quando o empregador não paga as devidas reparações legais ao tempo da rescisão;

b) a sanção penal, nos crimes contra a administração do trabalho e nas multas administrativas;

c) a sanção premial, no art. 544 da CLT.

Infelizmente, a sanção meramente reparatória é a que predomina, numa pletora de ações individuais, que atingem quase dois milhões por ano.

Este exagerado índice de conflitos é favorecido pela ausência de sanções promocionais e repressivas.

A sanção premial só existe no âmbito do Direito Coletivo de modo insignificante. Seu lugar adequado seria nos Direitos Individual e Público, da forma acima demonstrada, trazendo vantagens especiais e significativas de natureza econômica, social, financeira e tributária.

A sanção restitutiva, no campo do Direito Individual, opera de maneira insatisfatória e insuficiente, pois a demanda pode ter longa duração e a correção do débito não se faz com juros de mercado.

Aqui o "prêmio" ou "recompensa" é ao contrário. O empregador paga o débito da relação de emprego havida (que, no fundo, é um mero acerto de contas) anos depois da rescisão com juros "subvencionados" pelas leis trabalhistas, completamente fora das regras do mercado, cuja média é 10% ao mês, enquanto os juros trabalhistas são de apenas 1% ao mês — art.39, § 1º da Lei n. 8.177/91. Ou seja, o que se cobra por um mês na livre concorrência é praticamente o que se paga num ano pela correção trabalhista.

Assim, o empregador é incentivado a demandar e empurrar o débito, pois goza de um empréstimo privilegiado, que não obteria em nenhum banco. Demandar na Justiça do Trabalho transforma-se num excelente negócio para certos empresários, que exercem autêntica atividade lucrativa com a interposição de recursos protelatórios.

Enquanto isto, o legislador, completamente fora da realidade, em vez de instituir sanções fortes e expressivas e depois sanções premiais, para levar o empregador a cumprir e não a desrespeitar a lei trabalhista, limita-se a nomear mais ministros e juízes, aumentar o número de Varas e construir prédios para abrigá-las.

O resultado é o que se vê: uma ingovernável pletora de ações trabalhistas, administrada por uma burocracia gigantesca que acaba por comprometer a seriedade da jurisdição especializada do trabalho que passa a ser palco de interesses que não mais coincidem com os pretensões do empregado e do empregador, nem muito menos na solução de seus conflitos.

Os instrumentos jurídicos atualmente existentes são precários e de difícil aplicação. A litigância de má-fé, prevista no art. 18 do CPC é de pouco efeito prático, pois um advogado hábil não incorre nos requisitos para sua aplicação — art. 17 do CPC. O mesmo se diz em relação à multa no processo de execução, prevista no art. 601 do CPC.

Nestes casos, instala-se frequentemente um outro contrário para saber-se se incidiram ou não os requisitos previstos. Torna-se então a multa mais um elemento complicador nos já demorados processos de execução.

Qual a solução? Não é difícil responder à pergunta. Basta que, ao lado da atividade restitutiva e meramente patrimonial, que se cominem também multas pela obrigação trabalhista não cumprida, exatamente como na Justiça Comum se fez com o débito líquido não pago no momento devido.

O mais correto seria aplicar multas de natureza objetiva, que incidissem sobre os recursos. À parte que recorresse e tivesse seu recurso denegado incidiria numa multa de metade, dois terços ou um terço da condenação, a favor da parte recorrida.

O critério, objetivo e certo, evitaria a discussão da ocorrência de requisitos subjetivos para a incidência da litigância de má-fé, tanto no processo de conhecimento como no de execução.

Outro precioso instrumento sancionatório é a imposição de multas administrativas que a Justiça do Trabalho se recusa renitentemente a aplicar.

O erro é injustificável e ajuda no crescimento do demandismo em que hoje se afunda a Justiça do Trabalho.[24] Estas multas teriam grande influência pois onerariam as condenações trabalhistas e funcionariam como valiosa ferramenta para incitar a obediência às leis.

A Portaria MTb/GM n. 290, de 11.4.97, relaciona o total de multas na CLT e legislação complementar. São quase cinquenta cominações. Como toda sentença trabalhista contém condenação que também é base de incidência de multa, as quase duas milhões de reclamações que entram anualmente na Justiça do Trabalho poderiam teoricamente ser objeto de condenação por multa administrativa.

O argumento pelo qual a Justiça do Trabalho se recusa a aplicar as sanções administrativas é superficial e acanhado. Apenas se alega que a competência é da autoridade administrativa, "como consta da CLT".

Duas objeções podem levantar-se contra o simplismo desta argumentação.

Uma, de ordem geral, destaca-se com o advento da EC n. 45. Se, pela nova redação do art. 114, compete à Justiça do Trabalho julgar as ações "oriundas da relação de trabalho", fica mais do que claro que entre estas "ações" está a aplicação de multas administrativas, que provêm tipicamente da relação de trabalho entre empregado e empregador, e não de relações de família, sucessória ou reais.

Exatamente porque houve relação de trabalho (no caso, a grande maioria é relação de emprego) é que se estabeleceu um vínculo entre empregador e empregado ou trabalhador. Deste vínculo, nasce um feixe de obrigações de ordem privada (direitos individuais de trabalho), pública (higiene, saúde, segurança, bem-estar do ambiente de trabalho), penal (crimes contra a administração do trabalho), processual (pretensão do empregado-autor contra o reclamado-réu), associativa (por meio do conselho de empresa e o pessoal empregado, no terreno da cogestão).

---

(24) Sobre o assunto, já escrevemos com detalhes no livro *Questões polêmicas de Direito do Trabalho*. São Paulo: LTr, 1993.

Todo este feixe de vínculos jurídicos, ou estas "ações" para usar o termo constitucional, provêm da relação de trabalho, sem a qual não teria o suporte fático de sua existência.

Como então negar que não compete à Justiça do Trabalho decidir sobre a aplicação de multas administrativas?

A questão se torna mais óbvia quando se analisa a Súmula n. 736 do STF:

STF Súmula n. 736 — 26.11.2003 — *DJ de 9.12.2003, p. 2; DJ de 10.12.2003, p. 3; DJ de 11.12.2003, p. 3.*

Competência — Causa de Pedir — Descumprimento — Normas Trabalhistas. Compete à Justiça do Trabalho julgar as ações que tenham como causa de pedir o descumprimento de normas trabalhistas relativas à segurança, higiene e saúde dos trabalhadores.

Foi preciso que o STF, órgão não especializado, ensinasse à Justiça do Trabalho que as "ações" entre empregado e empregador (e as relações de trabalho em geral) não envolvem apenas questões patrimoniais redutíveis a dinheiro pago ao empregado, mas também de outras controvérsias em que se ressalta o interesse coletivo e público.

Aliás, quem ler o índice sistemático da CLT verá que nela predominam as normas de Direito Público ou Coletivo do Trabalho. Ao Direito Individual do Trabalho está reservado apenas o Título IV.

Se cabe à Justiça do Trabalho decidir as ações que tenham como fundamento o descumprimento de normas de saúde, higiene e segurança do trabalhador, como excluir dela a aplicação das sanções previstas nestas próprias normas para seus violadores?

Se teimarmos em rejeitar esta competência, chegaremos a esta esdrúxula e bizarra situação: o Juiz do Trabalho, no uso de sua competência (reconhecida pelo STF) decide uma questão de saúde, higiene ou segurança. Porém na hora de aplicar a sanção prevista na CLT, terá que recorrer à autoridade administrativa para aplicá-la. Será que o STF terá que dar outra lição à doutrina trabalhista?

Ora, o processo já fez coisa julgada. A verdade processual é definitiva e imutável segundo a Constituição. A autoridade administrativa não pode mudá-la. Não tem outra alternativa senão cumpri-la. Então, por que o próprio Juiz do Trabalho não a aplica?, perguntará alguém de bom senso.

O segundo argumento é histórico e reforça a argumentação acima já manifestado.

Logo após a Revolução de 30, o Governo de Getúlio Vargas editou dois decretos, instituindo as Comissões Mistas de Conciliação e as Juntas de Conciliação e Julgamento, ambos de 1932.[25]

Sendo órgão decisório, embora administrativo, as Juntas de Conciliação e Julgamento eram compostas por um presidente neutro e dois vogais, representando os empregadores e trabalhadores.

---

(25) Para detalhes, ver MARTINS FILHO, Ives Gandra da Silva. Breve história da Justiça do Trabalho no Brasil. In: *História do trabalho, do direito do trabalho e da justiça do trabalho.* São Paulo: LTr, 1998. p. 181. Da obra, participaram também Amauri Mascaro Nascimento e Irany Ferrari.

Por ser órgão administrativo, julgava as questões e aplicava as multas pertinentes.

Pela Constituição de 1946, a JT integrou-se ao Judiciário. Então, por estranha dedução que tradicionalmente ficou entre nós, estabeleceu-se como verdade intocável que as multas, por serem de natureza administrativa, continuariam com o Executivo e a parte judiciária-decisória, com a Justiça do Trabalho.

Ao se integrar ao Judiciário, a JT partiu-se em duas competências: a decisória, que a acompanhou na passagem para o Judiciário, e a a administrativa, que ficou para trás, junto ao Executivo.

Enquanto obtinha o *status* de órgão do Judiciário, a Justiça do Trabalho se esvaziava em competência. Enquanto ganhava, perdia, pois ficou sem a competência de aplicação de multas, que pertenceria agora exclusivamente ao Executivo.

O erro é evidente. Ninguém nega que ao Executivo cabe aplicar as normas do Direito Administrativo sancionador. Nem poderia ser diferente. Neste caso, a competência do Judiciário (hoje Justiça do Trabalho, depois da EC n. 45) é revisional.

Porém se não há aplicação de multa e o conflito trabalhista é levado ao Judiciário, como dizer que, neste caso, a Justiça do Trabalho não tem competência para a aplicação de multas administrativas? Elas são inerentes à norma trabalhista, dela fazendo parte como consequência natural.

Se o Juiz do Trabalho decide que o reclamante faz jus a férias, como não aplicar também a multa do art. 153 da CLT que diz "As infrações ao disposto neste Capítulo serão punidas com multas de valor igual a 160 BTNs por empregado em situação irregular."? Será que este dispositivo é diferente do direito material de férias? Um não é o reverso do outro?

A Justiça do Trabalho não invade a competência do Executivo nem dos auditores do MTE, que continuam com a competência de fiscalizar, no âmbito administrativo, a parte material da prestação de trabalho. Porém, se o assunto vai ao Judiciário em forma de conflito, cumpre agora à Justiça do Trabalho decidir e aplicar sanção, na forma do art. 114 da CF, pois se trata de ação proveniente da relação de emprego.

Acontecerá com as multas administrativas o mesmo que hoje acontece com as contribuições previdenciárias. A JT se dizia, repetida e teimosamente, incompetente para julgá-las, até que veio a EC n. 45 e reconheceu expressamente a competência. Hoje, esta competência é utilizada inclusive para justificar a criação de Varas, sob o argumento da autossuficiência obtida com a arrecadação das contribuições previdenciárias, não havendo gasto público.

É pena que um benefício tão grande não se tenha obtido muito antes, pela via da jurisprudência. Bem diz o juiz *Luís Otávio Renault*, em debates orais na 4ª Turma do TRT da 3ª Região, que a verdadeira reforma do Judiciário só se fará com a jurisprudência e a atuação construtiva e inteligente dos tribunais. Tem razão. Esperar pelo legislador em País como o nosso é sempre algo incerto, duvidoso e irracional.

De minha parte, sempre reconheci esta competência e cheguei até a sugeri-la em projeto de reforma constitucional.

Em 1996 (portanto cerca de 9 anos antes da EC n. 45), publicamos um livreto com sugestões de projeto para a reforma da legislação do trabalho.[26] Na verdade, o projeto é bem anterior e foi divulgado diversas vezes em sala de aula e em conferências sobre o tema. Dizia o seguinte:

Projeto de lei

ESTENDE A COMPETÊNCIA DA JUSTIÇA DO TRABALHO — ART. 114 DA CF.

Art. 1º — Compete à Justiça do Trabalho conciliar e julgar as reclamações relativas à cobrança da contribuição previdenciária dos segurados empregado e empregado doméstico (Lei n. 8.212 de 24.7.91, art. 12, I e II).

Art. 2º — Para os fins previstos no art. 1º, fica o Juiz do Trabalho autorizado, em toda reclamação trabalhista, a exigir do reclamado a exibição de documento comprobatório de inexistência de débito de contribuições sociais previsto no art. 47 da Lei n. 8.212 de 24.7.91, bem como ainda o certificado de regularidade do FGTS, previsto no art. 27 da Lei n. 8.036, de 10.5.90.

Art. 3º — Não apresentados os documentos referidos no art. anterior, no prazo determinado, que nunca poderá ser superior a 15 dias, haverá presunção de débito, ficando automaticamente incluído na inicial, conforme o caso, o pedido dos depósitos da contribuição devida, caso já não tenha sido requerido, por todo o período da relação empregatícia.

§ 1º — *A não apresentação dos documentos referidos no artigo primeiro faz presumir a existência de débito das contribuições ali enumeradas em relação aos demais segurados, devendo o Juiz do Trabalho enviar cópia da ata da audiência à Procuradoria Regional do Trabalho para que proponha a ação de cobrança no prazo de 10 dias.*

§ 2º — *A ação referida no parágrafo primeiro será proposta na própria jurisdição trabalhista, sem prejuízo da competência já anteriormente atribuída a outros órgãos judiciários para o mesmo fim.*

§ 3º — *Fica o Juiz do Trabalho autorizado a aplicar todas as sanções previstas na legislação específica ao devedor da contribuições previdenciárias.*

Art. 4º — Fica o Juiz do Trabalho autorizado a aplicar toda sanção de natureza administrativa prevista na CLT ou em legislação complementar quando o objeto da condenação se basear em dispositivo legal para cuja violação a lei preveja também sanção de ordem administrativa.

Parágrafo único — A cobrança da sanção, cujo valor será determinado na forma da legislação vigente quando se tratar de multa, se fará na própria jurisdição trabalhista, exigindo-se o depósito prévio da quantia no caso de interposição de qualquer recurso.

Art. 5º — Ficam os sindicatos de empregados autorizados a propor, na condição de substitutos processuais da categoria, reclamação trabalhista para a cobrança dos depósitos previdenciários e fundiários de todos ou de alguns dos membros da categoria representada.

§ 1º — *Para a propositura da ação, ficam os sindicatos com o direito de requererem dos empregadores ou empresas a exibição dos documentos previstos no art.1º desta lei, concedendo-lhes prazo de até 15 dias.*

---

(26) SILVA, Antônio Álvares da. *Reforma para a Justiça do Trabalho.* Belo Horizonte: RTM, 1996. p.14.

§ 2º — *Não apresentados os documentos no prazo referido no parágrafo anterior, haverá presunção de débito, podendo a ação ser imediatamente proposta.*

Art. 6º — Esta lei entrará em vigência no dia seguinte ao de sua publicação, revogando-se as disposições em contrário.

A primeira parte deste projeto se tornou realidade. Resta agora a segunda. Além da vantagem que trará para os cofres públicos com a arrecadação extra que se fará, gratuitamente, sem nomear servidores nem pesar a máquina burocrática, haverá também uma nítida reação contra a postura demandista e a impunidade que hoje grassa na Justiça do Trabalho.

O mau empregador compreenderá que não é mais um bom negócio demandar nem protelar ações.[27] Esta mudança de postura, ajudada por recompensas e vantagens que o legislador pode facilmente criar, mudarão o perfil da Justiça do Trabalho, que deixará de ser um desaguadouro de ações repetitivas que nem deveriam estar em suas pautas, para se transformar num foro de questões de interesse social que o Direito do Trabalho desperta no pós-moderno.

Estaremos então no pórtico de uma nova era.

5. A MULTA DO ARTIGO 475-J E SUA APLICAÇÃO AO PROCESSO DO TRABALHO

Dentro do universo maior das considerações acima elaboradas é que se vai analisar a multa do art. 475-J do CPC, quanto à sua natureza e possível aplicação ao processo do trabalho.

5.1. Origem

A multa do art. 475-J do CPC teve como objeto incentivar o cumprimento voluntário da obrigação estabelecida em sentença e impor consequências à recorribilidade inútil e desnecessária.[28]

---

(27) BOBBIO, Norberto. *Op. cit.,* p.15, salienta que "Para atingir o próprio fim, um ordenamento repressivo efetua operações de três tipos e graus, uma vez que existem três modos típicos de impedir uma ação não desejada: torná-la **impossível**, torná-la **difícil** e torná-la **desvantajosa**. De modo simétrico, pode-se afirmar que um ordenamento promocional buscar atingir o próprio fim pelas três operações contrárias, isto é, buscando tornar a ação desejada **necessária**, **fácil** e **vantajosa**." Tornar uma ação não desejada impossível se faz por mecanismos drásticos. São as penas restritivas da liberdade. Isola-se o indivíduo que pratica o mal. Para torná-la difícil, usa-se da fiscalização e, para torná-la desvantajosa, aplicam-se multas. Revertendo-se a perspectiva e olhando o ordenamento como promocional e não como repressivo, torna-se a conduta desejada necessária, por exemplo, exigindo-se quitação de débito trabalhista para concorrência pública; para torná-la fácil, pode-se oferecer favorecimentos na burocracia ou na tomada de medidas facilitadoras da ação e, para torná-la vantajosa, a mais importante das funções, concedem-se prêmios, incentivos tributários. Uma coisa é a outra. Tudo depende da perspectiva do legislador em trocar a repressão pela promoção.

(28) FRIAS, José Eustáquio. A multa pelo descumprimento da condenação em quantia certa e o novo conceito de sentença. In: SANTOS, Ernani Fidelis *et alii. Execução civil* — Estudos em homenagem a Humberto Theodoro Júnior. São Paulo: RT, 2007. p.160.

Mais adiante diz: "Ao que parece, duas são as razões que levaram o legislador de 2005 a prever esse acréscimo: incentivar o pronto cumprimento e, portanto, desestimular o uso dos recursos."[29]

Avançando no raciocínio, afirma: "A finalidade da pena é desencorajar recursos, é abreviar a vida do processo, é incentivar o cumprimento da condenação".[30]

Finalmente conclui com estas acertadas palavras:

O propósito foi o de permitir que quem tem direito reconhecido na sentença possa, tempestivamente, não só obter tal reconhecimento, mas também usufruir de tal direito. Se a reforma não teve o intuito de desincentivar recursos, se pode o vencido continuar a recorrer sem nenhuma consequência para o caso de seu recurso ser improvido, então as promessas do legislador da reforma terão sido uma farsa.[31]

No mesmo sentido, *Sidney Palharini Júnior* [32]

... Não nos resta dúvida de que com a multa em questão pretendeu o legislador reformista incentivar o devedor (coagindo-o) (*sic*) ao cumprimento da condenação que lhe foi imposta judicialmente, pois tal conduta é o que se espera do sucumbente de boa-fé. O outro lado da moeda revela o caráter punitivo que emana dessa penalidade àquele devedor recalcitrante que, mesmo condenado, se furta ao cumprimento de suas obrigações.

Está claro perante o legislador processual comum quais foram e continuam sendo os motivos pelos quais se estabeleceu a multa: conter a recorribilidade livre e ilimitada e, no caso de seu uso, dar consequências penais a quem assim age.

Chegou-se à conclusão no processo civil, ainda que tardiamente, que a multiplicação de atos e a recorribilidade sem limites não trazem aperfeiçoamento à decisão judicial. Pelo contrário, protelam a prestação jurisdicional, adiam o provimento da sentença e levam o povo a descrer do Judiciário.

A aplicação de multa com esta finalidade converge para o mandamento do art. 5º, LXXVIII da CF, que prometeu a prestação jurisdicional em prazo razoável e exigiu do legislador os meios que garantam sua rápida tramitação. Porém este objetivo será inatingível se não se prover o processo dos meios que garantam sua celeridade, como está na parte final do item. O 475-J é exemplo concreto de um destes meios.

Não basta a promessa. É preciso que se instituam os meios processuais para seu cumprimento. Se é verdade que o Direito não se aplica somente por meio do

---

(29) *Ibidem*, p. 155.
(30) *Ibidem*, p. 160.
(31) *Ibidem*, p. 171. Estas mesmas afirmativas servem, com muito mais razão, para o processo do trabalho. Se ele quer ficar enclausurado em torno dele mesmo, alheio ao que se passa a seu redor, sem receber do gênero — o processo comum — a seiva nova da transformação, vai tornar-se (ou, para ser exato, já se tornou) um elemento anacrônico e desatualizado de composição dos conflitos sociais. Como se pode fechar os olhos a modificações que visam agilizar e resolver os conflitos com mais rapidez, principalmente os conflitos trabalhistas, em que estão em jogo créditos alimentares? Será que o que serve para o cidadão comum não serve para o cidadão trabalhador?
(32) *Ibidem*, p. 269.

processo, é ele seu principal instrumento. A concordância com a pretensão alheia, a conciliação, a arbitragem, apenas para citar alguns, são ainda, infelizmente, ferramentas minoritárias entre nós.

Talvez a elas chegaremos no instante em que o processo civil se transformar não só num meio rápido e ágil de solução de conflitos, mas também num instrumento sancionador dos que perdem a ação. Não se trata evidentemente de impedir ou dificultar o acesso à Justiça. Mas sim de cerrar suas portas aos demandistas e proteladores, que hoje constituem a maioria dos que vêm a juízo, principalmente na Justiça do Trabalho.

Então as partes se convencerão de que é melhor e, do lado empresarial, mais lucrativa e menos onerosa, a solução extrajudicial.

Este movimento linear ascendente começou já no CPC de 73, com a previsão da pena de litigância de má-fé, art. 18, a multa por atos atentatórios à dignidade da justiça — art. 601 — até culminar na multa do art. 475-J.

A esta tendência sancionadora se soma outra — a valorização da sentença de primeiro grau que, conforme as estatísticas e a experiência da atividade judiciária, é mantida em grande maioria em todos os ramos do Judiciário. Por isto, a tendência, cada vez mais frequente no processo, de atribuir-lhe força e definitividade, como assinala *Barbosa Moreira*.[33] E cita como exemplo o direito processual civil italiano em que, há mais de 16 anos, se executam provisoriamente todas as sentenças de primeiro grau.

É preciso ficar claro que a aplicação do Direito a casos controversos é uma operação imperfeita e sempre será. Não serão recursos que vão corrigi-la, porque o homem é um só em todas as instâncias, com virtudes e imperfeições que se projetam em seus atos e se ramificam em suas ações.

A interpretação jurídica, como de resto todas as manifestações discursivas baseadas na linguagem, tem uma certa dose de relatividade. Se as leis, nas ciências exatas e biológicas, são convenções que os cientistas estabelecem para fazer mensurações,[34] as leis das ciências humanas ou do espírito (*Geisteswissenschat*) são convenções que os homens estabelecem para fazer avaliações. Nas ciências físico-químico-biológicas medem-se fatos. Nas humanas, valorizam-se.

Como a atividade valorativa jamais permitirá decisões lineares e iguais, temos que nos satisfazer com o que foi razoavelmente decidido[35], já que não se pode esperar que a justiça perfeita provenha de julgadores, quaisquer que sejam.

Por isto, temos que nos satisfazer com julgamentos razoáveis e racionais, pois o que um tribunal superior pode fazer, no máximo, é substituir uma decisão racional por outra do mesmo nível ou de nível aproximado.[36]

Então, teria sido melhor para a sociedade que a primeira decisão prevalecesse. Com isto, encurtaríamos tempo e economizaríamos procedimentos.

---

(33) MOREIRA, José Carlos Barbosa. *Temas de direito processual*. Nona Série. São Paulo: Saraiva, 2007. p. 175.
(34) RUSSEL, Bertrand. *A perspectiva científica*. São Paulo: Editora Nacional, 1949. p. 73.
(35) Assim, FRIAS, op. cit., p.156.
(36) A não ser que haja absurdos nas sentenças das instâncias inferiores. Mas este fato é raro e estatisticamente irrelevante.

A valorização da sentença de primeira instância é hoje um dos princípios mais valiosos do processo. Concretizá-lo na realidade da vida é missão da teoria e da prática, e do legislador.

No Processo Civil comum, a multa do art. 475-J foi corretamente analisada em sua finalidade. Trata-se de um tipo de sanção repressiva, para se obter um fim: o cumprimento espontâneo da sentença, evitando-se a interposição infundada e inconsequente de recursos. Portanto valoriza a decisão primeira. Mas tem também uma finalidade promotora de desencorajar a protelação.

O artigo se localiza no capítulo IX — Liquidação de Sentença — do Título VIII do CPC, que trata do procedimento ordinário. Seu objetivo foi reunir em um só procedimento os processos de conhecimento e de execução, com o objetivo de racionalizar e dinamizar a execução e o cumprimento da sentença.

É o que a doutrina vem chamando de "sincretismo processual", reunindo-se num só procedimento a sentença e seu cumprimento ou execução.

A distinção que se vem fazendo entre cumprimento e execução é pouco clara e de pouca consistência. Pela redação do art. 475-I, o cumprimento se aplicaria às hipóteses dos arts. 461— obrigação de fazer e não fazer — e 461-A — obrigação de entrega de coisa e por execução nos termos dos demais artigos do Capítulo.

As palavras designam coisas ou conceitos. Se o Código quis fazer a distinção acima indicada, pode ela ser aceita sem maiores considerações. Mas será de pouca utilidade, pois o que se deseja de qualquer sentença é que ela se cumpra ou se execute para que o mandamento abstrato adentre a realidade e se transforme em fato do mundo. Se esta ação se chama cumprimento ou execução, pouco interessa. O que avaliaremos é seu resultado.

Lembre-se famosa expressão carneluttiana: a sentença é um dever-ser que aspira ao ser. Esta passagem se faz pela execução ou cumprimento. É isto em suma o que interessa e não o conteúdo da sentença, se se trata de obrigação de fazer, dar, executar ou outros tipos mistos de obrigação que a vida prática oferece.

O importante é que o Judiciário realize com presteza sua missão perene em todos os sistemas jurídicos: decidir controvérsias e, segundo a lei, dar a cada um o que lhe pertence, pondo fim a incertezas de fato ou de direito que impedem a lei de reger os fatos sociais.

Não negamos que dividir faz parte do método científico. *Marcial* já dizia: *divisum sic breve fiet opus*. Mas, se a distinção não faz falta, por que distinguir? *Entia non sunt multiplicanda praeter necessitatem*.[37]

Note-se que a intenção do legislador, ao fundir o conhecimento com a execução foi abreviar formas e encurtar procedimentos. Mas a execução não deixou de existir. Nem poderia. O legislador não pode mudar a natureza das coisas nem pela mágica de artigos fazer desaparecer a realidade.

Se a execução deve ser processo autônomo ou dependente do conhecimento, previsto num mesmo código ou em código independente para a execução de todos

---

(37) MOREIRA, José Carlos Barbosa. *Op. cit.*, p. 332.

os processos de todos os ramos do Direito, tudo isto é liberdade que o legislador pode ter, porque não feriria princípios científicos, já que por caminhos múltiplos se chegaria ao fim único.

Porém, de uma forma ou de outra, terá que prever meios e fórmulas de execução, pois sentença não cumprida não é sentença, mas simples recomendação ou admoestação.

O tema é antigo na Ciência do Direito e não há razão agora para fazê-lo renascer, apresentando o velho revestido de novo. As leis também precisam de execução e não podem ficar no plano da linguagem. A questão da positividade, validade, vigência e eficácia das leis é questão conhecida na Teoria Geral do Direito.

A lei pode existir, ter vigência segundo normas de sua criação, mas não incidir. E então lhe faltará eficácia. A sentença, enquanto preceito a ser cumprido, não é senão um pequeno capítulo deste tema.

Toda norma tem como destino o ser. O dever-ser, o *sollen,* condição do Direito, não pode ser nunca apropriado e entendido sem o ser, o *sein.* [38] A norma se abstrai, vive em comandos normativos, afasta-se dos fatos, mas retorna a eles no momento de sua incidência, por sentença ou aplicação voluntária.

Se não retornasse à vida, não seria Direito, mas simples recomendação entre as muitas que se perdem no mundo das normas sem eficácia.

Por isto, ao optar pelo tal "sincretismo", o legislador quis identificar ou pelo menos aproximar o fato do preceito. Mas tudo pode continuar do mesmo jeito se não houver um Judiciário funcional, com magistrados comprometidos com a realização do Direito e com vontade de concretizar o que decidem. E aqui também entra o problema da eficácia. Uma civilização é grande ou medíocre na proporção de sua capacidade em concretizar boas ideias.

No terreno das medidas práticas, pouco foi efetivamente feito nesta união. Talvez tudo se resuma na economia da citação pessoal do réu, que na execução pode tornar-se problemática, ou em uma ou outra disposição que, aparentemente, possa significar economia de formas. O que hoje se dispôs na Lei n. 11.232 já existia anteriormente de algum modo.

No processo do trabalho a divisão entre conhecimento e execução já era tênue. No CPC a citação por via postal ou por meios eletrônicos e de comunicação moderna — *e-mails,* telefone, com certidão nos autos, poderia abreviar tudo do mesmo modo.

Não convém prezar o novo como sendo sempre o melhor e o mais atual. Mas examinar se a mudança, erradicando o velho, introduziu efetivamente o novo.

Até hoje, não sentimos nenhum reflexo nas transformações que vêm retalhando o CPC, que começaram na década de 90. Os efeitos ainda não se mostraram em sua força renovadora. Exatamente porque os problemas de fundo não foram enfrentados.

Diga-se por fim que a ciência do processo aponta dois caminhos para o cumprimento das sentenças.

---

(38) PALOMBELLA, Gianluigi. *Filosofía del Derecho, moderna y contemporânea.* Madrid: Tecnos, 1999. p. 138.

O sistema francês privilegia as "astreintes", ou seja, multas para o cumprimento do preceito sentencial.

Já o sistema angloamericano prefere o cumprimento específico — *specific performance*. Se o destinatário não cumpre o que lhe foi determinado — pagar, dar, *fazer* — o juiz constrange-o especificamente à ação. Se não obedece, considera-se sua atitude um *contempt of court*, um desrespeito à corte, tornando-o passível de prisão.[39]

Nosso Código adotou o princípio das "astreintes", sem dúvida mais democrático e efetivo. Em vez de atingir a liberdade, bem que se deve prezar acima de todos, atinge-se o patrimônio, em que os efeitos são os mesmos da prisão ou, até mesmo, mais efetivos.

O executado, preso uma vez, geralmente volta à liberdade e descumpre novamente. Já a sanção ao patrimônio obriga-o permanentemente a seguir a determinação até que seus bens suportem. Lembre-se dos efeitos da multa diária.[40]

Custa crer que o Direito do Trabalho brasileiro ainda não tenha despertado para este tipo de sanção, como modo de auxiliar e tornar efetivo o cumprimento da ação trabalhista.

5.2. Questões Processuais do Artigo 475-J

São requisitos para a aplicação do art. 475-J:

a) quantia certa ou já fixada em liquidação;

b) não paga no prazo de 15 dias.

O artigo não esclarece a partir de qual momento começa a fluir o prazo de 15 dias, o que vem levantando grande polêmica entre os processualistas civis.

Uma primeira corrente entende que a multa incide no prazo de 15 dias após o trânsito em julgado da sentença.

A segunda preceitua que a multa incide mesmo depois dos 15 dias, quando a sentença puder ser executada, depois de esgotados os recursos.

A terceira finalmente opina na direção de que a multa é devida depois que a parte é intimada da condenação líquida ou da liquidação realizada.[41]

No fundo, todas as correntes convergem para um ponto comum: as sentenças são executadas quando transitam em julgado ou quando se sujeitam a execução provisória.

---

(39) COUTURE, Eduardo J. *Fundamentos del derecho procesual civil*. Buenos Aires: Depalma, 1969. p. 463.
(40) Note-se, entretanto, que, no moderno Direito norte-americano, a *civil contempt to compel compliance* (a ordem privada para obrigar cumprimento) altera a pena com a prisão, podendo usar um ou outro, conforme a opção do juiz. Ver DOBBYN, John. *Injunctios*. St. Paul, 1974. p. 224. A prisão é condicionada por dois princípios: capacidade do devedor de pagar e a constituição ou as leis do Estado-membro não proibirem a prisão por dívidas. Neste caso, a proibição se limita a dívidas provenientes de obrigações contratuais. Em caso de fraudes, danos, alimentos ou sanções legais a sanção se cumpre incondicionalmente.
(41) FRIAS, *Op. cit.*, p. 157.

Como a multa nada tem a ver com recurso, mas com pagamento da execução, pode ser que a sentença líquida ou liquidada transite em julgado sem que haja recurso. A partir do momento deste trânsito se contará o prazo para incidência da multa.

Se a sentença se submete a recurso e é mantida, já terá transcorrido naturalmente o prazo de 15 dias. Na liquidação que se fará com a volta do processo, incidirá na conta a multa de 10%. Com a expedição do mandado de penhora e avaliação, a que faz referência o art. 475-J, se cobrará do devedor o débito e a multa.

A liquidação é a operação que se faz para que se obtenha a sentença líquida, quando o juiz não a profere nesta condição diretamente.

Poderá ser por cálculo aritmético quando o conteúdo já contém as premissas necessárias à expressão numérica, bastando para isto apenas o cálculo: entrega de 3 objetos no valor de tanto, trabalho de tantos meses, com o salário-dia de ..., etc. Mas poderá ser também por arbitramento — art. 475-C, quando, para se obter a quantia exata, utiliza-se de raciocínio analógico ou avaliativo: arbitramento de um prejuízo não redutível por si mesmo a dinheiro ou por artigos — art. 475-E, quando houver a necessidade de provar fato novo dentro do fato maior já estabelecido como verdade na sentença.

Nestas hipóteses, a sentença só será exequível a partir da finalização destes procedimentos. Obtendo-se o cálculo final e definitivo, o executado será intimado para pagar em 15 dias, sob pena de incidência da multa sobre o valor obtido.

Se paga no prazo sem recorrer — e esta é a finalidade da multa — ela não incide. Se recorre e há desprovimento, a multa incide automaticamente. Pois é esta também sua finalidade.

No segundo grau será a mesma coisa. Se a sentença é reformada, extingue-se o principal e consequentemente a multa. Se a condenação é ampliada, a multa será paga sobre o total ampliado. Se dela se decotam parcelas, a multa seguirá o destino do novo valor.

O devedor poderá requerer a liquidação para quitar a dívida, quando então fica expressa sua vontade de não recorrer e sim de pagar. Também aqui a multa cumpre sua finalidade. Neste caso, a multa incidirá apenas sobre o valor anterior pois, antes que incidisse sobre o novo montante, a execução foi paga.

A multa não será imediatamente executada, pois seria absurdo separá-la da condenação que sequer ainda transitou em julgado. Porém, com o retorno do processo, será automaticamente incluída no cálculo, porque o prazo de 15 dias não foi cumprido.[42]

Pode haver dupla aplicação — *aplicatio in duplice*, sem que se incida no *bis in idem*?

Entendemos que sim. Se, intimado para pagar a quantia da condenação em 15 dias, o executado não a quita, incide na multa. Admita-se que recorra. O processo

---

(42) Para detalhes da multa do 475-J, ver CRUZ, Luana Pedrosa de Figueiredo. As modificações no conceito de sentença à luz dos princípios do sincretismo e da *nulla executio sine titulo*. GOMES JR, Luiz Manoel; SOUZA, Emérson de Cortezia. A Lei n. 11.232/2005 — Multa judicial e seu cumprimento, todos publicados na obra Execução Civil, coordenada por Ernane Fidélis, respectivamente p. 192-203 e 212-229.

durará, como sempre, alguns anos. Retorna e nova liquidação se faz, com a multa já incluída. O executado é novamente intimado e não paga nos 15 dias da lei. A multa então incidirá novamente.

No caso não há *bis in idem* porque houve novo descumprimento. Se não houver a segunda sanção, poderá dar-se uma *perpetuatio jurisdicionis*, com eternos recursos protelatórios. E a multa existe exatamente para coibi-los.

Em todos estes casos, a citação deverá ser feita na pessoa do advogado e não pessoalmente. Na condição de mandatário, age em nome da parte e deve ter ciência de todos os atos, inclusive daqueles que as partes devam pessoalmente praticar. No máximo o que se poderá fazer é intimar a ambos.

O meio eletrônico faz tais intimações com absoluta rapidez e nenhum ônus trará às secretarias e cartórios. Se vivemos numa sociedade de informação, devemos praticá-la no Judiciário também. A informação ao advogado de tudo que se passa no processo facilita a defesa da parte pois o coloca na posição permamente de vigilância que tem de ter na defesa de seu cliente.

O argumento de que o advogado não é a parte, logo deve ela ser intimada pessoalmente, não procede. Realmente quem responde pela execução é o patrimônio do réu — art. 591 do CPC. Mas quem lhe diz o modo e as condições do pagamento é o advogado. É ele que sabe da situação do processo. Logo é mais importante intimar o advogado do que a parte.

A ausência de citação do advogado pode importar até mesmo em cerceamento de defesa.

As dificuldades econômicas do réu-executado não podem erigir-se em óbice ao cumprimento da sentença e da multa a ela inerentes. Se não há bens, nada se pode fazer. *Nemo ad impossibilia tenetur*. O homem não pode ser constrangido a praticar o impossível. Nada pode ir além dos limites que a natureza ou os fatos sociais lhe impõem.

Mas, se dispõe de bens, não se admitem raciocínios de conveniência. Quem deve tem de pagar, principalmente ao fim de uma demanda, geralmente longa, em que o credor despendeu dinheiro e tempo para receber o que lhe era devido.

O executado teve tempo de sobra para prevenir-se. Preferiu o caminho tortuoso da demanda e dos recursos. Na hora do pagamento, procura ajustes e arranjos para protelar ainda mais. Não se pode condescender com este tipo de raciocínio. Temos que pensar na instrumentalidade do processo e em quem dele precisa para fazer valer seu direito.

O processo civil contemporâneo chegou a um equilíbrio louvável entre a valorização do devedor, para não transformar a execução em infâmia, com prisão ou penas humilhantes, e a justa pretensão do autor de realizar seu direito.[43] Se não formos capazes de dar ao autor o que ele ganhou depois de longo esforço, não só a reforma, mas o próprio processo civil perdem sua finalidade.

Os códigos de processo, inclusive o nosso de 1973, eram códigos do réu. O autor tinha que provar tudo, enfrentar os longos recursos, começar de novo na

---

(43) Ver sobre o tema, DINAMARCO, Cândido Rangel. Menor onerosidade possível e efetividade da tutela jurisdicional. In: *Nova era do processo civil*. 2. ed. São Paulo: Malheiros, 2007. p. 294.

execução, dilapidar seu patrimônio em regimes inflacionários sem que o Estado lhe desse alívio e tratamento justo.

Hoje as coisas mudaram. Passou-se a pensar no resultado útil do processo. O "sagrado direito de defesa" estendeu sua "sacralidade" também ao direito do autor, a quem a frase cabe com muito mais justiça, pois é ele que sofre pelas consequências da demora.

Contestar e protelar passaram a ser atividades vantajosas para os réus. Na Justiça do Trabalho, transformou-se num excelente negócio empresarial. É um instrumento de lucro de certas empresas, às vezes até mesmo melhor do que sua atividade comercial.

Como salienta *Reinhard Greger*, processualista alemão contemporâneo, estava mais do que na hora de recompor o processo civil, para introjetar nele as mudanças da pós-modernidade em que o tempo passou a ser contemporâneo dos fatos e não a eles sucessivo. Não podíamos continuar no século 19. Eis literalmente suas vigorosas palavras:

> Es ist höchste Zeit, den Zivilprozess der Zukunft zu gestalten.
>
> (Está mais do que na hora de construir o Processo Civil do futuro).
>
> GREGER, Reinhard. *Vom Kampf ums Recht zum Zivilprozess der Zukunft* — Da luta pelo Direito ao Processo Civil do futuro. Juristen Zeitung. Tübingen. v. 52, p. 1077-1083, nov. de 1997.

Torna-se por isso difícil que uma medida tão pequena e de pouco significado para a efetividade do processo, como a do art. 475-J, ainda encontre resistência da doutrina com contemporizações a devedores renitentes, que fazem do processo uma arma da protelação.

No processo do trabalho esta rejeição raia o absurdo. A recusa da nova medida, confirma o que já dissera *Cappelletti*: "El proceso en materia asistencial y del trabajo es hoy uno de los escándalos más intolerables de nuestro sistema procedimental."[44]

5.3. O Conceito de Sentença Depois da Lei n. 11.232/05

Entendeu-se, após a reforma, que a sentença, mesmo irrecorrida, não extingue o processo de conhecimento. Por isto, era necessário adaptar seu conceito à nova realidade.[45] Agora, o art. 162 define sentença como "o ato do juiz que implica alguma das situações previstas nos arts. 267 e 269 desta Lei."

Abriu-se mão da clara definição anterior, para introduzir uma definição aberta que mais amplia do que restringe, contrariando o próprio conceito de definição que é pôr limites à extensão do que se define, especificando-lhe a natureza. Da divisão do *definiedum* pelo *definiens* nasce a definição.[46]

---

(44) CAPPELLETTI, Mauro. *Proceso, ideologias, sociedad*. Buenos Aires: Ediciones Jurídicas Europa-América, 1974. p. 226.
(45) FRIAS, *op. cit.*, p. 151. MOREIRA, José Carlos Barbosa, *op. cit.*, p. 167 e ss.
(46) A palavra provém de *de* + *finis*, fim, limite. Sobre as modalidades do conceito de definição, ver BRANQUINHO, João; MURCHO, Desidério; GOMES, Nelson Gonçalves. Enciclopédia de termos lógico-filosóficos. *Op. cit.,* p. 239.

O art. 162, § 1º, dava uma definição clara de sentença:

Sentença é o ato pelo qual o juiz põe termo ao processo, decidindo ou não o mérito da causa.

Hoje, remete-se o conteúdo da definição para os artigos 267 e 269. Mas aí o que se prevê é exatamente a extinção do processo sem "resolução de mérito" e com "resolução de mérito".

Portanto, não houve qualquer melhora na definição, apenas uma troca de palavras que, sob certo aspecto, até piorou a redação anterior que, abstraindo-se do casuísmo, designou-o pelas palavras "pôr termo ao processo", que é o que se faz de fato na sentença, de dois modos diversos: com julgamento do mérito ou sem julgamento de mérito. E as situações que o legislador entendeu ser julgamento de questões prejudiciais e de mérito estão exatamente nos arts. 267-269 do CPC.

Andou-se em círculo e não em linha reta na direção do significado das coisas, como convém às boas definições.

Também o verbo "implicar" não está bem no contexto como explicou com êxito *José Carlos Barbosa Moreira*.[47] Melhor teria sido: ato do juiz que se pratica com base em alguma das situações dos arts. 267/269.

O termo "situação" está usado em sentido comum e não em sentido técnico-histórico de conjunto de elementos de relação jurídica presente ou futura, segundo as palavras de *Kohler*. Ali ela significa "hipótese", "caso". Como a palavra "situação jurídica" tem também sentido técnico-processual, poderia ter sido evitada, exatamente para contornar confusão terminológica.[48]

Finalmente, o termo "resolução" em vez de julgamento também a nada serviu.

Resolução significa, segundo o *Houaiss Eletrônico,* ato ou efeito de resolver. A partir daqui, como acontece com as palavras polissêmicas, adquire vários matizes e variantes significativos.[49]

"Resolução de mérito" significa solução de mérito. Em linguagem jurídica, não se usa o verbo **resolver** para decidir controvérsias. Não se diz que "o juiz resolveu o caso", mas sim que o julgou. Portanto, resolução, embora sinônima de julgamento em certos aspectos, não se emprega em sentido jurídico. Logo foi mal empregada no art. 267, com a nova redação da Lei n. 11.232/05.

Todos estes fatos mostram que as mudanças nada mudaram e, o que é pior, o legislador redigiu mal o que pretendia ser mudança.

A conclusão a que se chega é que tudo ficou como estava. Não se pode tirar desta "mudança sem mudança" nenhum significado para efeito dos recursos nem dizer que a transformação se justifica porque a sentença, agora, não extingue processo que continua com os atos executórios depois de sua prolação.

Outro equívoco. Sentença nenhuma, por si só, mesmo as irrecorríveis, deixa de ter consequências externas, que se praticam após sua publicação. Até a concordância da parte com o que foi decidido importa um ato posterior — o pagamento.

---

(47) *Op. cit.,* p. 174.
(48) MOREIRA, Barbosa. *Op. cit.*, p. 174.
(49) O Dicionário Eletrônico Houaiss da língua portuguesa registra para a palavra 12 significados.

Pelo fato de à sentença líquida ou liquidada seguir-se imediatamente a execução e não *ex intervalo* em novo processo com citação do executado, em nada altera o quadro anterior, a não ser em pequena economia de procedimento, como já se salientou.

Enfim, como salientam *Rosenberg-Schwab-Gottwald,*

Das Gericht ist verpflichtet, auf jede Klage durch ein Urteil irgendwelcher Art zu antworten...Dieser Anspruch ist ein Teil des Anspruchs auf Rechtspflege überhaupt, der bereits § 31 behandelt worden ist. (O Tribunal é obrigado a responder por meio de sentença a qualquer ação, seja de que espécie for. Esta pretensão [de quem requer] é parte do acesso à jurisdição, que já foi tratado acima, no § 31).

Aos tribunais cabe responder com um pronunciamento sentencial à pretensão da parte. Decidirá segundo as leis processuais, solucionando de acordo com a forma ou o conteúdo. Esta é a verdadeira natureza da sentença. E assim sempre será, desde que haja a opção pela via judicial.

6. A MULTA DO ARTIGO 475-J E O PROCESSO DO TRABALHO

O Direito do Trabalho tem três regras sobre a recepção de normas externas:

a) a do artigo 8º, que tem abrangência geral, pois se refere às autoridades administrativas e à Justiça;

b) a do art. 769, que se refere especificamente ao "direito processual comum";

c) a do art. 889, que faz remissão a "trâmites e incidentes", para aplicação dos preceitos que regem o processo dos executivos fiscais.

Esta referência a três fontes poderia resumir-se a uma ou sequer existir.[50]

Todo ordenamento deve ser unitário, porque importa em uma hierarquia de normas; sistemático, para evitar que entre normas haja antinomias e, finalmente, completo porque deve dar respostas a todas as questões que lhe são perguntadas.[51]

Como nenhum ordenamento jurídico é integralmente unitário, sistemático e completo, a Ciência do Direito se serve de instrumentos técnicos para a atividade elaborativa, que supre estas naturais imperfeições.

Para que haja hierarquia clara e identificável entre as normas, as Constituições ou a lei estabelecem a hierarquia entre elas, de forma que cabe ao intérprete escalonar o amplo mundo normativo que a ordem jurídica faz incidir nas relações sociais.[52]

---

(50) Isto sem falar na imprecisão terminológica do art. 769, ao usar a expressão "direito processual comum" como fonte subsidiária. O que seria "direito processual particular, não comum ou restrito"? O Direito Processual, enquanto ciência, é uno, como una é a Ciência do Direito. Sua divisão em ramos apenas obedece a um aspecto didático e utilitário. Por mais que haja regras próprias no Direito Processual Militar ou Penal, por exemplo, ele não se diferencia nos princípios do Direito Processual. Se, por comum, entendemos o processo civil, então privaremos o Direito Processual do Trabalho da influência do Código do Consumidor, cuja parte processual é uma das melhores e mais modernas que temos? Eis aqui mais uma razão para apagar este artigo, já que a Ciência do Direito nos dá os meios de integração em caso de omissão. Se o tema está sujeito à ciência, o legislador deve calar-se.
(51) ÁLVARES DA SILVA, Antônio. *As súmulas de efeito vinculante e a completude do ordenamento jurídico.* São Paulo. LTr, 2004. p. 29.
(52) Veja-se a enumeração do art. 59 da CF sobre o processo legislativo, do qual se podem deduzir as entidades normativas que existem em nosso ordenamento jurídico.

O sistema de normas se obtém pelo trabalho de exegese e doutrina, para que se superem as antinomias e se obtenha a convergência.

A completude se atinge pela supressão de lacunas, por meio do emprego da analogia e dos princípios gerais de Direito.

Estes três princípios que se referem a todo ordenamento jurídico são interferentes e se constroem reciprocamente. Toda vez que se aperfeiçoa a unidade, obtém-se também mais sistema e completude. E assim por diante.

Sua utilização é obra da doutrina, não do legislador, que não pode nem regular nem impedir seu emprego. Se os impedisse ou regulasse, a necessidade superaria a proibição e a regulação, que seriam atentatórias ao Estado Democrático de Direito. Se os define, a definição seria sempre imperfeita e a prática a desconsideraria.

Por isso, é melhor deixá-los sempre repousando na Ciência do Direito em que se renovam automaticamente, buscando-os apenas segundo as necessidades dos casos concretos.

No caso do processo do trabalho, a opção do legislador foi regulá-lo autonomamente, inserindo-o no corpo da CLT e não como capítulo do processo comum, como acontece por exemplo em Portugal e na Itália.

Se fizesse parte do mesmo texto do processo comum, isto facilitaria muito os problemas de adaptação, pois as modificações do processo comum incidiriam automaticamente nos processos especiais ou nos sub-ramos, resguardadas as especificidades de cada um.

Como há autonomia, tivemos que recorrer a normas de recepção. E, em relação a estas, bastaria o que já fora dito no art. 8º, que coloca explicitamente nas mãos do intérprete um amplo arsenal integrativo:

a) as disposições contratuais;

b) a jurisprudência;

c) a analogia;

d) a equidade;

e) princípios de Direito;

f) "normas gerais" de Direito;

g) usos;

h) costumes;

i) Direito Comparado.

Poderíamos acrescentar ainda mais: as convenções da OIT, ratificadas ou não, a doutrina, a bibliografia internacional especializada, etc.

Como estes fatores são inerentes à Ciência do Direito e sendo o Direito Processual um de seus ramos, é claro que todos eles se aplicam também aos processos especiais, caso haja lacunas.

No parágrafo único do art. 8º há a regra integradora que empolga todo o Direito do Trabalho em relação ao "direito comum": ele será fonte subsidiária, naquilo em que não for incompatível com os princípios fundamentais do Direito do Trabalho.

O art. 8º torna desnecessários os arts. 769 e 889, que são mera repetição do princípio genérico nele estabelecido.

O art. 769 fala em omissão e compatibilidade. Estas duas regras de adaptação dependem de interpretação.[53]

O verbo "omitir" pressupõe a ideia de ocultar o que existe: omitir uma cláusula, um dado, uma circunstância.

O Direito Processual do Trabalho, sendo espécie, "omite" necessariamente algo do processo comum, do qual é síntese. Caso contrário, seria também gênero e não espécie. É do processo comum um *genus proximum*, mas tem dele uma *differentia specifica*.

Saber se algo, que não devia faltar, foi "omitido" ou se algo desnecessário se fez constar, quando devia ser omitido, é questão de pura interpretação. Em ambos os casos, estaremos caracterizando a espécie com os elementos necessários de sua identificação.

A compatibilidade é a mesma coisa. A palavra provém do verbo latino *patior, pateris, pati, passus sum* que significa sofrer, tolerar, suportar. Acrescido do prefixo "com" deu em português "compatibilizar" que significa juntar uma coisa com outra, para que funcionem juntas. Daí a ideia de harmonizar, atuar junto, etc.

Se uma norma pertencente ao gênero é compatível com a espécie, é questão interpretativa, ou seja, cumpre ao intérprete dizer se a espécie não se descaracteriza com norma que vem do gênero e se este, aumentado com a norma, pode refletir-se na espécie sem descaracterizá-la.

Vê-se, portanto, que tanto na omissão como na compatibilidade a questão é de interpretação. As palavras em si pouco ou nada dizem.

Também, em relação ao art. 889, o raciocínio é o mesmo. Para aplicar os preceitos da lei dos executivos fiscais ao processo do trabalho, o legislador limitou-a aos "trâmites e incidentes" da execução.

Não há nenhum critério para distinguir, dentro do processo, o que sejam "trâmites e incidentes". Se o legislador quis estabelecer a diferença entre processo e procedimento, entrou numa seara difícil e complicada pois esta distinção, sutil e confusa, já expressamente negada por grandes processualistas. Entre nós, cite-se *Marinoni*, que afirma:

> O processo, atualmente, é o próprio procedimento. Mas não apenas, como quer Fazzalari, o procedimento realizado em contraditório — até porque esta exigência é óbvia e inegável — mas igualmente o procedimento idôneo às tutelas prometidas pelo direito material e à proteção do caso concreto.[54]

Em outro livro, aprofundamos o tema, citando *Fazzalari*, cuja opinião não prima pela clareza neste setor e mostramos, com a palavra de outros autores, que os termos "processo" e "procedimento" muitas vezes se interferem e se identificam.[55]

---

(53) Para detalhes, ver ÁLVARES DA SILVA, Antônio. *Execução provisória trabalhista depois da reforma do CPC*. São Paulo: LTr, 2007. p. 48.
(54) *Ibidem*, p. 419.
(55) *Execução provisória*, op. cit., p. 95.

O próprio legislador é inseguro com a nomenclatura que adota. Na Secção IV do Capítulo V, arts. 885 a 889-A, fala "Do Julgamento e dos Trâmites Finais da Execução". Mas ali existem atos processuais diferentes: julgamento dos embargos à execução, avaliação e arrematação de bens penhorados e recolhimento das contribuições sociais. Seria isto "trâmite"?

Mas, ainda que se admita a distinção, o art. 475-J do CPC não é um "trâmite" ou "procedimento" de execução. Está situado no processo de conhecimento e se trata de norma que operou fundamental mudança na sistemática do processo civil brasileiro. Portanto, limitá-la a um "trâmite ou incidente" é no mínimo uma grave impropriedade comparativa.

Se se entende, todavia, que o 475-J é um "trâmite" ou "incidente" do processo civil, mesmo assim a referência à Lei n. 6.830/80 em nada ajudaria na solução do problema.

O art. 2º,§ 2º, desta lei afirma que "A Dívida Ativa da Fazenda Pública, compreendendo a tributária e a não tributária, abrange atualização monetária, juros e multa de mora e demais encargos previstos em lei ou contrato".

Não se fala especificamente em multa sancionadora mas em "multa de mora" e "demais encargos previstos em lei ou contrato". Portanto também é omissa a respeito. Como a Lei n. 6.830/80 prevê, no art. 1º, a subsidiariedade do processo civil, volta-se, depois de andar em círculo, à mesma questão de se decidir sobre a regra do processo comum ao processo do trabalho.[56]

Como então fazer a integração do processo do trabalho com o processo comum? Como em todo ramo do Direito, recorre-se à analogia que já conceituamos em outro livro, com as seguintes palavras:

> A analogia consiste em regulamentar, através de atividade comparativa, um caso não regulamentado pelos mesmos princípios de um caso já anteriormente regulamentado pelo ordenamento jurídico.Trata-se de uma atividade normativa, feita por processo comparativo, de natureza dedutiva, retirando-se da norma existente os fundamentos para se construir outra norma.Como a analogia não é processo criador de normas, é preciso que haja semelhança próxima entre a norma criada e a norma a ser criada. Esta proximidade é que vai constituir o eixo da comparação para que, partindo-se de uma, chegue-se à outra.[57]

Comparar a norma regulamentada com a necessidade ideal da norma que se quer criar, à qual se chegará pelo processo comparativo. Eis a função da analogia. Por meio da indução retiram-se da norma existente os elementos para constituir a norma a ser criada. Pela norma já criada, cria-se outra norma que, com a anterior, guarda necessária proximidade e complementaridade.

A analogia é um processo de inferência do existente com o inexistente. No raciocínio matemático, é empregada para que, de uma verdade estabelecida, se chegue a outra

---

(56) Toda vez que a Lei n. 6.830/80 fala em "multa", usa a palavra conjugada com a mora: multa de mora, o que é muito diferente de multa no sentido de pena.
(57) ÁLVARES DA SILVA, Antônio. *As súmulas de efeito vinculante e a completude do ordenamento jurídico.* São Paulo: LTr, 2004. p. 56.

que se pretenda estabelecer. ⁽⁵⁸⁾ No caso concreto, em que se comparam normas, cumpre apenas responder se a norma criada no gênero se adapta à espécie.

Esta compatibilidade, em se tratando do processo do trabalho, é plena.

No próprio processo comum já se chegou à conclusão, pela série de medidas tomadas pela Lei n. 11.232/07, que são frequentes os abusos no processo e que providências contrárias a este uso desviado precisavam ser impostas.

Se o crédito comum é acrescido do valor de 10%, quando não pago no momento devido, como dizer que o crédito alimentar do Direito do Trabalho não tenha igual benefício? Será que chegamos ao ponto de desvalorizar e discriminar o crédito alimentar em função do crédito obrigacional comum?

A norma do art. 475-J deveria ter nascido no processo do trabalho e, da espécie, subir ao gênero para aplicar-se ao processo comum, se o legislador tivesse mais consideração com o processo social e desse importância à solução rápida e eficiente dos conflitos trabalhistas.

Hoje o Processo do Trabalho é grande esquecido do legislador, que vê, indiferente, a Justiça do Trabalho transformar-se numa arena desnecessária e cara, aonde se escoam litígios menores e insignificantes, que poderiam ser resolvidos por meio de um processo simples e objetivo, cujos perdedores sofreriam duras consequências, quando o utilizassem para fins procrastinadores.

O elemento sancionador no processo do trabalho é sem dúvida muito mais necessário do que no processo comum. Como o legislador esqueceu-se desta verdade, cumpre à jurisprudência ressaltá-la.

A compatibilidade da multa com o processo do trabalho é plena. Julgar, executar e pagar, no mais breve espaço de tempo, é o grande objetivo do processo do trabalho, em razão do crédito alimentar que instrumentaliza.

Sua finalidade, como já se viu na parte introdutória, é induzir o pagamento do débito imediatamente e inibir a interposição de recursos.

Dispor o processo de meios e instrumentos para este fim é uma obrigação, não só do intérprete, mas também do legislador, a fim de que se obtenha o mandamento do art. 5º, LCXXVIII da CF: justiça rápida por meio de um procedimento simples.

A 4ª Turma do TRT vem aplicando a multa do art. 475-J em todo agravo de petição por ela julgado. A ideia central do raciocínio pode ser vista na ementa que, padronizadamente, se lança nos processos decididos.

Permite também o levantamento sem caução de quantia até 60 salários mínimos prevista no art. 475-O, § 2º do CPC, tudo com o intuito de modernizar e agilizar a execução trabalhista, transformando-a num meio efetivo e justo de concretização dos créditos alimentares e não num protelá-los de protelá-los, como é hoje.

A ementa dos acórdãos que versam sobre o assunto é esta:

---

(58) "Inference of the truth of an unknown result obtained by noting its similarity to a result already known to be true. In the hands of a skilled mathematician, analogy can be a very powerful tool for suggesting new and extending old results. WEISSTEIN, Erik. Disponível em: <http://mathworld.wolfram.com/>. Acesso em: 8.9.07.

EMENTA: MULTA — ARTIGO 475-J DO CPC

A multa prevista no art. 475-J do CPC, com redação dada pela Lei n.11.232/05, aplica-se ao Processo do Trabalho, pois a execução trabalhista é omissa quanto a multas e a compatibilidade de sua inserção é plena, atuando como mecanismo compensador de atualização do débito alimentar, notoriamente corrigido por mecanismos insuficientes e com taxa de juros bem menor do que a praticada no mercado.

A oneração da parte em execução de sentença, sábia e oportunamente introduzida pelo legislador através da Lei n. 11.232/05, visa evitar argüições inúteis e protelações desnecessárias, valendo como meio de concretização da promessa constitucional do art.5, LXXVIII pelo qual "A todos, no âmbito judicial e administrativo, são assegurados o tempo razoável do processo e os meios que garantam a celeridade de sua tramitação."

Se o legislador houve por bem cominar multa aos créditos cíveis, com muito mais razão se deve aplicá-la aos créditos alimentares, dos quais o cidadão-trabalhador depende para ter existência digna e compatível com as exigências da vida.

A Constituição brasileira considerou o trabalho fundamento da República — art.1, IV e da ordem econômica — art.170. Elevou-o ainda a primado da ordem social — art. 193. Tais valores devem ser trazidos para a vida concreta, através de medidas objetivas que tornem realidade a mensagem ética de dignificação do trabalho, quando presente nas relações jurídicas.

EXECUÇÃO PROVISÓRIA

1 — O art. 475-0, § 2º, I, com redação dada pela Lei n. 11.232/95, significou grande evolução no Direito Processual, porque permitiu a prática de atos alienatórios e o levantamento de depósito em dinheiro sem caução, quando se tratar de crédito de natureza alimentar ou proveniente de ato ilícito, até o limite de 60 salários mínimos.

2 — Esta medida, que significa grande evolução do processo em geral, é plenamente compatível com o Processo do Trabalho, que não pode se excluir das conquistas da Ciência do Direito, simplesmente por ser especial.

3 — Por isto, é plena a compatibilidade do art. 475-0, § 2º, I, com o processo do tra-balho, pois facilita e agiliza a execução do crédito trabalhista, de natureza tipicamente alimentar, fruto do trabalho humano, que a Constituição da República colocou como fundamento da República e base da ordem econômica e social — arts. 1º, IV, 170 e 193.

4 — Ao garantir a tempestividade da prestação jurisdicional em tempo razoável bem como os meios de efetivar sua rápida tramitação — art. 5º, LXXVIII, a Constituição emitiu preceito que se destina não só ao legislador, para criar os meios e revolver os obstáculos à duração razoável dos processos, mas também ao juiz, para concretizar, em qualquer ramo do processo, dispositivos que favoreçam e possibilitem a realização do desejo constitucional, que o aplicador da lei não pode negar nem obstar.

5 — Sendo o Processo do Trabalho o meio por excelência de efetivação dos créditos alimentares, que resultam do trabalho humano, bem constitucional repetidamente prezado nos artigos já citados, é dever do intérprete dotá-lo de todas as conquistas que o moderno Direito Processual criou para garantir ao cidadão a efetividade de seus direitos, sob pena de ferir o espírito da Constituição e impedir a eficácia de seus preceitos.

7. ADAPTAÇÕES FORMAIS

Em pesquisa realizada pela "Juris" (órgão do TRT de Minas), a nosso pedido, em 36 acórdãos do TRT da 3ª Região, apenas 7 negaram sua aplicação, notando-se que alguns deles foram de relator repetido. Isto significa que a grande maioria do TRT de Minas é favorável à aplicação da multa do 474-J do CPC ao Processo do Trabalho.

De nossa parte, a aplicamos imediatamente desde quando entrou em vigência.

Os que se posicionaram contrariamente não negaram a finalidade da sanção: demover recursos e proporcionar julgamento rápido. Apenas alegam a incompatibilidade, porque a CLT já regulamenta a execução por quantia líquida, na qual não se prevê a multa.

Alegam, portanto, uma incompatibilidade formal.

O art. 475-J diz que "caso o devedor, condenado ao pagamento de quantia certa ou já fixada em liquidação, não o efetue no prazo de 15 dias, o montante da condenação será acrescido de multa no percentual de 10% e, a requerimento do credor e observado o disposto no art. 614, inciso II, desta Lei, expedir-se-á mandado de penhora e avaliação".

O CPC, com a redação da Lei n. 11.232/05, foi objetivo e procurou evitar formalismo. Liquidada a sentença, o devedor deverá pagar a condenação em 15 dias. Se não o faz, o montante fica acrescido da multa de 10%, que incide automaticamente, sem necessidade de requerimento ou novo pedido do exequente, que requererá a expedição de mandado de avaliação e penhora.

Realmente, suprime-se aqui a possibilidade de indicação de bens à penhora. Ao contrário, o exequente é que poderá indicar desde logo os bens a serem penhorados — 475-J, § 3º.

A CLT, praticamente, dispõe da mesma forma. O art. 880 diz:

> O juiz ou presidente do Tribunal, requerida a execução, mandará expedir mandado de citação ao executado, a fim de que cumpra a decisão ou o acordo no prazo, pelo modo e sob as cominações estabelecidas.

Esta primeira parte, que se destina às obrigações de fazer, deveria estender-se a toda e qualquer espécie de obrigação trabalhista, de fazer ou de pagar, pois toda decisão há de ser cumprida pelo modo e sob as cominações nela estabelecidos.[59]

No entanto o legislador, seguindo a distinção clássica entre obrigações de fazer e pagar, continuou com a segunda parte do artigo, introduzido pela conjunção coordenativa alternativa "ou":

> Ou, em se tratando de pagamento em dinheiro, incluídas as contribuições sociais devidas ao INSS, para que pague em quarenta e oito horas, ou garanta a execução sob pena de penhora.

---

(59) A distinção que o art. 475-I deve ter pretendido fazer entre cumprimento (para as obrigações de fazer) e execução para as demais é irrelevante e nada traz de contribuição para a ciência do processo. As sentenças, cumprindo-se ou executando-se, aplicam a lei ao caso. E é isto que interessa.

Há duas diferenças. Uma de tempo. Pelo art. 475-J, o prazo é de 15 dias. Pela CLT, é de 48 hs. O encurtamento do prazo se deve à maior rapidez da execução trabalhista.

A segunda diferença é de procedimento. Na CLT, faculta-se ao executado garantir a execução sob pena de penhora. Garantir a execução é atribuir certeza ao seu cumprimento, o que se faz pelo depósito da condenação ou pela indicação de bens, obedecida a gradação legal — art. 882.

Na conta já liquidada, acrescentar-se-á o valor de 10%, correspondente à multa do 475-J. Será uma parcela a mais que deverá ser paga. A própria CLT prevê no citado art. 882 que a garantia se fará "mediante depósito da mesma, atualizada e acrescida das despesas processuais..." Ora, esta atualização se fará agora com o acréscimo da multa que, juntamente com as despesas processuais, será objeto de depósito.

Caso o executado opte por pagar, terá o prazo de 48 hs. Mas, admita-se que ele alegue que este prazo se refere ao débito trabalhista. Quanto à multa, tem o prazo de 15 dias conforme art. 475-J do CPC. Nada o impedirá de fazer este requerimento, que todo juiz naturalmente deferirá, pois não será o fluxo de 15 dias que vai prejudicar a execução, a qual pode até mesmo durar anos.

Se não quita, no prazo de 48 horas, o débito trabalhista nem no prazo de 15 dias a multa, esta passa a ser devida, mas não será cobrada separadamente. O exequente a receberá quando do pagamento do débito.

Isto é óbvio porque a multa é um acréscimo e não um débito independente.

Se o executado preferir nomear bens à penhora, nada o impede de fazê-lo. A penhora se fará segundo a ordem preferencial, de modo suficiente a garantir o valor corrigido, as despesas processuais e a multa.

Se o executado, depois de garantir a execução ou indicar bens à penhora, interpuser embargos como lhe faculta a lei — art. 884 da CLT? Também aqui, nada o impedirá de fazê-lo.

E se o juiz anular a execução, na decisão de embargos? Evidentemente o executado nada pagará. Se não paga o principal, não pagará também a multa, que é acessório da condenação.

Caso haja agravo de petição, o processo subirá ao TRT e retornará. A sentença será atualizada e o executado, como já foram esgotados todos os procedimentos e recursos, será citado para pagar. Se não o faz prossegue-se na execução com a praça.

Onde está a tão propalada "incompatibilidade"? Evidentemente não existe. Torna-se difícil crer, ante a evidência dos fatos e a objetividade das normas, que haja incompatibilidades formais e dificuldades de adaptação.

Um esclarecimento final se torna necessário, relativamente à questão da liquidação.

8. LIQUIDAÇÃO

Segundo o art. 879, § 1º - B, as partes deverão ser previamente intimadas para a apresentação do cálculo de liquidação, inclusive da contribuição previdenciária.

Já no § 2º, diz que "elaborada a conta e tornada líquida, o Juiz poderá abrir às partes prazo sucessivo de 10 dias para impugnação fundamentada com a indicação dos itens e valores objeto da discordância, sob pena de preclusão".

O artigo é contraditório pois fala de liquidez (elaborada a conta e tornada líquida) e, ao mesmo tempo, manda abrir vista às partes para impugnação fundamentada, o que demonstra divergência sobre o cálculo.

Então, o juiz poderá abrir vista às partes pelo prazo sucessivo de 10 dias, para impugnação fundamentada, na qual se indicarão os itens e valores objeto da discordância.

Já no § 3º, fala novamente em elaboração da conta, já agora pela parte ou pelos órgãos auxiliares da Justiça do Trabalho.

O fato é que neste contraditório pouco claro, prevê-se que a parte ou as partes poderão apresentar cálculo que entenderem devido.

Apresentado o laudo ou os laudos, o Juiz tem duas alternativas:

a) homologa o que entender correto e manda prosseguir na execução. Neste caso, a parte terá oportunidade de se manifestar sobre o cálculo nos embargos — art. 884, § 3º;

b) exerce a faculdade que a lei lhe concede e dá vista à parte contrária.

Se a parte não se manifesta, há preclusão, tornando-se líquida a conta. Se há manifestação, o juiz decidirá, conforme entender de direito, e fixará o *quantum*.

Nesta última hipótese, estabelece-se o contraditório sobre o cálculo fora dos embargos à execução. A discussão se precluirá aqui com a decisão interlocutória sobre o cálculo que será fixado pelo juiz.

Inicialmente, defendíamos a ideia de que este contraditório sobre o cálculo, fora dos embargos e antes da penhora, impediria o executado de rediscutir o cálculo nos embargos — art. 884, § 3º, pois em processo não deve nem pode haver atos repetidos e inúteis. Se já houve contraditório exaustivo sobre o cálculo, porque repeti-lo nos embargos?

Hoje já não mais pensamos assim.

Quando o juiz decide sobre o cálculo, faz escolha entre duas hipóteses. Deduz sua preferência em raciocínio lógico, fundado nos elementos dos autos. Vai contrariar, pelo menos em parte, os interesses de uma das partes.

Por isso, a que for sucumbente pode, nos embargos à execução (art. 884, § 3º), levantar novamente a discussão e impugnar o fundamento adotado pelo juiz, que ela entendeu prejudicial a seus interesses. Está em jogo o princípio da ampla defesa.

Mantidos os cálculos, poderá a parte agravar de petição. O processo irá ao TRT e depois retornará para a execução, pois se esgotaram todos os atos e recursos previstos em lei: liquidação da sentença, garantia da execução ou penhora, embargos à execução, recurso de agravo de petição. Agora chegou o momento de cumprir a sentença.

A sentença será atualizada por simples cálculo e o executado será citado (no cível, a palavra é "intimado") para pagar. Se tiver havido penhora, sob pena de execução dos bens penhorados. Se tiver garantido a execução, o juiz autorizará de imediato o levantamento do depósito.

A quantia depositada em garantia da execução ou o valor apurado pela praça dos bens penhorados serão necessariamente acrescidos da multa de 10% do 475-J porque, quando a execução começou, o executado não pagou o débito trabalhista em 48 hs. Como também transcorreram sem pagamento os 15 dias de prazo para a quitação do débito sem a incidência da multa, só resta ao executado pagar o total (débito mais multa).

Caso a cominação da multa não tenha sido determinada no começo da execução, cumpre ao advogado requerer, ou o juiz, *ex officio*, autorizar, a inclusão da multa no cálculo. Esta inclusão *ex officio* não deve causar estranheza, porque a multa tem caráter sancionador e se reveste de interesse público, que se sobreleva ao interesse das partes.

A multa incidirá em todos os processos, mesmos nos que começaram antes de sua vigência (Lei n.11.232/ 23.12.05). Não se há de falar em retroação, mas sim em aplicação imediata da lei aos fatos nela previstos e ainda não praticados.

Como salienta, em proveitosa discussão sobre o tema, o desembargador *Júlio Bernardo do Carmo*, ao executado poderão ser apresentadas duas contas:

a) a da sentença atualizada;

b) a da sentença acrescida da incidência da multa de 10%, caso o débito não seja quitado em 15 dias.

Vendo a diferença e o ônus que sofrerá caso não quite, o executado será levado a pôr fim à demanda pois, saldando a dívida antes dos 15 dias, livrar-se-á da multa. Em processos de maior monta, a diferença será considerável.

Como muito bem pondera o desembargador citado, a finalidade da lei é o cumprimento da condenação. Se a parte, entretanto, recalcitra e não paga, a multa incidirá legitimamente pois sua finalidade é induzir o cumprimento e recompensar o exequente pelo tempo sempre longo das demandas judiciais, mesmo as trabalhistas.

A multa só incidirá quando a sentença for líquida ou liquidada. E quando este fato se dará? Evidentemente, no final da execução. O caminho é este:

a) iniciada a execução, a sentença será liquidada por cálculo, arbitramento ou artigos — art. 889;

b) Se o juiz optar por dar vista às partes, estabelecendo o contrário antes dos embargos à execução, confrontará os laudos e decidirá como de direito. Se não quiser utilizar-se da vista, homologa a quantia que entender adequada e manda prosseguir;

c) se o executado não paga, terá que garantir a execução mediante depósito da quantia ou sofrer penhora — art. 882;

d) a parte poderá embargar e, neste momento, impugnar os cálculos, enfrentando os fundamentos do juiz pelos quais liquidou a sentença;

e) a parte poderá interpor agravo de petição — art. 897, *a)*, da CLT;

f) o processo sobe ao TRT, que decidirá;

g) finalmente, o processo retorna com todos os atos, formalidades e recursos cumpridos. A sentença transitou em julgado. Agora cumpre executá-la definitivamente. Ela será atualizada por simples cálculo e nele se incluirá obrigatoriamente a multa do art. 475-J, já anteriormente cominada.

O executado, nesta fase, já não tem mais a chance de pagar sem a multa porque, no começo da execução, preferiu garantir a execução ou nomear bens à penhora para prosseguir nela. Já estão, pois, vencidos tanto o prazo de pagamento do débito trabalhista, quanto a possibilidade de pagá-lo até 15 dias sem a multa.

Vê-se que as partes dispuseram de todas as garantias do processo. A execução seguiu seu fluxo com ampla defesa e equilíbrio. O executado teve a chance de pagar sem a multa. Se optou pelo não pagamento, não houve outra alternativa senão aplicá-la.

Nada mais lógico e racional.

Diante destes fatos, pergunta-se: onde está a incompatibilidade da multa do art. 475-J com o Processo do Trabalho?

Alguns colegas ponderam que, mesmo depois de esgotado o processo executivo, tudo pode começar de novo. Citado para pagar, o exequente levanta motivos artificiais para impugnar o cálculo de liquidação. Interpõe embargos, critica os cálculos, agrava de petição...

Este fato pode sem dúvida acontecer, mas nada tem a ver com a multa, mas sim com o excesso de recursos e formalidades da execução, tanto cível quanto trabalhista. Há execuções que voltam ao TRT três ou quatro vezes, em virtude da interposição repetida de agravos de instrumento.

A hipótese é uma exceção, muito embora se reconheça que vem se tornando frequente, principalmente em processos de maior valor, em que o interesse em protelar é maior.

Para evitar este mal da repetição de agravos, o juiz poderá aplicar multa por ato atentatório à Justiça — art. 600 do CPC, e cumulá-la com a do art. 18, com base no art. 17, IV, do CPC, que tem origem diversa, pois se trata de litigância de má-fé. Já terá mandado ou mandará levantar, imediatamente, a quantia de até 60 salários mínimos — art. 475-0, § 2º, I, do CPC, e assim por diante.

As sanções não permitirão que a demanda se torne um fator econômico favorável ao executado, que terá mais interesse em terminá-la do que prorrogá-la.

Outra medida que pode ser tomada e que terá grande alcance contra a protelação consiste em aplicar a multa do art. 475-J pela segunda vez.

Já no item 5.2. afirmamos esta possibilidade. E novamente aqui confirmamos o que dissemos.

Não se trata de *bis in idem*, mas de *bis in duplicem*. A multa será aplicada duas vezes, porque o fato sancionável também se repetiu duas vezes. Se a parte insiste na protelação, por que a multa não pode repetir-se? Ela não será cobrada de imediato, como já se viu. Se a parte recorrente tiver razão, o juiz ou o tribunal a reconhecerão e a multa será excluída. Mas, se não tiver, ela incidirá merecidamente.

Não é lógico e fere o princípio da igualdade das partes no processo quando a uma fica permitida a protelação e a outra ficam proibidos os meios de coibi-la.

Não se admite que o juiz assista impassível à protelação e à chicana. Os interesses do Estado devem também ser defendidos por quem os representa e tem a obrigação de velar por eles.

Com a medida, estaremos garantindo a efetividade do processo e combatendo a morosidade da Justiça, exatamente para que se cumpra o preceito constitucional do art. 5º, LXXVIII, na nobreza de seus propósitos e na alta finalidade de seu alcance social.

9. A MULTA DO ARTIGO 475-J NO PROCESSO DE CONHECIMENTO E NA EXECUÇÃO PROVISÓRIA

Alguns julgados aplicam desde logo a multa na sentença. Outros dizem-na um tema de execução e deixam o assunto para mais tarde. A 1ª Turma do TRT de MG já decidiu, por meio de voto da desembargadora *Maria Laura Franco Lima* que "embora a aplicação da multa seja matéria típica da fase de execução, nada impede que a própria sentença, na fase de conhecimento, já preveja a sua incidência". O processo é o de número TRT-RO- 010161007-058-03-00-5 e a ementa é a seguinte:

> Multa do art. 475-J. Aplicabilidade — Processo do Trabalho. A multa prevista no artigo 475-J do CPC, por força do artigo 769 da CLT, é plenamente aplicável ao processo trabalhista que, tendo como objetivo a satisfação de crédito de natureza alimentar, busca sempre meios que garantam a celeridade de sua tramitação, além de estar em sintonia com a Constituição da República (art. 5º LXXVIII). Desse modo, tal penalidade será devida se, em pagamento no prazo legal, após a homologação da conta e intimação específica.

A questão, vista do lado do Processo Civil comum, é clara e não suscita dúvida. Depois do "sincretismo", que unificou o processo de conhecimento com o de execução. O art. 475, com a nova redação da Lei n. 11.232/05, diz que "quando a sentença não determinar o valor devido, procede-se à sua liquidação".

Portanto a inclusão da multa do art. 475-J na sentença cível é automática, pois ali não se cuida mais da distinção entre conhecimento e execução, hoje condensados em ato único.

Como no Processo do Trabalho ainda lidamos com um processo bifásico, embora com diferenças mínimas do Processo Comum, já que a execução pode ser promovida *ex officio* pelo próprio juiz (art. 878 da CLT), nada impede que, já na sentença, se determine a inserção da multa, seguindo-se os trâmites já descritos acima.

Se não for esta a opção, a multa constará da execução, obedecendo-se à sistemática da execução trabalhista quanto aos prazos. O assunto também já foi discutido neste artigo.

O problema está na aplicação da multa e não no momento em que ela se aplica.

Não obstante a faculdade de inseri-la no conhecimento ou na execução, pensamos que, no Processo do Trabalho, ela deve ficar para a execução. A razão é pragmática. Aqui não cabe mais recurso de revista. Com isto se evita a interposição de mais recursos, com o que se favorece a rapidez nos julgamentos, atendendo-se ao disposto no art. 5º, LXXVIII, da CF.

A maioria da jurisprudência tende a cominar a multa somente na execução definitiva. Mas não se justifica a postura.

O art. 475-O do CPC diz que "A execução provisória da sentença far-se-á, no que couber, do mesmo modo que a definitiva, observadas as seguintes normas..."

A ressalva "no que couber" tem o propósito de salientar questões próprias da execução provisória, tais como o levantamento de dinheiro e a prática de atos alienatórios mediante caução (art. 475-III do CPC) e a dispensa de caução do mesmo artigo, no § 2º.

Nada tem a ver com a aplicação de multa. Mesmo porque ela não vai ser cobrada em separado. A execução provisória tem que ser calculada, para que possa haver depósito de garantia da execução ou penhora suficiente.

Neste cálculo se incluirá o valor da multa que será paga no momento em que se levantar o principal.

Portanto não há nenhum inconveniente em inseri-la na execução provisória. Pelo contrário, há vantagem porque se adianta o cálculo, queimando etapas e facilitando a execução, quando se transformar em definitiva.

Finalmente, saliente-se que, tendo os recursos trabalhistas efeito apenas devolutivo e permitida a execução provisória até a penhora, conforme mandamento do art. 899 da CLT, não há nenhuma restrição para o cálculo do valor da execução, que se fará com o principal, acrescido de juros, correção, contribuições do INSS e agora da multa do art. 475-J.

10. A JURISPRUDÊNCIA DO TST

A aplicação da multa foi decidida no processo RR 668/20006 — DJ de 28.3.08, 6ª Turma, sendo relator o Min. Aloysio Correa da Veiga.

A decisão foi contrária à aplicação. O fundamento foi o seguinte:

> Para se deixar de considerar a regra contida no art. 880 da CLT, criar-se-ia verdadeiro imbróglio processual, não só em relação ao prazo para cumprimento da obrigação, mais dilatado no processo civil, como também em relação à penhora. Ou seja, deveria o julgador cindir a norma legal para utilizar o prazo de 48 horas, menor, da CLT, com a multa e a penhora. Considerando-se que a regra processual civil conflita, em relação ao prazo e à cominação contida no dispositivo da CLT, é incompatível a regra ali contida, o que impossibilita a sua aplicação nos exatos termos do art. 769 da CLT. O rito, inclusive, no processo do trabalho é diferenciado, pois determina a citação por oficial de justiça, conforme prevê o § 2º do art. 880 da CLT.

Como já analisamos, no item 8, não há nenhum "imbróglio" de prazos. Pelo contrário, tudo flui com absoluta lógica, compatibilizando-se da forma prevista o prazo de 15 dias com o de 48 hs. do art. 880.

Não há necessidade de cindir a norma legal para utilizar o prazo da CLT e o do CPC. Podem ser ambos perfeitamente compatibilizados como se demonstrou.

A outra diferença de rito alegada é insignificante. Realmente, o art. 880, § 2º, determina que a citação seja feita pelos oficiais de justiça. Já o art. 475-J preceitua que "Do auto de penhora e avaliação será de imediato intimado o executado, na pessoa de seu advogado ...ou, na falta deste, o seu representante legal, ou pessoalmente, por mandado ou pelo correio, podendo oferecer impugnação, querendo, no prazo de 15 dias".

Não será por esta insignificante diferença de forma que se vai criar a incompatibilidade entre os artigos citados. Isto seria elevá-la ao requinte de sua inutilidade, esquecendo-se de que a forma está em função da essência, do mesmo que o processo está em função do direito material, que por sua vez existe para servir à vida.

O meio da comunicação — correio, informática, oficial de justiça, pessoalmente — não importa, mas sim o conteúdo, ou seja, o conhecimento do ato pela parte.

Mas, mesmo que se queira o raciocínio formal e desconstituído de essência, nem assim o argumento procederia. O art. 475-J fala também em mandado para ciência do laudo de penhora e avaliação. Portanto há, até neste aspecto, identidade com a CLT.

Porém toda esta discussão está hoje superada pela Lei n. 11.419/06 que prevê, no art. 5º, § 4º, a correspondência eletrônica como forma de participação dos atos processuais. Diante desta evidência, não é preciso argumentar mais.

Em outro processo, RR- 765/2003-008-13-41, da 3ª Turma, tendo como relatora a Min. *Maria Cristina Irigoyen Peduzzi*, também se negou à aplicação da multa, sob o fundamento de que "A fixação de penalidade não pertinente ao Processo do Trabalho importa em ofensa ao princípio do devido processo legal, positivado no artigo 5º, inciso LIV da Constituição da República."

O fundamento não convence. Em aresto da 13ª Região, analisado no acórdão citado do TST, argumentou-se com toda propriedade que, se não se pudesse recorrer à analogia para a aplicação de multas não previstas no Processo do Trabalho, então jamais poderíamos aplicar aqui a multa por ato atentatório ao exercício da jurisdição (CPC, arts. 17-18), multa por embargos protelatórios (CPC, art. 538, § único), multa por ato atentatório à dignidade da justiça (CPC, art. 601), as astreintes dos arts. 461 e 461-A.

Qual seria a estranha razão de se vetar a analogia para se rejeitar uma multa e, sem nenhuma razão plausível, socorrer-se da analogia para aceitar outras? *Ubi eadem dispositio, ibi eadem interpretatio* — onde existir a mesma disposição legal, aí deve haver a mesma interpretação. De fato, a interpretação, como processo racional e lógico, exige coerência e unidade, sob pena de ferir o ordenamento jurídico em seus três pilares de sustentação — a unidade, o sistema e a completude.[60]

Se, a uma mesma disposição, dá-se interpretação diversa sem fundamento para justificar a divergência, quebra-se a unidade, porque se institui a diversidade justificativa; fere-se o sistema, porque se cria a incoerência e se desfaz a unidade, desarticulando a lógica interna que a sustenta. Finalmente, ofende-se a completude porque, ao dar respostas diversas à mesma situação, funda-se a insegurança jurídica.

A opinião de *José Augusto Rodrigues Pinto*, citada na acórdão, não pode ser aceita. O argumento consiste no seguinte: "norma impositiva de coerção econômica, há de ter aplicação restrita, forçando a caracterização do silêncio da legislação a ser suprida como fato impeditivo e não omissivo — e só esta última hipótese autorizaria o suprimento."

Não se sabe de onde foi retirado este cânone de hermenêutica. "Norma de coerção econômica" são todas aquelas que, no campo obrigacional, levam à expropriação de bens do patrimônio do réu para compensar prejuízo que infligiu ao autor. A multa, como se viu na introdução deste trabalho, é apenas um aspecto da sanção.

Se é prevista no "processo comum", para usar a linguagem da CLT, por lei posterior (Lei n.11.232/80), por que não se pode, pela analogia, trazê-la ao processo do trabalho, que é um ramo do processo civil, ou seja, espécie do gênero do qual se desmembrou por critérios de conveniência de política jurídica?

---

(60) Ver item 6, acima.

Jamais lemos em autor algum que a analogia, quando se tratar de multa, fica proibida e que a omissão na espécie vale como impedimento e não como omissão a ser suprida.

Se é verdade que, pela analogia, não se pode criar penas, o mesmo raciocínio não se aplica à multa, enquanto sanção de processo civil para demover as partes de recorrer sem necessidade e cumprir sem delongas o mandamento da sentença.

E note-se que estamos dentro do gênero "processo civil". E o que pretendemos é transportar a multa para a espécie, ou seja, compatibilizar o que foi feito no gênero com o que deve ser feito na espécie.

Pelo contrário, as normas de coerção econômica ou, mais especificamente, a multa, devem ser as primeiras a ser reportadas aos ramos especiais, principalmente aos processos sociais, ou seja, o trabalhista e, em breve, o previdenciário[61], pois ela age como fator que eleva a obediência da norma e desincentiva a interposição de recursos protelatórios.

Em recente e fundada obra, o jurista francês *Didier Cholet* afirma que a sanção vai se generalizando progressivamente. O novo *Code de Procedure*, no art. 32-I, estabelece que *celui qui agit en justice de manière dilatoire ou abusive peut être condamné à une amende de 15 a 1.500 euros.*

E nota que o dispositivo já está modificado pelo art. 77 do Decreto n. 2005-1678, que entraria em vigor em março de 2006 (portanto já está em vigência), pelo qual se fixa a quantia de 3.000 euros, como valor genérico de toda sanção aplicada pelo Judiciário em qualquer de seus ramos, *pour toute les amendes civiles prononcées par les juridictions judiciaires.*[62]

Aí está. Enquanto o moderno processo generaliza a sanção e prevê até mesmo multa padronizada em valor para todo o Judiciário, entre nós o que se faz é isolar o Processo do Trabalho num mundo fechado que terminará por asfixiá-lo, tornando-o um instrumento insuficiente e antiquado para resolver os problemas sociais. E, o que é pior, com base até mesmo em cânones hermenêuticos, que não se encontram na doutrina, para justificar o atraso.

Ainda no acórdão RR 765/2003-008-13-41, a ilustre relatora fala que teria havido "silêncio eloquente"[63] do legislador, ou seja, "a cominação de multa representa uma opção política do legislador, e não negligência ou imprevidência".

---

(61) Ainda não temos, infelizmente, um processo previdenciário, mas com a competência da Justiça do Trabalho para decidir as questões deste ramo, que mais cedo ou mais tarde inapelavelmente virá, o Processo do Trabalho assumirá mais esta nobre missão. De nossa parte, já entendemos que a Justiça do Trabalho é competente para decidir controvérsias da previdência social, pois os benefícios previdenciários, em sua esmagadora maioria, têm origem no contrato de trabalho, que é a matriz de incidência da previdência social, diferentemente da assistência que se estende a todo cidadão.
(62) CHOLET, Didier. *La célérité de la procédure en droit processuel.* Paris: L.G.D.J, 2006. p. 50.
(63) Sobre o conceito de "silêncio eloquente", ver FERRARI, Regina Maria Macedo Nery. Critérios científicos para a solução de conflitos aparentes entre tratados internacionais e a Constituição Federal. *Revista dos Tribunais.* São Paulo, v. 95, n. 856, p. 30-45, citando voto de Moreira Alves, RE 130.555, que manipulou o conceito. LARENZ, Karl. *Methodenlehre der Rechtswissenschaft.* Berlin: Spring/verlag, 1983. p. 355, escreve também sobre o tema, citando um exemplo do Código Civil Alemão — DGB — que, à época de sua publicação, deliberadamente não tratou do tema da *Wohnungseigentum* — propriedade coletiva em condomínio, afirmando que este tópico não foi considerado em razão do conceito então vigente de propriedade exclusiva. Portanto houve "silêncio eloquente" e, por isso, a jurisprudência não poderia criar o instituto por meio de decisões judiciais, pois ele fora rejeitado pelo legislador.

O raciocínio também aqui não procede.

Na doutrina e na prática, não existe nenhuma tendência que leve à dedução de que o legislador se omitiu em relação à aplicação de multas por opção política e não por negligência ou imprevidência.

Já se viu que a aplicação de multas para influenciar as partes a não demandar inutilmente nem recorrer sem fundamento é uma tendência universal. A eficácia do processo e a rápida solução de litígios é um desejo universal dos povos. No Brasil, é um bem constitucional: art. 5º, LXXVIII.

Portanto não há "silêncio eloquente" mas sim "manifestação eloquente" do legislador que, no intuito de cumprir a Constituição, previu multa contra a protelação. Se o Processo do Trabalho também é processo e se aqui o crédito alimentar precisa de pagamento mais rápido ainda do que o crédito civil, deve-se falar em "silêncio eloquente", se for o caso, para aplicar a multa, nunca para refugar sua incidência. O legislador não dispôs expressamente sobre sua extensão ao processo do trabalho porque julgou o fato como evidente.

É de se esperar que esta tendência do TST, manifestada nestes dois acórdãos, não se transforme em regra pois este tribunal de cúpula é uma das vítimas, talvez a principal, do demandismo irresponsável e antissocial que tomou conta da Justiça do Trabalho.

Aquela Corte, não obstante o esforço de seus ministros, ainda leva 4 anos para julgar recursos de revista. Por que a ela tanto se recorre? Exatamente porque o recorrente sabe que pode ganhar tempo e protelar impunemente o crédito alimentar.

Se agora surge uma possibilidade, ainda que pequena, de conjurar o mal, espera-se uma atitude positiva para recepcionar a medida e não uma rejeição pura e simples, baseada em argumentos em força de persuasão.

Ali se fala no direito à prestação jurisdicional em tempo razoável e exige os meios que garantam a celeridade da tramitação do processo. Esta recomendação é ao legislador e ao intérprete, pois a ambos compete colocar em prática a vontade constitucional.

A multa é exatamente um dos meios de que o juiz pode servir-se para que a lei se aplique com rapidez.

Diante destes fatos, pergunta-se: será que a opção política do legislador foi pelo retardo da jurisdição e pela demora na solução dos processos?

Há silêncio eloquente contra a vontade expressa da Constituição?

11. A MULTA DO ARTIGO 475-J E O MANDADO DE SEGURANÇA

O mandado de segurança vem se tornando uma panaceia no Processo do Trabalho. À menor iniciativa do juiz de primeiro grau, principalmente na execução, interpõe-se a segurança, sob a alegação de certa medida (penhora em dinheiro — Bacen Jud, cumprimento de hipoteca judiciária por meio da medida adequada junto a cartórios, penhora em conta que se diz conter depósito de salário) e assim por diante.

Concede-se então liminar sob o fundamento da violação de "direito líquido e certo". O juiz é paralisado em sua iniciativa. Fica inibido e acaba sendo conivente com certos atos, pois sabe que serão derrubados por liminares, muitas vezes com críticas à medida tomada.

Este fato reveste-se de gravidade porque retira do processo a *par condicio partis*, a igualdade das partes, que é princípio envolvente de todas as relações jurídicas em todos os ramos da Ciência do Direito.

No processo, ele é de fundamental importância porque, se o ataque do autor e a defesa do réu não forem iguais, o processo terminará numa injustiça, negando ao autor o seu direito ou desacolhendo a defesa do réu a uma pretensão injusta contra ele dirigida.

Em princípio, todas as decisões são recorríveis, diretamente ou por meio do recurso que mais tarde se interporá. Lembre-se do agravo, que pode ser interposto de forma retida ou por instrumento — art. 522 do CP ou do art. 893, § 1º da CLT, que lhe foi fonte de inspiração: as decisões interlocutórias só são apreciados, por ocasião do julgamento da decisão definitiva.

Portanto, tanto no processo civil quanto no trabalhista, há recorribilidade plena, pela qual se garante amplamente o direito de defesa — art. 5º, LV, da CF. Logo, o "atalho" que se faz pelo mandado de segurança é indevido porque priva o autor da iniciativa processual em relação a providências e medidas que a lei lhe garante. Se são erradas e indevidas, há o recurso para corrigir o erro. O mandado de segurança não pode transformar-se numa segunda recorribilidade, como hoje vem acontecendo.

Com a concessão de mandado de segurança, paralisa-se a execução ou um de seus aspectos em favor do devedor, mas não se conhece medida para agilizá-la em favor do exequente, que luta anos a fio para fazer valer seu direito. Muitas vezes, o processo vai para o rol daqueles três milhões que hoje dormem nas prateleiras das Varas, sem possibilidade de executar-se.

No caso do art. 475-J, sua aplicação não pode ser objeto de mandado de segurança, porque se trata de assunto altamente discutido nos tribunais. Logo não há liquidez e certeza da parte, contra cujo interesse a multa é aplicada. Nem muito menos abuso de direito do juiz que a aplicou.

O que há, de fato, é a eterna dialética jurídica em relação a um assunto novo que, em algum momento do futuro, será pacificado pelos instrumentos que a Ciência do Direito fornece.

12. CONCLUSÕES

O Processo do Trabalho é meio de composição dos conflitos trabalhistas de que dispomos. Como as soluções extrajudiciais são ainda pouco utilizadas, acaba por tornar-se um instrumento quase único desta importante tarefa que, hoje, depois da EC n. 45/04, envolve toda a população economicamente ativa do País.

Apesar de ser a Justiça do Trabalho a mais funcional de todos os ramos do Judiciário brasileiro, ainda deixa muito a desejar. O percurso que vai da proposição da reclamação até seu efetivo recebimento ainda é demorado. Portanto não é imediato o acesso ao crédito alimentar nem efetiva a promessa do art. 5º, XXXV, da CF.

Este fato se deve, principalmente, ao excesso de reclamações. A Justiça do Trabalho brasileira é a que possui maior número de ações no mundo. A causa deste demandismo é conhecida de todos. Muitos empregadores e empregados acionam sem compromisso contra a ética e o direito, contestando o que devem pagar ou pedindo o que não têm direito.

Perdeu-se a virtude e a sinceridade nas ações trabalhistas. São frequentes os abusos do direito de ação e contestação, que no fundo são a mesma coisa.

É preciso que se restitua este equilíbrio rompido, antevendo-se consequências para o litigante de má-fé, por meio de multas de natureza objetiva como esta que ora se criou no processo civil.

No Processo do Trabalho, deveriam introduzir-se sanções severas pelos demandistas imprudentes e infundados, sejam eles empregados ou empregadores.

Fazem-se necessárias medidas como a aplicação de multas administrativas, o aumento de até 50% do valor da causa, quando o recurso é rejeitado ou então recurso ordinário somente em matéria de direito,[64] execução definitiva da sentença de primeiro grau com o direito de ressarcimento imediato à parte caso haja provimento de recurso em instância superior.[65]

São regras factíveis e simples que reduziriam drasticamente o desnecessário volume das ações trabalhistas que, além de caras para o contribuinte, protelam o recebimento de crédito alimentar.

A multa do art. 475-J é apenas um mínimo que se quer aplicar ao processo do trabalho para modernizá-lo e dotar de consequências seu uso abusivo. Queremos para o cidadão trabalhador aquilo que o cidadão comum já ganhou.

Sejamos sensatos. Haverá um momento em que o Congresso, o Presidente da República, as forças trabalhadoras e produtoras vão dizer que o gasto com conflitos trabalhistas é caro, excessivo e ineficaz. Então vão perceber que está mais do que na hora de mudar as coisas.

Esperemos que este momento não tarde para que a Justiça do Trabalho, uma experiência que deu certo no Direito brasileiro, não se desmanche para integrar-se em outros ramos do Judiciário.

Nossa missão é valorizá-la, adaptando-a aos novos tempos, aumentando-lhe a competência e diminuindo-lhe o volume.

Para órgãos extrajudiciais, devem ser remetidos os conflitos individuais, ficando para as decisões judiciais as controvérsias de significado para a sociedade, que se manifestarem por meio da relação de trabalho: servidores públicos, Direito Penal do Trabalho, previdência social, Direito Público do Trabalho.

Para ajustá-lo estruturalmente impõe-se: diminuição de recursos e instâncias, deslocamentos de turmas para todo o interior dos Estados membros e a valorização incondicional da sentença do juiz do primeiro grau, que é nosso soldado da linha de frente.

Com este novo perfil, entraremos no século vinte e um, preparados para enfrentar os novos desafios do mundo do trabalho, que já não são mais os mesmos do longínquo ano de 1943.

---

(64) Se a matéria for de fato, embora sob o pretexto de ser jurídica, a parte recorrente incorrerá igualmente na multa de até 50% do valor da ação.
(65) Este ressarcimento se faria pelo Fundo de Garantia de Indenizações Trabalhistas, criado pela EC n. 45/04.

CONCILIAÇÃO

1. ETIMOLOGIA E SIGNIFICADO DA PALAVRA

A palavra "conciliação" provém da preposição *cum* (na forma com) e o verbo latino *calare*, que significa proclamar, chamar[66]. Portanto, etimologicamente, denota a ideia de convocar uma pessoa, juntamente com outra, para se atingir um objetivo comum. Tem a mesma etimologia da palavra concílio, reunião, que deu origem ao verbo conciliar.

Há uma ampla série sinonímica para a palavra na língua portuguesa: acomodar, acordar, aliar, avir, benquistar, casar, combinar, concertar, conchavar, concordar, conformar, congraçar, desarrufar, harmonizar, liar, ligar, reconciliar, unir.[67]

O radical "concili", atestado desde o século quinze, serviu de base a inúmeras palavras na língua portuguesa dele derivadas, tais como conciliabilidade, conciliábulo, conciliação, conciliado, conciliador, conciliante, conciliar, conciliário, conciliarismo, conciliarista, conciliarístico, conciliativo, conciliatório, conciliável, concílio, concílio-geral, concílios; inconciliabilidade, inconciliação, inconciliado, inconciliante, inconciliável; reconciliação, reconciliado, reconciliador, reconciliante, reconciliar, reconciliatório, reconciliável; irreconciliabilidade, irreconciliação, irreconciliado, irreconciliar, irreconciliável.[68]

2. FUNDAMENTOS POLÍTICOS E FILOSÓFICOS

A conciliação exerce um papel relevante na Ciência do Direito, geralmente pouco percebido. Quando as leis definem os fatos sociais e os descrevem em palavras, nunca esta definição é precisa e absolutamente clara.

Primeiro, porque a linguagem humana não é exata. Há sempre uma dose de imprecisão, em tudo aquilo que revestimos com palavras a linguagem. Por isto, disse *Bernd Rüthers* que, sem a palavra os juristas e o Direito ficam mudos (*Ohne Sprache sind das Recht und die Juristen sprachlos*).[69] Mas também é com a imprecisão das palavras que o jurista tem sempre que lidar.

---

(66) O verbo latino *calare*, com suas variantes latinas, deu inúmeras palavras na língua portuguesa, tais como *calenda, calendarum* matriz da palavra "calendário": primeiro dia do mês em que o pontífice anunciava os assuntos de interesse público. Calendário etimologiamente significa chamamento ou lembrança das datas e dias. *Concilium*, chamar pessoas para, conjuntamente, decidirem ou confabularem. Intercalar, interpor uma coisa entre outra; **Classis,classis**: chamada ou convocação do povo, segundo a ordem que ocupava na sociedade. Daí classe social. Clamar, chamar, aclamar, de *ad* e *clamare*: chamar para uma finalidade, conclamar, convocar, declamar, exclamar, reclamar. V. ALENCAR, José Arraes de. *Vocabulário latino*. Rio de Janeiro: Civilização Brasileira, 1944. p. 62.
(67) HOUAISS eletrônico.
(68) *Idem*, palavra "conciliação".
(69) RÜTHER, Bernd. *Rechtstheorie*. 2 Auf. München: CH Beck, 2005. p. 118.

Surgem inevitavelmente dúvidas quanto ao sentido da lei. Se está em jogo uma disputa judicial sobre um bem da vida, a tradição histórica sempre apontou uma terceira pessoa neutra e isenta para interpretar a lei e resolver o litígio. É a pessoa do árbitro ou do juiz, a quem se atribui competência para esclarecer o sentido das normas, reconstituir-lhes o conteúdo e, guiando-se pelas palavras, dizer às partes o que é seu: *suum cuique tribuere*, como está no Digesto.

Acontece que não há nenhuma certeza de que este terceiro isento vai fazer a verdadeira justiça. Sua única, mas relevante utilidade, é ser neutro e, antes da controvérsia, não ter compromisso com nenhuma das partes. Por isto, promete-lhes um julgamento isento. Mas sem a garantia de ser justo.

Sendo a Justiça um valor, nunca se realiza plenamente nas relações humanas, nem os próprios humanos têm noção do que seja justiça perfeita. Então só resta a quem vive em comunidade satisfazer-se com a solução da controvérsia, o que já é um grande passo qualitativo, pois, a solução de conflitos, pelo menos, com a solução das controvérsias, há possibilidade da vida social e permite uma convivência pacífica entre os homens.

À medida que a experiência humana foi evoluindo, percebeu a humanidade que a lei não pode definir tudo. Sempre houve outras fontes da conduta humana. A moral e os costumes são influências permanentes que pesam sobre a vida comunitária e envolvem o ser humano de maneira mais abrangente ainda do que as normas.

Com a evolução da experiência jurídica, logo se percebeu que, em vez de descrever tudo pelas leis, era muito mais fácil e racional proibir a prática de determinados atos que ferem princípios fundamentais da sociedade e deixar em aberto ou "em branco", o espaço restante, para que os indivíduos o preenchessem segundo suas próprias conveniências. Colocam-se os limites, mas não o conteúdo que nela se estabelece.

Esta situação teve grande impulso pelo movimento codificador do século dezenove, dando aos indivíduos mecanismos jurídicos para a composição positiva de suas vontades e interesses, por meio do instrumento jurídico dos contratos e das obrigações, e relegando à lei (e, mais tarde, às Constituições) a definição do Estado, das instituições e seus limites jurídicos.

O Estado absolutista, erigindo-se rigidamente em torno da autoridade monárquica, firmou um tipo de organização coletiva em que predominou a vontade unilateral do soberano. Não se afastou totalmente a vontade do povo e, em alguns países, houve até mesmo a monarquia constitucional. Mas a vontade do soberano era a última palavra e sua influência sobre as instituições era decisiva.

Depois da Segunda Guerra Mundial, houve a tendência de se criarem democracias sólidas e participativas em que o poder efetivamente nascia do povo, exercia-se pela representação e mantinha-se ativo e dinâmico por meio de órgãos de representação e participação.

A autoridade central, tanto nos regimes parlamentares quanto presidencialistas, era resultado da vontade majoritária e as leis passaram a submeter-se a discussões públicas nos parlamentos.

O Estado se abstém de regular tudo e relega aos indivíduos um espaço que deveria ser preenchido por sua vontade. Entre ele e o Estado, ao contrário da ideia predominante da Revolução Francesa, deveria haver instituições intermediárias, para que se integrasse a vontade do indivíduo, dos grupos e do Estado. Em camadas sucessivas, firmava-se o poder que se diluía para não se absolutizar.

Este espaço delegado à sociedade pela abstenção do Estado foi preenchido pelos grupos e pelos indivíduos por meio das declarações de vontade.

O primeiro impulso da participação dos grupos se deu com os sindicatos, aos quais se conferiu a personalidade de Direito Coletivo, para defender os interesses das categorias profissionais e econômicas. Sua participação concreta manifestou-se pelas convenções coletivas que, juntamente com os negócios jurídicos, deram voz ao indivíduo e aos grupos no ordenamento jurídico moderno.

A Convenção Coletiva, desde finais do século dezenove, foi o instrumento reconhecido pelo Estado e amplamente usado para compor no plano legislativo as normas que regeriam os contratos individuais de trabalho.

Pela primeira vez na História a edição de norma formal se desloca dos parlamentos para a composição contratual das partes, pela de sua vontade.

Depois, já na segunda metade do século vinte, o Estado, dando sequência ao movimento de valorização da vontade dos grupos, conferiu-lhes personalidade jurídica para diversas finalidades.

Cite-se entre nós a ação civil pública, criada pela Lei n. 7.347/85, que atribui às associações ampla competência para zelar por diferentes aspectos do bem comum, tais como o meio-ambiente, consumidor; bens e direitos de valor artístico, estético, histórico, turístico e paisagístico e ainda por infração da ordem econômica, urbanística e da economia popular.

Também a Lei n. 8.078/90 — Código de Defesa do Consumidor permite ao consumidor defender individual e coletivamente seus direitos. Nesta última hipótese, potencializou os interesses individuais, transmudando-os em interesses grupais, criando um novo sistema de referência para a defesa de direitos.

Os interesses individuais homogêneos, os coletivos e os difusos são técnicas processuais, em que se supera o individualismo do processo comum para atribuir ao grupo a defesa dos interesses nele concentrados.

Também aqui, ao lado da União, dos Estados, Municípios e do Ministério Público, entidades e órgãos da Administração Pública direta e indireta, as associações estão qualificadas para propor ação em defesa do consumidor.

Finalmente, os ordenamentos jurídicos relegam aos indivíduos um meio jurídico de criar a norma negociada, compondo interesses em relação a outro cidadão. São os contratos, entendidos como "acordo bilateral entre parceiros formalmente iguais", criando-se a norma *inter partes* pela autonomia coletiva em oposição à norma *super partes* da lei, editada pelo Estado.[70]

Da concepção inicial de um Estado monocêntrico, de natureza hobbesiana, passou-se à concepção de um Estado pluricêntrico, de natureza democrática, com a participação dos grupos e dos indivíduos.[71]

---

(70) BOBBIO, Norberto. *Teoria geral da política* — a filosofia política e a lição dos clássicos. Rio de Janeiro: Campus, 2000. p. 439.
(71) BOBBIO, *op. cit.*, p. 439.

Se o Estado monocêntrico, rigidamente firmado na lei e na soberania, diluiu-se para outros centros de poder, o interesse público passou a exigir desta "policentria" uma atitude coerente e harmônica, pela qual a divisão do poder não fosse uma centralização inflexível em nenhum dos polos, mas um exercício eficiente de cada parcela, não só no interesse de seus titulares, mas também nas exigências da sociedade.

Estado, grupo e indivíduos têm a obrigação de manterem uma convivência cooperativa para que exerçam o poder sem atropelamento numa conjunção harmônica de vontades.

Todo Poder, como sujeição de uma vontade a outra, só pode ser exercido numa democracia com base em legitimidade conferida pela ordem jurídica. Caso contrário, descamba para o arbítrio e opressão.

Uma das formas de se garantir harmonia deste novo personalismo consiste exatamente na composição de interesses opostos. O que se pretende, numa sociedade democrática e dialogal, é que seus componentes sejam capazes de se entender, pois o indivíduo, o grupo, e o Estado são resultantes da vontade de quem os cria.

Kelsen tem razão quando afirma: "Politicamente livre é quem está sujeito a uma ordem jurídica de cuja criação participa."[72]

Além desta participação genérica, medida em termos de justiça distributiva, na qual cumpre decidir qual o grau de poder dos indivíduos, dos grupos e do Estado numa sociedade politicamente organizada, há ainda um outro tipo de participação destes elementos, quando exercem o Poder que lhes é atribuído.

Na necessária interação dos indivíduos e grupos entre si, e deles com o Estado, surgem inevitavelmente conflitos. Então, do mesmo modo que a ordem jurídica atribuiu-lhes competência para compor positivamente seus interesses, por meio de normas por eles mesmos criadas, é-lhes reservada a mesma competência para compor os conflitos que delas nascem.

O caminho da criação é o mesmo da solução das controvérsias. Ninguém mais autorizado para interpretar a norma do que aquele que a fez.

É aqui o lugar da conciliação, como técnica e meio desta atuação. Do mesmo modo que Estado, grupos e indivíduos compõem seus direitos, têm eles o poder de resolver os conflitos que daí provêm.

A medida tradicional de chamar um terceiro e confiar-lhe a solução do conflito tem razões históricas, pois a sociedade e o Estado ainda não dispunham dos instrumentos necessários para esta solução direta. Nem a sociedade estava suficientemente politizada para adotá-la.

A Revolução Francesa extinguiu os corpos intermediários entre o Estado e o indivíduo. A ordem jurídica, com base no Iluminismo, deveria ser simples e objetiva. A questão jurídica se limitava ao fato. Era obrigação das partes reconstituí-lo. A lei aplicável era do conhecimento de todos e estava, pronta e clara, para incidir.

O ordenamento jurídico anterior, disperso, complicado e fora do alcance do cidadão, deveria substituir-se por outro, claro e objetivo, que lhe permitisse conhecer seus direitos, evocá-los perante os tribunais e realizar-se como membro da comunidade.

---

(72) KELSEN, Hans. *Teoria geral do direito e do Estado*. Brasília: Martins Fontes/UNB, 1990. p. 278.

Esta visão racionalista e objetiva do Direito, própria do Iluminismo, era a síntese das novas concepções jurídicas, que desprezavam a teia densa e diversificada do elemento histórico, para torná-la racional e clara, deduzida da própria razão humana.

Estas inspirações é que motivaram as codificações do século XIX, culminadas pelo Código de Napoleão, modelo para toda a Europa, inclusive para o famoso BGB alemão, quase um século mais tarde.

As ideias de *Saint-Just* devem aqui ser recordadas, para mostrar o espírito da época:

As longas leis são calamidades públicas. A monarquia se afogava nas leis; e visto que todas as paixões e as vontades dos senhores se tornavam leis, não havia mais entendimento. São necessárias poucas leis. Onde elas são muitas, o povo é escravo. Aquele que dá ao povo demasiadas leis é um tirano.[73]

Saint-Just nada mais fez do que continuar no tempo a advertência de *Tácito*: "*Corruptissima republica, plurimae leges.*" Anais, 3,27,3.

As ideias iluministas permaneceram como método. De fato, até hoje, sofremos com leis longas, verdadeiras calamidades públicas, mal redigidas e muitas vezes incompreensíveis. As leis excessivas confundem a sociedade e não se constituem em elementos esclarecedores da conduta.

Realmente um dos modos de imobilizar a sociedade e embotar a iniciativa dos indivíduos e dos grupos é o excesso de leis sem clareza e objetivos determinados. Servem apenas para tumultuar a conduta e inibir nos indivíduos a atuação da vontade construtiva e criadora.

Porém o ideal da Revolução Francesa, de extinguir os corpos intermediários entre o indivíduo e o Estado, falhou. A sociedade complexa do mundo que se seguiu à Revolução Industrial não permitiu mais ao Estado, sozinho, construir e dirigir a ordem social. Sem a participação do indivíduo e dos grupos não era mais possível a plenitude do Estado.

Proliferam-se as instituições intermediárias que ocupam um lugar definitivo na organização social. O esquema clássico rompeu-se definitivamente, cedendo lugar a novos modelos e organizações.

O indivíduo transmudou-se em grupo, criando instituições de que faz parte não mais *uti singuli*, mas *uti corpus*, possuindo vontade diversa daqueles que as compõem.

Era natural que tais instituições adquirissem personalidade jurídica e atuassem na vida social. Esta situação, hoje estabilizada, mostra o retrato exato da época em que vivemos.

Ao personalismo dos grupos foram atribuídos não só a criação de normas negociadas, mas também a competência de resolver os conflitos que delas se originam.

Evidentemente, se as partes interessadas fossem convocar o Estado, como terceiro neutro, para resolver estes conflitos, que se multiplicam aos milhares, a burocracia judiciária haveria de consumir toda a riqueza pública. Daí a nova mentalidade da

---

(73) BOBBIO, Norberto. *O positivismo jurídico*. São Paulo: Ícone, 1995. p. 66. O capítulo III deste livro, que trata do código de Napoleão e as origens do positivismo na França, é uma leitura necessária sobre o tema.

conciliação e da autocomposição, patrocinada pelos próprios interessados.[74] Cria-se mais um canal de participação e integração dos indivíduos com os grupos e destes com o Estado.

Devendo o Estado moderno administrar a coisa pública com impessoalidade, moralidade, publicidade e eficiência, como está na CF, art. 37, ele tem que ser um bom gerente e aplicar métodos modernos de gestão.

Também aqui se misturam o público e o privado porque administrar é gerir meios para um fim. Se este fim é o bem público ou o lucro, pouco importa. Os meios para obter o resultado são muito semelhantes e, em certos casos, idênticos.

A variação se limitará a alguns aspectos instrumentais que não fundam diferenças. Consistem apenas na mudança de alguns instrumentos, tendo-se em vista a diversidade dos fins. Mas a arte de conjugá-los para que deem resultados positivos será necessariamente a mesma.

O gerente de um serviço público ou privado só cumprirá seus fins se for capaz e eficiente, seja lidando com a burocracia ou com a força viva do trabalho humano. Como a burocracia também é trabalho, a dualidade se desfez. No público ou no privado, o que predomina é o trabalho.

O Estado deixou de impor-se unilateralmente e de modo autoritário aos cidadãos. O princípio de que o poder público não transige é um dogma do passado.

A Lei n. 9.469, de 10 de julho de 1997, permite as transações até o valor de CR$ 50.000,00 pelo Advogado-Geral da União e os dirigentes máximos das autarquias, das fundações e das empresas públicas federais.[75] Os pagamentos de pequeno valor — art.100, §3º, da CF, já não se submetem aos precatórios, o poder público está sujeito à revelia, a Lei n. 9.099 permite a transação penal e assim por diante. [76]

Mas este fato é apenas o lado externo do problema. O que o Estado tem de fazer é um amplo plano de gerência e administração, de tal forma que não demande nem seja demandado pelo cidadão, e pague corretamente suas dívidas, como qualquer cidadão, sem subterfúgio de figuras jurídicas deploráveis, como o precatório. Também é iníqua a prerrogativa de prazos maiores, presunção de validade de recibos de quitação trabalhista e tudo mais que distinga o Estado no processo, em que reina a máxima da *par condicio creditores*.

Todas estas reflexões mostram a conciliação como elemento central e atuante dos mecanismos democráticos, por meio dos quais o Estado exerce suas múltiplas

---

(74) Sabe-se hoje que os grandes ordenamentos só subsistem com a prática da conciliação. Nos Estados Unidos seria impensável a Justiça, tanto cível quando criminal, sem a conciliação entre as partes. Ver nota abaixo.
(75) É de se esperar que, reformando-se a lei, não se imponham limites para o acordo. O Estado tem de confiar em seus órgãos. Passar para outros servidores a responsabilidade só serve para protelar soluções e perder tempo. Com isto ganha a burocracia e perde o povo.
(76) Mesmo no Direito Penal a transação existe, é habitualmente usada e, nos Estados Unidos, o sistema não funcionaria sem ela. O réu pode escolher em reconhecer a culpa (*plead guilty*) e renunciar ao direito de ir a julgamento. Se apenas um terço dos réus pleiteassem direito de ser julgado pelo júri popular, o sistema entraria em colapso (*The system would collapses*). Em 1990, houve 46.000 condenações criminais na justiça federal dos Estados Unidos, 39.000 terminaram por acordo quanto à culpa. Nas cortes estaduais, onde o número de condenações é muito maior, 90 a 95% terminam também em acordo. BURNHAM, William. *Introduction to the law and legal system of the United States*. St. Paul: West Publishing, 1995, p. 282. Proporcionalmente, pode-se afirmar hoje que há mais conciliação no Direito Público do que no Direito Privado.

e complexas funções. Sem o elemento compositivo e auxiliar da conciliação, como instrumento de harmonização de opostos, não se pode pensar numa atuação do Estado nem na aplicação equitativa de seu poder constitutivo das relações sociais.

Considerando todos estes elementos, podemos empreender a tentativa de uma visão de síntese.

A conciliação pode ser vista sob três aspectos:

a) Conciliação como princípio.

Numa sociedade democrática, os interesses são diversificados. Os indivíduos e os grupos têm liberdade e voz. Entram no jogo democrático com suas ideias e interesses. O legislador tenta compô-los por meio da lei que é medida geral e abstrata para aspirações concretas e situadas.

Neste sentido, toda sociedade democrática é a conciliação de múltiplos interesses, alguns acolhidos, outros rejeitados, pela dinâmica social. Daí a permanente tensão em que vive a sociedade democrática.

Mas é esta energia que lhe dá a combustão necessária para estabelecer o debate e a controvérsia, fazendo do múltiplo o possível e das divergências a convergência mínima para que se estabeleçam vínculos básicos, como pressupostos naturais e necessários da convivência humana.

Quando se trata de repartir um bem, a primeira ideia é distribuí-lo em partes iguais. "A igualdade é, em suma, o meio de garantir a justiça; a justiça é o meio de perpetuar a igualdade."[77]

Acontece que esta igualdade meramente quantitativa não satisfaz, quando se tem a necessidade de dividir bens complexos e valorativos. Nem o merecimento é igual à necessidade. Neste caso, entra a proporcionalidade, como princípio complementar, dando-se a cada um segundo sua necessidade e dele se exigindo segundo sua capacidade, mas notando que as necessidades e as capacidades são variáveis, tanto nos grupos quanto nas pessoas. Distingui-las com clareza é sempre uma tarefa árdua para o legislador.

Entre o merecimento e a capacidade, há a medida de uma igualdade relativa ou compensatória, exatamente para que se obtenha uma igualdade final.

b) Conciliação como método de bem administrar.

Conciliar é, antes de tudo, composição de interesses, rompimento de resistências, harmonização eficiente de informações, gerência e capacidade de lidar com todos os fatores pelos quais se pretende chegar ao fim pretendido.

Já aqui se aplica a conciliação como método que serve de avaliação às relações sociais, para medi-las com justiça e equilíbrio.

Nenhuma administração terá êxito se não se servir deste instrumento.

c) Conciliação como composição de relações sociais concretas.

Restritivamente, pode ser vista como meio de solução de conflitos, fazendo-se concessões e compondo os interesses em oposição pelo sistema do *ut des, facio ut*

---

(77) DELLACAMPAGNE, Christian. *A filosofia política hoje*. Rio de Janeiro: Zahar, 2001. p. 88.

facias, cedo ut cedas. Pela conciliação, o conflito não é julgado, mas composto por meio de concessões. Por isto o Código de Processo do Trabalho Português, no art. 51, 2, define-a como tentativa de "pôr termo ao litígio mediante acordo equitativo".

A equidade é exatamente o resultado de uma avaliação harmônica, na qual se balanceiam os elementos para compô-los numa situação de equilíbrio.

Como princípio, método e instrumento concreto, a conciliação é um elemento intrínseco ao sistema democrático, pois toda solução em sua essência é uma forma de conciliação, tanto na justiça distribuitiva, quanto na comutativa.

O Estado, ao conceder um bem e um encargo, terá em conta o merecimento e a capacidade dos indivíduos e estes, em suas relações concretas, se apresentarão uns perante os outros, com estas características.

Como não há igualdade perfeita nem distribuição exata, é preciso que se temperem os casos concretos com a equidade. E aqui entra novamente a conciliação de interesses pelo juiz, árbitro, Estado ou quem quer que decida as múltiplas situações concretas, no complexo jogo social das relações humanas.

Este é o aspecto mais restrito, que interessa diretamente à Ciência do Direito, como instrumento de composição de interesses e meio de solução de dissídios.

3. A CONCILIAÇÃO NO DIREITO

Todos estes fatos mostram que houve flexibilização na conduta do Estado. Talvez influenciado pelo aspecto gerencial e premida pelos problemas de toda natureza que hoje tem de enfrentar, a AP assumiu atitude pragmática.

O Estado procura sempre pela melhor solução e adota diferentes métodos. Houve uma mistura do Direito Público com o Privado. Em vez das categorizações, busca-se a eficiência. É necessário que se obtenham resultados. Como salientam *William C. Mitchell* e *Randy T. Simmons*, "As pessoas fazem uso do governo, como o fazem todas as instituições sociais, com o propósito de aumentar seu próprio bem-estar..."[78]

Acontece que este bem-estar é procurado por diversas pessoas, individualmente ou organizadas em grupos, sociedades, associações. A vantagem que se concede a um indivíduo ou a um grupo pode prejudicar a mesma vantagem que se concederia a outro, pois a riqueza pública nunca basta para todos.

Surge então o difícil e ainda insolúvel problema do equilíbrio das contas públicas, ou seja, de tudo que o Estado arrecada e redistribui. E aqui entram os complexos problemas de carga tributária, dos critérios da justiça distributiva, da escolha dos que mais precisam e dos menos necessitados, da melhor administração do patrimônio público e da burocracia para movimentá-lo. A lista ainda aumentaria muito se persistíssemos na enumeração.

Procura-se imprimir um ritmo razoável a esta imensa e pesada máquina burocrática, repleta até as bordas de anseios, dificuldades, problemas, burocracias, excesso de dinheiro que se perde, carência de recursos, pressões de grupos, contraprestação insuficiente de serviços.

---

(78) MITCHELL, William C. e SIMMONS Randy T. *Para além da política* — Mercados, bem-estar social e o fracasso da burocracia. Rio de Janeiro: Topbooks, 2003. p. 336.

Além destes magnos problemas, há ainda as questões da justiça comutativa, ou seja, do relacionamento das pessoas entre si, ou delas com o Estado. Surgem inevitavelmente, neste intenso intercâmbio, controvérsias, insatisfações, problemas e dificuldades que precisam ser resolvidos.

Monta-se nova burocracia para este fim, até que se caia no dilema luhmanniano: a burocracia gera a burocracia, que novamente gera outra burocracia até que o círculo vicioso consuma a verba que se destinaria à sociedade.

Por isto, o Estado moderno passou a levar em conta os custos de tudo que faz, para que não se perca no caminho o dinheiro voltado para as questões sociais.

O Judiciário não ficou fora destas cogitações. Antes, o custo das instituições jurídicas não era considerado. Para resolvê-lo, as soluções sempre foram as mesmas: mais prédios, mais juízes, mais servidores, mais burocracia. Se, com este aparato, se conseguiria a solução eficiente, rápida e racional de conflitos, não era importante. Formalmente, a questão estava resolvida e o problema, teoricamente equacionado.

Este problema persiste com toda sua força deletéria no Judiciário trabalhista. Se, para resolver o conflito com os instrumentos que hoje temos, gastamos mais de seis anos, percorrendo-se quatro instâncias possíveis, a um custo de oito bilhões de reais, tal fato é irrelevante. Limitamo-nos a conceber o sistema sem olhar para sua eficiência e fechamos deliberadamente os olhos para seu imenso custo.

Não se cuida de melhorar o instrumento para se atingir o objetivo. E, mais grave ainda, começamos a reforma pela cumeeira e não pela base. Informatiza-se um sistema anacrônico e arcaico em que as modernas técnicas só podem ter um efeito restrito e limitado.

Mesmo que todo o processo trabalhista se informatize num amplo sistema virtual, ele salvará as execuções trabalhistas acumuladas que, nas recentes palavras do Corregedor-Geral, "constituem o gargalo da Justiça do Trabalho pela quantidade de processos que nesta fase foram detectados em todas as regiões visitadas"?[79] Permitirá ao próprio TST julgar em menos de 4 anos um recurso de revista? Abaixará os custos? Agilizará as soluções de maneira qualitativa?

Um rosário de perguntas semelhantes poderia encher esta página. A nenhuma delas a informatização traz resposta adequada.[80] É hora de transformar para que a Justiça do Trabalho não perca definitivamente a credibilidade perante o jurisdicionado.

Dentro deste contexto, a conciliação é um fator positivo e fundamental.

---

(79) Notícias do TST de 20.12.07.
(80) Informatizar não é apenas colocar em um programa uma série organizada de movimentos e dirigi-los por comandos adequados por meio de computadores. É preciso que, antes da informatização, o sistema seja lógico e cientificamente elaborado. A informática então o complementará com automatismo e na rapidez desejada para implantar seus objetivos. Ela não supre a imperfeição científica do setor que se deseja informatizar. Se há erros e imperfeições, eles se transportarão ao sistema e não haverá então benefício algum. Não será a informatização do processo que vai corrigir a execução trabalhista, a desnecessidade das instâncias superiores, a aplicação de multas, o recebimento de recursos no efeito devolutivo, com levantamento de 60 salários, a incidência de juros de mercado. A informática faz muita coisa para o homem, mas não lhe dispensa o cérebro, o raciocínio e a iniciativa. Ainda há certas reservas que o homem jamais delegará às máquinas. Ainda é dele e não das coisas o governo da sociedade. Tenho fundado receio de que a imprecação de Niklas Luhmann desabe sobre o Judiciário: será que a informatização, que nele hoje se processa, não se transformará em breve numa outra burocracia, pondo fora toda esta imensa verba que agora se gasta para implantá-la?

Combate a burocracia sem criar outra. Não importa no emprego de novos meios nem requer verba. Embora seja um minúsculo fator no amplo contexto de uma reforma que deve ser muito mais ampla, merece ser estudada e encorajada. Precisamos aprender a lidar com o que temos. E resolver problemas com os meios que estão em nossas mãos.

Como técnica de solução de conflitos, a conciliação passou a desempenhar papel preponderante em todos os ramos do Direito, pois evita a sobrecarga dos órgãos jurisdicionais que são incapazes de apresentar a solução jurisdicional de todos eles. Nisto sua grande e maior virtude.

Vamos analisá-la em suas múltiplas ocorrências.

3.1. A Conciliação no Direito Público

Sabemos que o Estado brasileiro é um dos maiores demandistas que temos.

O Ministro *Marco Aurélio* afirmou[81] que 80% das ações que correm perante o STF têm o Estado como autor. Em 2000, os processos envolvendo interesses do Estado, inclusive de suas empresas públicas e autarquias, ocupavam 50% do movimento do STJ.

No TST, as empresas públicas, sociedades de economia mista e alguns órgãos da Administração Pública Direta, principalmente municípios, chegam a um percentual de 18% das ações naquele tribunal.[82]

Estes números constituem um absurdo e mostram a absoluta incompetência do Estado brasileiro em administrar seus conflitos.

Salta aos olhos que seria muito mais barato e eficiente que, em vez de demandar, conciliasse.

Na Justiça Federal, em que a União Federal é autora ou ré, esta mudança de atitude é uma necessidade. O que se viu até hoje, desde a criação das Varas federais de primeiro grau, pelo AI-2/65, foi um aumento sucessivo de ações.

Em vez de enfrentar esta expansão com métodos racionais, reagiu-se, como na Justiça do Trabalho, com a criação de mais órgãos, o que importou num aumento desproporcional da burocracia em ambas as jurisdições.

Só mesmo com a imediata introdução da conciliação será possível enfrentar o problema.

Antes de o cidadão acionar o Estado ou o Estado acionar o cidadão, deveria haver órgãos de conciliação, criados por lei e ocupados por servidores especializados diretamente subordinados à Advocacia Geral da União, com o objetivo de esclarecer ao cidadão-autor ou ao cidadão-réu a possibilidade de êxito da ação.

Quando o autor fosse a União, sempre se estudaria a possibilidade de acordo antes do ingresso em juízo.

Avaliada a possibilidade do entendimento, o órgão teria poderes imediatos de concluí-lo. Ante a impossibilidade da conciliação, faria um relatório com os pontos controversos e enviaria o caso à Justiça.

---

(81) *O Estado de S. Paulo*, 16.9.2001.
(82) *Gazeta Mercantil* de 5.9.02. Estes dados foram retirados de livro de minha autoria *(Reforma do Judiciário*. Belo Horizonte: Del Rey, 2004. p. 224), em que o tema pode ser lido com mais detalhes.

O juiz federal decidiria a matéria e, daí para frente, somente recurso em matéria de direito e, ainda assim, depois de uma certa alçada.

Este sistema misto, na certa diminuiria o número de demandas e desafogaria a imensa pletora de processos que hoje pesa sobre o Judiciário federal.

Nos Estados-Membros se criariam instituições semelhantes, compostas de membros de MP, de Procuradores e servidores públicos especializados, para as questões da Justiça comum, cível e criminal.

Não adianta o Estado falar em Justiça, quando ele próprio é um demandista contumaz. Chega a ferir a ética pública que ele demande contra seus cidadãos, principalmente em matéria que interessa diretamente aos mais pobres. Protelar pagamento de crédito alimentar, necessário à subsistência das pessoas, é aético e iníquo.

Em matéria de Previdência Social e tributária, nas quais a lei já prevê recursos internos, os servidores encarregados de decidi-los deveriam ser valorizados. Aos ocupantes destes órgãos seriam pagos salários justos e concedidas garantias semelhantes às dos juízes. O que decidissem seria submetido a uma única instância no Judiciário. Daí para frente, só recurso em matéria jurídica, mas com execução definitiva do julgado.

Para que este sistema funcione, é necessário uma mudança de mentalidade da AP, que, deixando o perfil demandista, adquira mentalidade gerencial e inteligente de seu crédito e débito. Ela tem de compreender que o perfil demandista e de intransigência importa em gastos e aumento da burocracia que, no fundo, acabam custando mais caro do que os valores que se gastam para cultivar órgãos jurisdicionais.

Hoje, as estatísticas mostram que a conciliação é a regra na Justiça Federal. No ano passado, o maior índice de acordo deu-se naquela Justiça: 70%. A seguir, veio a Justiça estadual, com 68,82%. E, finalmente, a Justiça do Trabalho, com 46%.[83]

A conciliação no Direito Público não tem hoje nenhum obstáculo. Pelo contrário, é o método mais eficiente com que o Estado moderno pode contar para gerir com eficiência as controvérsias, como também para evitá-las.

Como não é possível ao Estado decidir tudo, a conciliação não é apenas um método, mas uma necessidade. O que importa é que sirva ao bem comum. A vida supera frequentemente os princípios que se criam para regulá-la. No caso de confronto, vale a realidade, não o princípio.

Os números mostram um fato por poucos notado. Conhecida como Justiça dos acordos e da conciliação, a Justiça do Trabalho é hoje a que menos concilia.

O fato suscita reflexões e será analisado nas conclusões deste trabalho.

3.2. A Conciliação no Direito Coletivo. O "comum acordo"

No Direito Coletivo a conciliação adquire aspecto fundamental. Pode ser apreciada como princípio, porque os sindicatos legislam. Mas também como método, porque os sindicatos, ao fazerem leis, compõem interesses, e ainda como instrumento de soluções concretas porque a "lei negociada" tange rente os interesses de quem as faz.

---

(83) *Estado de Minas*, 4.12.07, p. 8.

A conciliação para fazer a norma é mais complexa do que a conciliação para solucionar conflitos que dela nascem, porque há repercussão em todas as relações de trabalho das categorias profissionais e econômicas que subjazem à representação sindical.

Pode-se aqui falar de uma "conciliação substancial", porque a norma, depois de feita, incide e regula. Traz ônus para ambos os sindicatos. E também impõe deveres e estabelece direitos.

Depois de feita a norma, ela regula os contratos individuais de trabalho. Já aqui a conciliação se dará no plano do Direito Individual do Trabalho, como conflito surgido da norma. A única diferença é que esta norma é autônoma, ou seja, criada pelos próprios sindicatos.

Quando não há conciliação, as partes têm três alternativas:

a) arbitragem;

b) a greve e, em nosso Direito,

c) o dissídio coletivo.

Pela arbitragem será convocado um terceiro neutro que, de acordo com as partes, decidirá a controvérsia na forma e na dimensão que elas estabelecerem.

Distingue-se da conciliação e da mediação, porque é meio heterônomo ou externo de solução do conflito coletivo. Pode ser obrigatório, quando imposto por lei, depois de uma certa duração do conflito, que passa a ameaçar ou efetivamente lesar a sociedade. Mas pode ser também voluntário quando decidido pelas partes.[84]

Este "terceiro" é escolhido livremente pelas partes e decidirá, como se juiz fosse, a controvérsia. Porém as vantagens sobre o julgamento formal são evidentes: o árbitro só decide o que lhe for delegado pelas partes e conduz a composição do dissídio com a participação dos interessados, com os quais se mantém em permanente diálogo.

Não se torna suspeito por conversar com as partes, pedir esclarecimentos, solicitar a juntada de documentos em qualquer fase do processo, enfim, tem poderes e liberdade para procurar a verdade real e não a mera composição formal do dissídio.

A arbitragem, no Processo do Trabalho, assumiu grande importância com a nova redação do artigo 114, §§ 1º e 2º da CF. Ali se diz que, frustrada a negociação coletiva, as partes poderão eleger árbitros. Portanto o árbitro é a primeira medida que a Constituição aponta para a solução de um dissídio coletivo. Com isto procura afastar o Estado, prestigiando e respeitando a liberdade sindical.

No § 2º, fala a CF em "comum acordo". Portanto presume o entendimento prévio de ambas as partes para a solução do dissídio coletivo. Neste caso, o prévio acordo se transformou em condição da ação no dissídio coletivo e o tribunal assume no julgamento a função muito próxima de um árbitro, pois só decide, porque as partes quiseram e na extensão que propuseram.

---

(84) CORDEIRO, Antônio Menezes. *Manual de direito do trabalho*. Coimbra: Almedina, 1991. p. 339.

Adriana Goulart, no artigo "Formas de resolução de conflitos e acesso à justiça"[85], afirma:

> Em tese, fora da função judicante e desde que autorizado por norma jurídica, o juiz poderia exercer a função de simples árbitro. Contudo, este não seria o mais adequado caminho de implementação do instituto. É que a arbitragem objetiva cumprir o papel de efetivo concorrente jurisdicional, assim melhor seria sempre situar-se a escolha do árbitro fora dos quadros da magistratura.

A primeira parte da afirmativa está correta: basta que haja uma lei autorizativa, o juiz do trabalho pode exercer a função de árbitro nos dissídios individuais. Nos dissídios coletivos, esta faculdade já lhe foi atribuída pela Constituição.

A segunda afirmativa, de que melhor seria a indicação de árbitro fora dos quadros da magistratura, deve ser recusada.

Nos dissídios coletivos, por força da própria Constituição, os tribunais regionais do trabalho assumem o encargo de árbitro. E, com uma vantagem: as partes têm um árbitro gratuito e qualificado para a função e, ainda mais, com a garantia de isenção e eficiência.

Evitam-se retardos do processo com prazo de indicação, escolha, quesitos, compromissos, etc. O TRT competente já se transforma em juízo arbitral e julga imediatamente o dissídio.

Além desta condição arbitral em que se transformaram os TRTs, ao julgarem mediante "mútuo acordo" das partes, a lei poderá permitir que um juíz do TRT ou das Varas, escolhido também por mútuo acordo, atue como árbitro e decida a questão.

O julgamento por juiz do trabalho, individualmente designado, é vantajoso, rápido, barato e definitivo pois não tem sentido que as partes escolham um árbitro e depois a que for sucumbente recorra da decisão.

Também nos dissídios individuais, escolhendo-se o juiz do trabalho, a situação será a mesma. E, com uma vantagem: o julgamento será definitivo, pelas mesmas razões anteriores.[86]

Esta definitividade seria, portanto, atributo dos dissídios individuais e coletivos. Não haveria mais recurso para o TST pois a jurisdição se tornou voluntária por acordo entre as partes. O mesmo acontecerá com a arbitragem por juiz de primeiro grau, cuja decisão não será recorrível para os TRTs.

Esta segunda hipótese fica na dependência de lei ordinária, que naturalmente o legislador providenciará oportunamente. Precisamos adentrar a arbitragem em nosso universo trabalhista, em razão de sua objetividade, economicidade, rapidez e segurança na solução de conflitos trabalhistas.

Portanto é de toda conveniência que o árbitro seja o próprio juiz do trabalho, embora permaneça às partes a escolha de árbitro próprio, fora do Judiciário.

A greve, enquanto "suspensão coletiva, pacífica, temporária, total ou parcial" da relação empregatícia — Lei n. 7.783/89, art. 2º, visa a forçar o empregador a negociar.

---

(85) O texto pode ser consultado no *site* do TRT da 3ª Região.
(86) Sobre o tema, ver ÁLVARES DA SILVA, Antônio. *Dissídio coletivo e a EC 45/04*. Belo Horizonte: RTM, 2005. p. 97 e ss.

O dissídio é uma ação, chamada de "ação coletiva", que se propõe perante os Tribunais Regionais do Trabalho ou perante o TST, na qual se reivindica o julgamento das cláusulas que não foram obtidas na negociação coletiva. Constitui hoje especificidade do Direito brasileiro. Não se conhece nada no mundo que a ele se assemelhe.

O instituto mais próximo poderia ser a arbitragem forçada. Mas, ainda assim, é comumente prevista em convenção coletiva e decidida por árbitros, nunca pelo Poder Judiciário.

No Direito Comparado, rejeita-se o dissídio coletivo e qualquer outra forma de intervenção, interferência, intromissão, ingerência, exatamente para que se resguarde a liberdade sindical, sem a qual não se pode falar em atuação dos sindicatos.

É esta, aliás, a expressa determinação do art. 3º da Convenção 87 da OIT, a mais conhecida e difundida no mundo, exatamente porque resguarda a liberdade sindical:

1. As organizações de trabalhadores e de entidades patronais têm o direito de elaborar os seus estatutos e regulamentos administrativos, de eleger livremente os seus representantes, organizar a sua gestão e a sua atividade e formular o seu programa de ação.

2. As autoridades públicas devem abster-se de qualquer intervenção susceptível de limitar esse direito ou de entravar o seu exercício legal.

Como pode ser livre uma organização de trabalhadores ou uma entidade de empregadores se, malogrando a negociação entre elas, o Estado intervém e a estabelece compulsoriamente, passando sobre a vontade das partes?

Brox-Rüthers-Henssler estabelecem oito condições para a liberdade relativa à plena atuação dos sindicatos. Entre elas estão a liberdade em relação ao Estado, pois são instituição de direito privado — *Freiwilliger Zusammenschluss von Arbeitgebern oder Argeitnehmern auf privatrechtlicher Grundlage* — reunião voluntária de empregadores e empregados sob os fundamentos de direito privado — e também liberdade e independência em relação à parte contrária — *Gegnerfreiheit und Gegnerunabhängigkeit*.[87]

Por isto é que a EC n. 45/04, modificando a redação primitiva do art. 114, exigiu, para interposição de dissídio coletivo, o comum acordo, atualizando o sindicalismo brasileiro e colocando-o ao nível da moderna e universal doutrina da liberdade sindical.

Esta exigência é coerente e correta.[88] Pensou-se com sabedoria na liberdade sindical e deu-se, mais uma vez, ainda que pela metade, a chance de modernização aos sindicatos brasileiros.

Felizmente a jurisprudência, de início vacilante,[89] firmou-se agora no sentido da exigência do acordo. O próximo passo do legislador deve ser a extinção pura e simples do instituto. Ninguém perderá nada, nem a doutrina, nem os sindicatos.

---

(87) Arbeitsrecht. 16 Auf. Stuttgart: Kohlhammer, 2004. p. 206.
(88) Sobre o tema, em detalhes, ver ÁLVARES DA SILVA, Antônio. *Dissídio Coletivo e a EC n. 45/04*. Belo Horizonte. RTM, 2005. *Idem. Pequeno tratado da nova competência trabalhista*. São Paulo: LTr, 2005. p. 306.
(89) As instituições que permanecem no tempo têm a seu favor a presunção de validade. Nada se conserva que não tenha sentido e utilidade. Mas tudo está em mudança, principalmente agora no pós-moderno, em que o tempo corre irrevogável, rompendo com as velhas estruturas e renovando as instituições sociais. O dissídio coletivo cumpriu o seu papel, dando aos sindicatos, no Estado corporativista, os meios de compor seus interesses com auxílio do Estado. Agora o mundo é outro. A vinculação ao Estado é um atraso. Liberdade e autonomia são atributos básicos do sindicalismo moderno. Este lado preponderou na mente do legislador, que rompeu com o passado. E mudou, sem dúvida, para melhor.

Não há qualquer cerceamento da liberdade de proposição da ação coletiva. Os sindicatos continuam livres para propô-la. Só que há agora uma nova condição: o comum acordo, para que se preserve a liberdade sindical.

Se a outra parte não concordar, restam a arbitragem e a greve. Se os sindicatos menores não têm condição de fazer greve, podem filiar-se às centrais, delegando-lhes poderes de negociação. Também podem crescer, prestando efetivos serviços ao trabalhador, despertando nele as vantagens da filiação.

Não cabe à Ciência do Direito ensinar aos sindicatos como ser grandes e eficientes. Sendo livres e autônomos e fundados segundo normas de Direito Privado (mais exatamente, de Direito Coletivo), devem buscar suas forças no livre jogo do mercado, na prestação de serviços e na representatividade efetiva de seus membros.

A questão é política e não jurídica. O Direito Coletivo dá a forma. A ação cabe aos próprios sindicatos.

Portanto não há nenhum cerceamento de direito de ação ou limitação de acesso ao Judiciário.

Este acesso, em qualquer lugar do mundo, sujeita-se a condições. Para acionar o processo, pode-se impor limites dentro do interesse e da legitimidade de pedir ao Estado a prestação jurisdicional, desde que não sejam arbitrários e discriminatórios — art. 3º do CPC.

A restrição do comum acordo está fundada na liberdade sindical, baseia-se na Convenção 87 da OIT e preserva a autonomia negocial dos sindicatos. Está, pois, plenamente justificada.

3.3. A Conciliação no Direito Privado

Se no Direito Público a lei é que determina o que deva ser feito, no Direito Privado, esta função é delegada à vontade humana, por meio do negócio jurídico, cuja função *Karl Larenz* determinou com clareza: a constituição (ou formação) privada e autônoma do direito como expressão da autodeterminação responsável, pela qual uma pessoa se vincula responsavelmente a outra. (*Privatautonome Rechtsgestaltung als Ausdruck verantwortlicher Selbsbestimmung, wobei Verantwortung in der Bindung gegenüber dem Partner zum Ausdruck kommt*).[90]

A autodeterminação privada e autônoma é a ferramenta que, no Direito Privado, substitui a lei. Aqui, há também "lei" mas em sentido metafórico. Ela vale como "lei entre as partes", ou seja, uma lei que perde os atributos da generalidade e da abstração para se tornar concreta e pessoal.

Este novo tratamento metodológico da Ciência do Direito permite que a lei se complete no cidadão. O legislador sozinho não pode preencher a realidade nem esgotar o imenso campo da criatividade humana, cujo horizonte é, sem dúvida, muito maior do que o do legislador.

Aqui a vontade livre cria, vincula e determina em concordância com o "outro" da relação jurídica, tendo a lei como limite, mas não como conteúdo da relação jurídica, que é dada pelos participantes.

---

(90) LARENZ, Karl. *Methodenlehre der Rechtswissenschaft*. 5 Auf. Berlin: Springer-Verlag, 1983. p. 218.

Como ao Direito Privado pertence o mundo criado pela vontade dos indivíduos — *Privatautonome Rechtsgestaltung* — esta criação depende do entendimento entre duas vontades para a constituição das regras que vão reger seus interesses, por meio de uma vinculação livre e responsável entre elas.

Por isto se chama de "negócio jurídico" a esta emissão e aceitação da vontade formadora, entendendo-se pela palavra "negócio", a atividade ou ação criadora, pela qual se deduz a iniciativa das partes (*nec otium*), ao contrário do *status*, que é a ausência de movimento, a situação imóvel ou o *otium* propriamente dito.

Se a emissão desta vontade é aceita pela outra parte, forma-se o vínculo entre elas (a obrigação jurídica), que se exterioriza, para efeitos da prática, nos diferentes tipos de vontade.

É evidente que este acordo de vontades só se obtém pela forma dialogal, que é uma troca de palavras (portanto de entendimentos) para a constituição da *obligatio*.

Este acordo ou entendimento não se faz de uma vez. Os interesses humanos se compõem no discurso e este por natureza é sucessivo. Aperfeiçoa-se quanto ao objeto, que precisa ser comum. A linguagem nunca é por natureza dotada de precisão absoluta para descrever um objeto qualquer. É preciso troca de palavras, para que o entendimento se faça.

Como os detalhes são múltiplos e a realidade diversificada, haverá também necessidade de muitas expressões linguísticas, que só pelo entendimento entre os falantes é possível obter. Se a linguagem humana é um sistema de símbolos vocais arbitrários por meio do qual um grupo social coopera,[91] só mesmo por meio dela os homens podem dialogar.

Quando este diálogo se refere a bens da vida e a interesses concretos, que seus respectivos proprietários querem pôr em transação (compra, venda, depósito, mandato, prestação de serviços, contrato de trabalho ou de emprego, etc.), está-se diante do diálogo jurídico ou, mais propriamente, do negócio jurídico, *Rechtsgeschäft*, que tem por fim esta composição de interesses e só se obtém por concessões recíprocas.

O interesse recíproco é de natureza compositiva e concessiva. Se o interesse fosse apenas de um, não seria "comum" (*com* e *munus*), isto é, com múnus ou encargo recíprocos.

Isto significa que, no Direito Privado, movido pela vontade humana, a transação é de sua essência. Já, a esta altura, a exposição nos permite concluir que, neste setor do Direito, a transação, a composição, o acordo, o compromisso fazem parte de sua substância e são intrínsecos à sua essência.

Então, a vontade que é livre para compor é a mesma que deve presidir a decomposição, em caso de desfazimento da vontade expressa.

Quem a emitiu tem muito mais legitimidade para reconstituir o que foi livre e responsavelmente convencionado do que um terceiro estranho, que vai analisar a obrigação apenas pelo lado formal das palavras, mas sem a vivência dos fatos e a intenção

---

(91) BLOCK e TRAGER, *apud* LYONS, John. *Linguagem e lingüística*. Rio de Janeiro: LTC, 1987. p. 17.

das partes. É insubstituível para o entendimento da realidade o testemunho daquele que a viveu. O mundo expresso em palavras é descrição. Vivido pelo homem, é a realidade que ele constitui com seus atos, presença e ações.

Vista por este lado, chega a ser alienante entregar-se ao terceiro, árbitro ou juiz-Estado, a solução de uma controvérsia em Direito Privado. Fica demonstrada a incapacidade da volta ao diálogo, da comunicação e autonomia em desfazer o negócio jurídico, que é a mesma que atuou para sua constituição. Os cidadãos se restringem. Limitam o que têm de mais expresso e melhor — a autonomia de constituir seus próprios direitos e deveres e, depois, pela mesma razão, desconstituí-los.

Se são livres na formação, porque não hão de ser também na dissolução?

A vontade, que antes era livre para constituir a obrigação, torna-se dependente do Estado para solucionar controvérsia que nasce do objeto da composição da vontade livre.

Se o cidadão é livre para contratar no limite da lei, e continua livre para descontratar, não tem sentido convocar o Estado para solucionar controvérsias que daí nasçam pois se suprime o consenso e, em última análise, a liberdade individual e coletiva.

Se ele constituiu uma obrigação que se materializou num contrato, cujas cláusulas foram livremente estabelecidas, é ele, em primeiro lugar, quem tem a legitimidade para interpretá-las.

A obrigação jurídica, ao contrário da lei, compõe interesses específicos de duas pessoas livres que voluntariamente uniram suas vontades para constituí-la. São elas as titulares do direito e do dever que, vinculado a um fato da vida social, constituiu o conteúdo da obrigação.

Portanto a presunção é que conheçam a situação de fato melhor do que qualquer terceiro que seja convocado para interpretá-la. A presença deste *tertius* só se justifica quando as duas partes, ou uma delas, terminantemente, se recusem a compor por si mesmas a controvérsia.

O Estado então intervirá, muito mais em nome da ordem pública (pois é dele em última análise o poder-dever da jurisdição) do que em nome do princípio da eficiência, pois tem menos condições do que os envolvidos de aplicar a "justiça do caso concreto".

A composição de interesses pela obrigação jurídica livremente estabelecida se dá no palco da Justiça comutativa, em que predominam as regras da autonomia privada, da livre transação, da liberdade de ação e de escolha.[92]

Nesta área, a intervenção do Estado é uma exceção. O predomínio da vontade livre é a regra. Ninguém admite que o poder público obrigue alguém a contratar ou deixar de contratar. Pelo mesmo fundamento, deve-se rejeitar em princípio sua intervenção como terceiro para resolver controvérsias.

Só mesmo em nome do interesse público, com o objetivo de obter a paz social, é que se justifica a intervenção do Estado para resolver controvérsias de interesse de particulares.

---

(92) RÜTHERS, Bernd. *Rechtstheorie*. 2 Auf. München: C.H.Beck, 2005. p. 252.

O que o Estado garante é a expressão correta e isenta de defeitos (erro, dolo, fraude, simulação da vontade — art.166 do CC). O conteúdo, em si mesmo, é ato livre que importa em opções ou escolhas do próprio cidadão, que o Direito não pode nem tem condições de determinar.

Aqui impera livremente a vontade de cada um, sua capacidade ou tirocínio na condução dos negócios de sua vida. Jamais será possível ao Estado regular este setor, assumir o papel do indivíduo nas relações humanas e dar conteúdo a seus atos e opções.

Hoje, sabe-se, pela experiência universal, que não se pode organizar um ordenamento jurídico, sem que ao indivíduo se relegue um mundo próprio que ele preencherá com atos de sua vontade livre.

Bobbio salienta que a caracterização de uma relação não se dá pelo conteúdo (que pode ser qualquer um não vedado pelo Direito), mas pela lei que a caracteriza. Ninguém, no plano concreto ou subjetivo das relações obrigacionais-contratuais, pode ter direitos ou deveres se não há uma lei que os autorize.[93]

E nesta autorização termina a função do Estado. O conteúdo em si mesmo, ou seja, os interesses, bens e serviços da vida que levam as pessoas a se entrosarem, já não é mais função do Direito nem do Estado, que apenas lhes fixam os limites mas não a essência.

Diante destes fatos, a moderna Ciência do Direito vai criando instrumentos e meios de autocomposição que, pela natureza do negócio, são muito mais úteis, baratos e eficientes do que a intervenção do Estado, sempre demorada, formal e burocratizada.

Procura-se instrumentalizar a vontade que deve ser livre na formação, no desfazimento e na solução de controvérsias que surjam da obrigação livremente pactuada.

Não se afirma, com estas reflexões, que não se possa revigorar, fortalecer e proteger a emissão da vontade daqueles que são socialmente mais fracos. Mas este reforço pode ser feito por meios que as próprias partes escolhem; consulta a advogados, associações, órgãos especializados, etc.

No Direito do Trabalho, é para este fim que existem os sindicatos — CF, art. 8º, III. Basta que cumpram seu papel e será bastante reduzida ou até mesmo neutralizada esta "insuficiência" ou "inferioridade" social do trabalhador, que poderá ser protegido na declaração inicial de engajamento ao contrato de trabalho, durante sua existência e no momento de sua dissolução.

A esta teia protetora, acrescenta-se naturalmente a solução de eventual controvérsia, para cujo desate os sindicatos estão plenamente capacitados.

O CPC, já em 1973, teve visão acertada do problema e trouxe elementos que facilitam a conciliação. Percebeu, 35 anos atrás, que era preciso incentivar e instrumentalizar a intervenção das partes na solução de seus litígios.

No art. 227, inserido no procedimento sumário, exigiu-se do juiz a marcação da audiência de conciliação no prazo de 30 dias, com comparecimento obrigatório das partes, sob pena de revelia, mesmo que o réu fosse a Fazenda Pública. Com

---

(93) BOBBIO, Norberto. *Teoria general del derecho.* Bogotá: Temis, 1992. p. 18.

isto ficou demonstrada a preocupação e a abertura com a conciliação, tanto na questão pública quanto privada. E ainda se cominou a ausência com a revelia.

No art. 447, que trata especificamente da conciliação, impôs ao legislador o encargo de determinar às partes o comparecimento no início da audiência de instrução e julgamento, se o litígio versar sobre direitos patrimoniais de caráter privado.

Mesmo se o litígio tratar de Direito de Família, a conciliação deve ser tentada nos casos em que a lei permite.

Assim, a Fazenda Pública e a família, cujos litígios o legislador clássico tendia a julgar inconciliáveis, agora, pelo menos em parte, já estão sob o pálio do entendimento.

Antes de instruir, o juiz deverá propor e tentar a conciliação em todas as controvérsias em que haja tal disposição — art. 448. Se houver acordo, este valerá como sentença e será título executivo judicial — art. 475-N.

Nos embargos, art. 740, se o juiz não os decidir imediatamente, designará audiência de conciliação, instrução e julgamento. Vê-se que, até na execução, a política do legislador foi tentar ainda a conciliação.

No Processo do Trabalho, a conciliação é de sua essência e 45% das reclamações trabalhistas (portanto quase a metade) terminam, em todo o país, por meio de conciliação.

Nos juizados especiais federais, a conciliação também foi prevista, no art. 9º da Lei n.10.259/01, que deu mais um passo à frente, extinguindo prazos diferenciados, inclusive para a interposição de recursos, em relação à União Federal.[94]

De todo o exposto, conclui-se que o legislador brasileiro, nos dois ramos de maior solicitação do Judiciário (Justiça Comum e do Trabalho), estimulou a conciliação e deu os meios processuais para realizá-la. Percebeu que o Estado não pode fazer tudo sozinho. Precisa da cooperação dos indivíduos que compõem a comunidade, que podem ser também "legisladores" nos assuntos que lhes são peculiares.

No processo, a conciliação é o ato pelo qual as partes, transacionando sobre seus possíveis direitos, põem termo ao dissídio.

Mas a conciliação não é ato unicamente judicial. Pode dar-se também nas comissões de conciliação prévia — art. 625-D, § 2º, e art. 625-E — e perante os sindicatos — art. 477, § 2º. Embora o pedido de demissão ou recibo de quitação só valha para as parcelas discriminadas e seu respectivo valor, nada impede que as partes sobre ele se conciliem.

Sendo o crédito trabalhista de natureza patrimonial e, portanto, prescritível, embora a lei o proteja contra renúncia anterior ao contrato de trabalho, no seu curso ou por

---

(94) O art. 9º é mais um exemplo de que o Processo do Trabalho está definitivamente atrasado em relação aos demais processos especiais. Se, na Justiça Federal, não há prazos diferenciados, como pode continuar tendo vida tão longa o Decreto-lei n. 779/69, que prevê para a União prazo em quádruplo para a defesa, em dobro para recurso, dispensa de depósitos para interposição de recursos e, para finalizar, o lastimável "recurso ordinário *ex officio*". Há dois tratamentos diversos à União Federal: na Justiça Federal não tem privilégios processuais; na Justiça do Trabalho, a mais social de todas as justiças, tem-nos e continua tendo. Há, pois, "duas Uniões Federais": a privilegiada na Justiça do Trabalho e a igual, na Justiça Federal. Se ela não pode ser igual em ambas, o mais lógico seria o contrário: igualdade na Justiça do Trabalho e tratamento privilegiado na Justiça Federal.

ocasião de sua dissolução, a conciliação pode ser feita entre as próprias partes, embora, enquanto não transcorra o prazo prescricional de dois anos, ela fica sujeita à declaração de nulidade.

Como se vê, a proteção ao crédito trabalhista depende da iniciativa do empregado em tais casos. A proteção só seria plena se os direitos trabalhistas fossem imprescritíveis. Somente desta forma estariam protegidos, de modo absoluto, os direitos do trabalhador. A recente Constituição da Bolívia, no art. 48, III e IV, outorga esta proteção completa:

> III. Los derechos y beneficios reconocidos a favor de las trabajadoras y los trabajadores no pueden renunciarse, y son nulas las convenciones contrarias o que tiendan a burlar sus efectos.
>
> IV. Los salarios o sueldos devengados, los derechos laborales, los beneficios sociales y los aportes a la seguridad social no pagados, tienen privilegio y preferencia sobre cualquier otra acreencia, *y son inembargables e imprescriptibles*. (grifamos).

Enquanto *Evo Morales* é criticado por sua ortodoxia e a Bolívia é apontada como país retrógrado, sua Constituição dá exemplos de progresso social e modernidade que não temos aqui.

Além da imprescritibilidade dos salários, previu ainda a eleição de juízes para os tribunais superiores (art. 183). Será que, com todo nosso progresso de sexta maior nação do mundo em força econômica, chegaremos a impor medidas sociais de tão grande alcance, tais como as que foram introduzidas na "retrógrada Bolívia"?

Adriana Goulart[95] afirma que

> A conciliação distingue-se das figuras da transação e da mediação sob três aspectos. No plano subjetivo a diferenciação se apresenta na interveniência de um terceiro e diferenciado sujeito que é a autoridade judicial. Do ponto de vista formal, a conciliação judicial se realiza no iter de um processo judicial, podendo extingui-lo parcial ou integralmente. E, quanto ao seu conteúdo, também difere, pois a conciliação pode abarcar parcelas trabalhistas não transacionáveis na esfera estritamente privada.

Não vejo esta diferença, pois no fundo a conciliação nada mais é do que a transação com outro nome. É um modo de extinguir obrigações por concessão recíproca.

Do ponto de vista da transação, sempre tem de haver concessões para que haja conciliação. Caso contrário, seria renúncia a direitos. E aqui já teríamos outro instituto jurídico.

Também não se distingue da mediação. A interveniência de terceiro não é suficiente para distinguir a conciliação da mediação, pois em ambas pode haver um terceiro e a conciliação pode verificar-se nos sindicatos — art. 477 ou até mesmo diretamente entre as partes, ficando o ato, como também foi explicado, sujeito a anular-se antes da prescrição.

---

(95) *Juízo conciliatório trabalhista*. São Paulo: LTr, v. 71, n. 10, p. 1193.

Tanto a conciliação como a mediação podem verificar-se fora do processo (por exemplo, nos sindicatos e nas comissões).

A conciliação não pode abarcar todas as parcelas da relação de trabalho. Por exemplo, as questões de Direito Público do Trabalho são irrenunciáveis, no processo ou fora dele.

Como instrumento de solução de conflitos, a conciliação e a mediação são difíceis de se distinguirem. Se há um terceiro neutro, sem poder de julgar, o que ele pode fazer é induzir a extinção do conflito por concessão recíproca. Chame-se isto de mediação ou conciliação.

Se tem o poder de julgar, torna-se árbitro e, aqui, há de fato uma diferença sensível entre a conciliação-mediação e a arbitragem, pois nesta o terceiro julga como se juiz fosse, embora na extensão e pelo modo designado pelas partes.

Também não há diferença entre conciliação e acordo. A questão é de mera nomenclatura.

A diferença estaria no fato de a conciliação envolver entendimento, recomposição de relações desarmônicas, *empoderamento*, capacitação, desarme de espírito, ajustamento de interesses. Em dizer psicanalítico: apaziguamento.[96]

Ora, sem entendimento não há conciliação nem acordo. O contrário de entendimento seria cogência, força, o que retiraria do ato toda sua voluntariedade.

Quanto ao *empoderamento*, capacitação, desarme de espírito e ajustamento de interesses, tratam-se de elementos de natureza psicológica, de difícil avaliação objetiva, pois o Direito lida com fatos, é norma de conduta e não norma ética. A primeira palavra sequer se encontra dicionarizada no Houaiss.

Capacitação é ato de tornar algo ou alguém capaz de uma ação, tarefa ou finalidade. Não se sabe se a conciliação, diferentemente do acordo, tem esta força.

Desarme de espírito e ajustamento, bem como o elemento psicanalítico do apaziguamento, podem ser obtidos também em caso de acordo, se é que estes fatos podem verificar-se objetivamente depois de uma transação judicial, que é vista em seu lado objetivo, como meio de solução de conflito por concessão, independente do estado de espírito de quem dela participou.

Portanto o melhor mesmo é deixar de lado estas classificações dogmáticas, de pouca ou nenhuma utilidade prática, cuidar do que a autora citada menciona como inerente à conciliação: "... Quanto mais efetiva for a jurisdição, menos ela será acionada."

Este é o lado objetivo e pragmático da conciliação, que será desenvolvido neste trabalho. Não adianta falar de conciliação, como ato de liberdade ou fazer referência a seu conteúdo ético, se não houver uma vantagem concreta para realizá-la.

O empregador guia-se pelo princípio do lucro, pois esta é a finalidade de toda e qualquer empresa. Se tem vantagem com a duração da demanda, vai optar sempre por este caminho e não se há de censurá-lo por isto.

---

(96) GOULART, Adriana. *Juízo conciliatório...*, p. 1194.

O que é necessário é criar um ambiente contrário, em que a conciliação lhe traga mais vantagem do que demandar e protelar. E isto só é possível, quando a jurisdição é eficaz, rápida e eficiente.

Não haverá interesse empresarial em protelar ações trabalhistas, quando se sabe que a sentença será imediata e, se houver violação de preceitos sociais, que desvalorizem o trabalho humano, as consequências serão drásticas e inevitáveis.

Só com esta reversão de expectativa se poderá falar efetivamente em conciliação, acordo, entendimento e harmonia nas relações de trabalho. Enquanto a demanda trabalhista for uma vantagem para o empregador e uma renúncia de direitos para o empregado, ela será um instituto falso, aético e inaceitável.

Este tipo deturpado de conciliação foi a causa de depreciação da Justiça do Trabalho no meio jurídico. Em um certo período de sua história, foi tida como "Justiça menor", que buscava acordo de qualquer forma, transformando as audiências em mercado de "toma lá, dá cá". Levou-se em conta um fator negativo e omitiu-se a consideração de outros fatores positivos, que também sempre existiram ao longo de sua existência.

Hoje estes aspectos já estão em profunda mudança. Com o aumento da competência, nela não se julgam apenas direitos individuais do empregado e do empregador, mas questões acidentárias e públicas e, mais cedo ou mais tarde, as previdenciárias e as ações de servidores públicos.

A descentralização dos acordos para órgãos extrajudiciais livrará a Justiça do Trabalho desta função que majoritariamente pode realizar-se em comissões de conciliação prévia e sindicatos. A ela restará o exercício típico da jurisdição, embora não se exclua o acordo judicial. Mas este será eventual e terá caráter suplementar.

4. ASPECTOS PRAGMÁTICOS DA CONCILIAÇÃO

Não faltam na lei estímulos para a conciliação. O que é preciso agora é torná-la uma realidade concreta de nosso ordenamento jurídico e um instituto presente em nossa realidade social.

É necessário romper com a tradição e torná-la viva e real. Já passamos da fase de reconhecer seus méritos e comemorá-la com semanas jurídicas em sua homenagem. É necessário que a vejamos agora sob o lado pragmático de sua realização e efetividade.

Não basta festejá-la. Está na hora de aplicá-la.

Chega de cânticos à musa. É preciso vesti-la com a vida, para torná-la um dado concreto e um instrumento útil em nosso sistema jurídico. Duas questões, sob este aspecto, precisam ser discutidas:

4.1. Reforço efetivo do que já temos, para conscientizar os cidadãos, os empregados, os empregadores e os sindicatos da necessidade e das vantagens da conciliação

As Comissões de Conciliação Prévia — Título VI-A da CLT — deveriam sofrer pequenos ajustes do legislador. Quando não houvesse acordo, a Comissão deveria arbitrar a reclamação. Só aqui se daria um grande passo na solução extrajudicial de conflitos trabalhistas.

A passagem pela comissão ou por órgãos de conciliação prévia deve continuar obrigatória. Chega a ser ridículo o argumento de que esta exigência limita o acesso ao Judiciário.

Até parece que temos a Justiça mais rápida do mundo. O prazo da tentativa da conciliação é de dez dias — art. 625-F da CLT. Será que um prazo de dez dias limita o acesso ao Judiciário e prejudica a parte na sua pretensão de tutela jurídica?

Se a arbitragem for introduzida, este prazo poderia aumentar em um mês, mas pode ser prorrogado por comum acordo das partes até um máximo de três meses, por exemplo, dadas as características da demanda e a dificuldade na coleta da prova.

Neste lapso de tempo, impreterivelmente, a controvérsia já deve estar arbitrada.

A seguir, a lei fixaria recurso à Vara, que decidiria de plano. Se estivesse de acordo com a sentença arbitral, mantê-la-ia por simples despacho, adotando suas conclusões ou acrescendo outras.

Se não estivesse de acordo, reformá-la-ia livremente. Ao juiz restaria sempre a possibilidade de avaliar a necessidade de novas provas. Quando a sentença arbitral fosse mantida, a parte recorrente sofreria multa que variaria de 20% a 50% do valor da causa, a critério do juiz. O que não se pode admitir é a recorribilidade impune.

Este é hoje o maior inimigo da eficiência do Judiciário e maior obstáculo à sua missão de resolver controvérsias em prazo razoável.

A demanda em si e o tempo de sua duração tornaram-se negócio lucrativo e entraram nos objetivos comerciais e econômicos das empresas. Elas obtêm vantagem com a dilação temporal dos processos. Os juros e as compensações do valor da moeda que se praticam no Judiciário são inferiores aos do mercado. Então é mais vantagem empurrar o cumprimento das obrigações do que assumi-las.

Enquanto o processo caminha, o dinheiro, que seria empregado no pagamento, rende juros e se multiplica no mercado.

Enquanto durar esta situação, não se pode falar em conciliação efetiva, porque não há incentivo para realizá-la.

A demora do Judiciário e a vantagem da protelação já fazem parte do ideário popular. Frequentemente se ouve, nas discussões normais, quando há choque de interesses, a recorrente frase: "Se você não está de acordo com a proposta, entre em juízo. Vai demorar muito mais."

Outras vezes, o raciocínio é manejado no interior do próprio Judiciário: se não houver acordo, a demanda vai durar vários anos.

Uma vez decidida a controvérsia em primeiro grau, os demais órgãos tornam-se desnecessários. Então nada mais razoável do que promover a execução definitiva a partir do julgamento do primeiro grau (que, por sua vez, já é órgão recursal de fato da decisão da Comissão), permitindo-se recurso somente em matéria de direito para os TRTs.[97]

O incentivo aos núcleos, patrocinados pelos sindicatos de ambos os lados, é outra experiência altamente proveitosa. O Núcleo Intersindical de Patrocínio, em

---

(97) Sobre esta execução e os meios jurídicos de realizá-la ver ÁLVARES DA SILVA, Antônio. *Execução provisória trabalhista depois da reforma do CPC*. São Paulo: LTr, 2007.

MG, comprovou esta utilidade.⁽⁹⁸⁾ Solução rápida e processo barato (cerca de três reais), enquanto na Justiça do Trabalho o preço de cada processo, dividindo-se a verba a ela destinada e o número de processos que recebe, beira a quatro mil reais.

Também o gerenciamento da conciliação em seu desenvolvimento cotidiano é de fundamental importância.

As audiências de conciliação só se fariam na Justiça do Trabalho em último caso. O lugar ideal para realizá-los é nas comissões prévias, núcleos intersindicais ou órgão de conciliação de qualquer espécie, desde que sob concordância dos interessados.

Nestes locais, as partes têm tempo. Não estão sob a premência de uma longa pauta na Justiça do Trabalho, que obriga o juiz muitas vezes a apressar as tratativas e discussões, indispensáveis ao bom acordo. Podem avaliar documentos, fazer cálculos, discutir o mérito.

As conciliações na Justiça do Trabalho deveriam ser auxiliadas por estagiários, a exemplo dos juizados especiais, que, por possuírem formação jurídica, poderiam encaminhar o acordo e mostrar às partes juridicamente seus direitos e possibilidades.

Esta é uma das razões da impressionante porcentagem de acordos que, no juizado especial da Faculdade de Direito da UFMG, atinge o alto índice de 70%, contra apenas 45%, média nacional da Justiça do Trabalho.

Também ali se realizam 40 audiências por turno, portanto 80 por dia e 400 por semana. No final do mês são cerca de 1.700 ações, o que equivale à média de uma Vara trabalhista por ano!

Qual a razão desta diferença impressionante a favor dos juizados especiais, em relação às Varas trabalhistas? Há várias causas e há muito que aprender com eles.

O espaço é muito bem aproveitado e subdividido em oito compartimentos. Em cada um deles, um estagiário conduz a audiência e tenta, com calma, o acordo. Quando não há possibilidade, chama-se a coordenadora, para se inteirar da questão.

Os estagiários, geralmente estudantes de Direito, dirigem com competência a audiência, discutindo com as partes e tentando encaminhá-las ao acordo. São dedicados e eficientes. Aplicam-se com afinco ao trabalho. Por isto, obtêm resultados.

O juiz, andando por entre as subdivisões, a tudo observa. Só depois de baldados os esforços, é que entra em cena. Senta-se então com as partes e tenta pela última vez a solução. Não obtida esta, decide de pronto ou então marca nova audiência para um mês depois, a fim de dar a decisão final, depois de instruído o processo.

A divisão do espaço em oito subdivisões permite que se façam oito audiências ao mesmo tempo e o funcionamento em dois turnos redobra esta capacidade.

Mas, além destas questões práticas, há outra, talvez a principal, que contribui decisivamente para o alto índice de acordo. O recurso é dirigido para câmaras de juízes do primeiro grau, cuja sala está localizada no próprio prédio da Faculdade de Direito.

---

(98) Sobre o tema, ver VASCONCELOS, Antônio Gomes de; GALDINO, Dirceu. *Núcleos interesindicais de conciliação trabalhista.* São Paulo: LTr, 1999.

Isto facilita enormemente o desembaraço dos aspectos burocráticos, pois basta que se subam alguns andares e o processo já está na mão dos julgadores de segundo grau.

Assim a parte sabe que, se não fizer acordo, não contará com a protelação, nem terá chance de conturbar o andamento dos autos.

Esta é a grande diferença entre os Juizados Especiais Cíveis (tendo-se como referência o que se instalou na Faculdade de Direito) e as Varas trabalhistas.

Aqui a parte sabe que, se recorrer, o processo vai para a segunda instância, nas capitais dos Estados. Quem mora no interior perde o controle do processo, que sai de sua jurisdição. Esmaece-se a figura do juiz natural. A parte, principalmente a mais pobre, não tem condições de acompanhar o processo e controlar o julgamento. Tudo está muito distante de sua casa e de seu trabalho.

Se é verdade que, em Minas, o julgamento no TRT é muito rápido (em torno de 60 dias), e a média de duração de primeiro e segundo graus é de 3 a 4 meses, esta não é a média nacional. Este prazo é muito maior em tribunais regionais de grande proporção. Além disso, um recurso de revista para o TST pode durar 4 anos.

Mesmo em Minas, levando-se em conta a execução, dificilmente um processo dura menos de 8 meses, com o julgamento do agravo de petição.

Portanto, além de alguns ajustes legislativos, certas mudanças de ordem prática devem ser introduzidas imediatamente, segundo a experiência dos juizados especiais.

Toda Vara deveria ter espaços ou divisões, em que se realizassem ao mesmo tempo várias audiências inaugurais. Estagiários com formação jurídica seriam contratados para conduzi-las. Não se exclui aqui a possibilidade de que servidores da própria Justiça do Trabalho, concursados e treinados para esta finalidade, assumam a função.

Na falta de acordo interviria o juiz e decidiria de plano ou marcaria audiência de instrução e julgamento.

Finalmente, seria de toda conveniência criar-se na Justiça do Trabalho os juizados especiais, à semelhança da Justiça Comum, civil, penal e federal.

É intolerável a contradição que hoje vivemos. O processo do trabalho inspirou o processo dos juizados especiais, que são dele versões modernizadas. Mas hoje ficamos definitivamente para trás.

A primeira jurisdição perante a qual os juizados deveriam ter sido criados é exatamente a Justiça do Trabalho, pela natureza do processo e do crédito alimentar que nele se discute. Mas, contraditoriamente, é a única que não o possui!

Sempre defendemos a tese de que a verdadeira reforma da Justiça do Trabalho seria reduzi-la à estrutura dos juizados especiais, com recurso a câmaras de juízes do primeiro grau, extinguindo-se todas as instâncias superiores.

Embora não haja argumentos científicos contra esta ideia, é ela de difícil realização prática em razão dos interesses que contraria. Então, que se faça o ajuste necessário. Nas causas de procedimento sumaríssimo, com aumento da alçada para 60 salários mínimos, só haveria recurso, em matéria de fato e de direito, para câmara de juízes do próprio primeiro grau.

Para os TRTs, somente em matéria de direito, viriam os demais processos.

Teríamos assim uma Justiça rápida, segura e barata, que daria resposta pronta à exigência do art. 5º, LXXIX, da CF e serviria plenamente ao empregado, ao empregador e ao povo.

Aqui, na certa, haveria acordo, porque a protelação não existiria. Ninguém negociaria mais com o crédito trabalhista. A situação atual se reverteria: a duração do processo seria um mal para o empregador e o acordo, um bem e uma vantagem econômica. Exatamente o contrário do que hoje se verifica.

4.2. Aplicação de Sanções

Finalmente, há que se fazer uma mudança fundamental no mecanismo de funcionamento da Justiça do Trabalho, sem a qual a conciliação e, em geral, a solução judicial jamais prosperarão.

É preciso que se combata, com todas as forças, a convicção hoje reinante de que demandar na Justiça do Trabalho é um bom negócio para o empregado e para o empregador.

Para o empregado, porque propõe frequentes e infundadas reclamações, com valor muito alto. Faz acordo por quantias muito menores e tenta, muitas vezes com testemunhas falsas, tirar vantagem da controvérsia.

Para alguns empregadores (não se pode evidentemente generalizar) demandar na Justiça do Trabalho passou a ser um negócio lucrativo, que corre paralelamente à finalidade comercial da empresa.

Algumas empresas protelam deliberadamente a demanda trabalhista, retardando-a com recursos protelatórios. Pagam juros de apenas um por cento ao mês, enquanto ganham muitas vezes mais com o capital empregado em atividades lucrativas.

Qual o empregador que vai pagar hoje o que pode pagar vários anos depois, com juros mínimos, enquanto o capital, que seria destinado ao crédito trabalhista do empregado, é usado em outra atividade produtiva, bem mais rentável?

É preciso que se apliquem sanções ao demandante oportunista, seja ele empregado ou empregador, para que a Justiça do Trabalho se transforme num foro em que se discutem questões úteis e necessárias e não mais este sem-número de ações menores, que nem sequer deveriam estar em juízo, pois podem e devem ser resolvidas em órgãos prévios de conciliação.

Estas sanções consistem nas multas administrativas, na hipoteca judiciária, na multa do art. 475-J, plenamente aplicável por analogia ao Processo do Trabalho, além de medidas processuais modernas, como é o caso do art. 475-O do CPC, que pode ser um duro golpe ao demandismo inconsequente que hoje assola a Justiça do Trabalho.

Também é de toda pertinência a aplicação da multa do art. 475-J, plenamente compatível com o Processo do Trabalho, pois é uma astreinte para cumprimento do que é objeto do litígio e, portanto, interessa à agilização de qualquer jurisdição. Por que razão excluí-la do Processo do Trabalho que é exatamente o que dela mais precisa, pois visa à aplicação de normas garantidoras de crédito alimentar?

O retardo do processo é um dano social e não apenas a uma das partes. O professor francês *Didier Cholet,* em obra recente,⁽⁹⁹⁾ diz o seguinte:

En contrôlant l'éventuel abus de droit d'un plaideur envers un autre, le juge n'assure pas seulement la police des droit subjectifs. Il ne règle uniquement un conflit d'intérêts entre particulier, il contrôle aussi le respect du droit de saisir les tribunaux à sa finalité sociale que est de trancher les litiges juridiques, non d'assouvir une vengeance, de faire pression sur son adversaire ou gagner du temps. (Controlando o abuso de direito de uma parte contra a outra, o juiz não assegura somente a política dos direitos subjetivos. Não regula unicamente um conflito de interesses entre particulares, ele controla também o respeito do direito de acesso aos tribunais para o exercício de sua finalidade social, que é a de solucionar litígios e não a de satisfazer uma vingança, de fazer pressão sobre o adversário ou ganhar tempo).

A citação parece uma advertência e um retrato também para o nosso Judiciário. A Justiça não é apenas um meio de satisfação do direito da parte. Não é um jogo de interesses que um árbitro simplesmente decide, para dizer qual o vitorioso.

Os tribunais têm finalidade social, por isto precisam gozar de respeito da sociedade, como órgãos de decisões eficazes que, além de administrarem o conflito em si (*police de droits subjectives*), exercem uma função pública que deve ser preservada em todos os litígios, ou seja, julgar com segurança, rapidez, isenção e economicidade.

Se um juiz, ao final de uma execução, que durou vários anos, como é a regra entre nós, inclusive nos processos trabalhistas, não puder aplicar multa para que a parte condenada cumpra aquilo a que foi condenada, então é melhor que os tribunais fechem suas portas e entreguem a árbitros a realização de sua missão.

E note-se que a multa ainda é condicional. Só incidirá se a parte não pagar quantia certa, já fixada em liquidação.⁽¹⁰⁰⁾

Se o Processo do Trabalho for incompatível com este tipo de sanção, aplicada a um devedor em execução, depois de longos anos de demanda, para que cumpra um crédito de natureza alimentar, expresso em quantia certa ou já fixada em execução, então é melhor que se aplique o Processo Civil às ações trabalhistas, extinguindo-se o Processo do Trabalho.

Aproveitando-se este momento de reforma da CLT, que tem por objeto reformar vários Títulos por inutilidade, que revogue então mais um, o Título X que se refere ao Processo Judiciário do Trabalho.

O trabalhador lucrará mais com a jurisdição comum do que com a especial, criada exatamente para resolver, com mais rapidez e informalidade, a questão trabalhista. Aos reformadores da CLT, pode-se fazer a seguinte proposta, composta

---

(99) CHALET, Didier. *La célérité de la procédure en droit processuel.* Paris: L.G.D.J, 2006. p. 57.
(100) Art. 475-J. Caso o devedor, condenado ao pagamento de quantia certa ou já fixada em liquidação, não o efetue no prazo de quinze dias, o montante da condenação será acrescido de multa no percentual de dez por cento e, a requerimento do credor e observado o disposto no art. 614, inciso II, desta Lei, expedir-se-á mandado de penhora e avaliação. (Incluído pela Lei n. 11.232, de 2005)

de um artigo, que substituiria o Título X: "Para solucionar os conflitos trabalhistas, aplique-se a Lei n. 9.099, de 26 de setembro de 1995 e subsidiariamente o CPC."

Concluímos dizendo que a conciliação não é um instituto jurídico isolado. Tem que ser visto no contexto de universo maior em que se situa a própria Justiça do Trabalho. Ela será desejada pelas partes e só funcionará com eficiência quando for usada de boa-fé por quem está em juízo e deseja encerrar a demanda com rapidez, reconhecendo e pagando o que deve e rejeitando o que lhe é exigido sem fundamento jurídico.

Em suma, a conciliação tem que ser justa. Não pode ser um meio de obter vantagem, nem para o empregado, nem para o empregador.

Não basta exortar à conciliação e repetir o discurso meramente retórico de que "a conciliação é a melhor forma de encerrar a demanda". Nem muito menos repetir frases tais como "conciliar é legal", "conciliar é nossa função" e outras semelhantes, ditas e reditas em ambientes festivos.

Estas chamadas só têm sentido quando acompanhadas dos fatos concretos que as realizem.

É preciso que, além da linguagem, haja o real significado das coisas.

Não adianta convencer o empregador ou o empregado de que conciliar é melhor do que demandar. Poderá sê-lo ou não. Depende da vantagem que cada um terá com a conciliação.

Se o prolongamento da ação se transformar em vantagem para o empregado ou para o empregador, ninguém vai conciliar. Preferirá a demanda e o "lucro" que mais tarde obterá com a ação.

Enquanto o empregador deixar de pagar o que deve e o empregado pedir insinceramente mais do que tem direito, ambos farão da ação trabalhista um meio de lucro e vantagem e a conciliação não terá êxito.

Porém, no dia em que ambos procurarem entender por que vale a pena pôr termo à demanda em vez de nela continuar, a conciliação assumirá seu justo papel mediador nas relações de trabalho.

Deixará então a ação trabalhista de ser vantagem para uma das partes, ou para as duas, para se transformar num efetivo instrumento de harmonização de seus interesses. O empregador pagará o que deve e o empregado receberá o que tem direito. Assim se reconstruirá a ética do pedido e da contestação na Justiça do Trabalho.

É preciso que todos saibam que, se continuarem na demanda com outras intenções, para obter vantagens que não a do acerto justo da questão trabalhista, terão consequências sérias e prejudiciais.

A conciliação não é uma palavra mágica, cuja aceitação fica sujeita à boa vontade das partes no processo do trabalho. É necessário que o empregador saiba o que deva pagar e o empregado tenha ciência do que tem direito a receber.

Este aspecto transacional da conciliação será obtido muito mais facilmente quando, em instâncias prévias, se apure a controvérsia e se mostrem às partes as incertezas e os percalços que terão à frente com a demanda.

Só assim terão sentido os apelos que hoje se fazem no moderno processo, para que se resolvam conflitos sem a presença do Estado.

É preciso que se retire dela o conteúdo negativo que assumiu com o tempo principalmente na Justiça do Trabalho, dando fundamentos para que alguns afirmassem ser ela um "balcão de negócios".

Isto se deveu exatamente à falta de elementos para fundamentar a conciliação, cujos valores eram discutidos aleatoriamente, à base do "toma lá, dá cá", que parecia de fato um balcão de ofertas.

Com a nova roupagem com que hoje o moderno processo quer revestir a conciliação, ela será realmente um instrumento oportuno e útil a favor da Justiça e não mais um meio de o empregado renunciar a seus direitos em razão da demora da ação que, por sua vez, favorece o ganho fácil do empregador pela falta da recomposição adequada do crédito, na hora do pagamento.

A conciliação tem que recobrar seu sentido ético, para que seja um instrumento que engrandeça a Justiça e não um meio de ganho imoral das partes no processo.

Lembre-se mais uma vez o Prof. *Didier Cholet*: "Processo não é apenas a administração de direitos subjetivos, mas a realização da Justiça." E depois acrescenta: "*La célérité est un objectif politique, antonyme de lenteur excessive. Le but poursuivi est l'accélération des procédures par rapport à la situation existante.*"[101]

5. A CONCILIAÇÃO E AS COMISSÕES PRÉVIAS

5.1. Perspectiva Geral

As comissões de conciliação prévia, previstas no Título VI-A da CLT, vieram para dinamizar a conciliação. A rigor, não precisariam de regulação expressa, pois está na competência da negociação coletiva a sua criação. O art. 621 da CLT prevê expressamente as "comissões mistas de consulta e colaboração".

Resolver conflitos fora do Judiciário, sem nenhuma formalidade, é a regra em sociedades de maior nível de cultura e politização, pois cada um pode transacionar com seus negócios e interesses, desde que não ofenda à ordem pública nem à lei. Como assinala *Pontes de Miranda*,

> Supõe-se em cada um aptidão biológica, social e psicoindividual para alcançar fins autônomos, escolhendo os fins e, ainda, criando fins seus. A intervenção do Estado é excepcional, posto que, na elaboração das leis, se adotem — para os indivíduos e para o Estado — regras que não podem ser alteradas pela vontade de cada um. [102]

Portanto, ao indivíduo, resta sempre um espaço para criar ou escolher seus fins, devendo o Estado resguardar-se de interferir neste processo, a não ser em condições excepcionais.

A vontade do indivíduo não pode ser tutelada pela do Estado, a não ser excepcionalmente. A tutela permanente do trabalhador, a ponto de anulá-lo, leva a consequências maléficas, tão deletérias como a desproteção total.

---

(101) *Ibidem,* p. 23.
(102) MIRANDA, Pontes de. *Tratado de direito privado.* Parte Geral. 3. ed. Rio Borsoi, 1970. t. I, p. XVII (prefácio).

Há que se buscar um equilíbrio, em que o trabalhador seja tratado como indivíduo capaz de determinar seus fins, com resguardo da influência e da deturpação a que pode submeter-se nas contingências da relação empregatícia, em razão de sua inferioridade.

As comissões constituem instrumento adequado para este propósito. Não reduzem o trabalhador a um contratante comum, pois ainda está cedo para conceder--lhe independência plena na relação empregatícia, mas também não o submetem a uma proteção intransigente do Judiciário, pela qual a emissão de sua vontade fica subordinada a uma assistência rígida e, muitas vezes, exagerada da autoridade.

A proteção de Direito Coletivo existente nas comissões de conciliação prévia, quando constituídas nos sindicatos, consiste na sua composição por sindicalistas, afastando a possibilidade de qualquer influência ou temor reverencial.

Nas empresas, embora os representantes sejam delas empregados, estão protegidos contra a dispensa arbitrária ou sem justa causa — art. 625-B, § 2º, o que lhes garante plena independência e autonomia perante o empregador.

As comissões constituem assim órgãos capazes de defender plenamente os interesses do trabalhador, havendo a presunção favorável de que cumprem e cumprirão seu importante papel de instrumento auxiliar da descentralização do Judiciário.

Se houver erros (e erros já houve), resta combatê-los, mas nunca propor, como já foi proposto, a extinção das comissões por serem órgãos corruptos ou corruptíveis que servem como "forma de esconder a não efetivação dos direitos sociais e também de diminuir os custos da mão de obra." [103]

As comissões, por qualquer lado que sejam vistas, não são meios de esconder a efetividade de direitos sociais. Onde isto pode acontecer, e frequentemente acontece, é no Judiciário trabalhista, em que uma reclamação dura, percorrendo todas as instâncias, no mínimo, cinco anos.

Também não há correlação entre comissões de conciliação prévia e custos de mão de obra, cujo valor se define no mercado e não nas comissões.

Corrupção há e já houve de fato, nas comissões. Mas há também e já houve no Judiciário. Vamos fechar o Judiciário, lacrar as portas das comissões ou vamos combater a corrupção que existe minoritariamente dentro destes órgãos e torná-los cada vez mais aptos à prestação do serviço público que deles se espera?

Não se pode, por um defeito nos meios, extinguir o fim. Ao contrário, deve-se corrigir o meio para fortalecer o fim.

Logo, não se há de falar em extinção das comissões porque já houve casos de corrupção, mas sim combater a corrupção para que elas cumpram, livres destes males, a alta finalidade que lhes foi confiada.

Esta mania, muito comum entre nós, de propor a extinção de instituições e a revogação de leis "porque não funcionam" é errada. O que se há de fazer é dar-lhes condições de funcionamento para que cumpram sua finalidade.

---

(103)GOULART, Adriana. *Formas de resolução de conflitos e acesso à Justiça*. A autora cita este argumento para combatê-lo, pois se mostra favorável às comissões. Diz: "Enaltecer o lado genuíno da ideia de composição de conflitos extrajudicialmente pode ser uma boa via para se percorrer, restabelecendo contornos éticos e efetivos para que tal se realize. Não há como não reconhecer que há um efeito perverso da judicialização das relações sociais."

Se assim fosse, deveríamos propor a extinção do Congresso, em razão dos escândalos que lá acontecem; da polícia, pela violência e corrupção que se verifica em alguns de seus setores e do próprio Judiciário por alguns casos de corrupção e pelo frequente e generalizado atraso na solução de processos.

Analisaremos alguns casos inerentes ao funcionamento das comissões, para mostrar que seu papel permanece íntegro e importante como órgão coadjuvante da prestação laboral.

5.2. Quitação Geral

No art. 477, a quitação é pelas parcelas e valores especificados. Já no art. 625-E, § único, a quitação é geral, salvo parcelas ressalvadas.

Se uma parcela fica de fora da quitação do art. 477, poderá o empregado reivindicá-la, o que não acontecerá com a quitação do art. 625, § único, pois ali, não havendo ressalva, todo o contrato de trabalho fica abrangido.

Este artigo provocou grita geral dos doutrinadores, mas sem fundamento. A reação se deve ao vezo atávico do Direito do Trabalho brasileiro, de proteger excessivamente o trabalhador, reduzindo-o, muitas vezes, à condição de um incapaz jurídico, que não tem discernimento para assinar uma quitação ou passar um recibo.

É verdade que é preciso certo cuidado, pois o temor reverencial e, muitas vezes, a inocência do trabalhador iletrado, leva-o a dar quitações amplas e indevidas.

Mas é princípio de Direito Coletivo que, neste plano, não se prevê hipossuficiência do sindicato. Se a comissão é composta por representantes sindicais, não se pode admitir que uma quitação por eles autorizada seja prejudicial ao trabalhador, pois se presume que saibam, pelos menos, os rudimentos teóricos do Direito do Trabalho.

Nada autoriza a deduzir que a situação do empregado nas comissões prévias seja inferior ou mais débil do que quando está em juízo.

Nas comissões, goza até de superioridade, pois recebe assessoria direta de seu órgão de classe e há tempo para discutir as questões de fato sem a premência das pautas judiciais, em que o juiz tem pressa para esgotá-la, em virtude das múltiplas reclamações nela programadas.

Por outro lado, as situações jurídicas precisam de estabilidade. A incerteza gera a intranquilidade social e destrói a paz em que deve repousar-se. Dizia *Radbruch* que o operador jurídico se defronta sempre com esta realidade: é mais importante pôr fim à querela do que dar-lhe um fim justo; a existência de uma ordem jurídica é mais importante do que a sua justiça; a justiça é a segunda grande tarefa do direito, a primeira, contudo, é a segurança jurídica.[104]

Não se admite, em nome da paz e da estabilidade jurídicas, que alguém dê quitação e depois venha questioná-la, principalmente quando a vontade de quem quita é reforçada por uma segunda vontade, como é o caso do trabalhador nas comissões.

Esta atitude desincentiva a conciliação extrajudicial e instiga a demanda perante o Estado. Qual o empregador que vai conciliar perante uma comissão ou sindicato, sabendo que, depois da quitação, tudo pode ainda ser revolvido e rediscutido em juízo?

---

(104) RADBRUCH, Gustavo. *Introdução à ciência do direito.* São Paulo: Martins Fontes,1999. p. 25.

Se as comissões não são seguras e há possibilidade de erros, a mesma situação existe nas audiências das Varas, pelos motivos já apontados. O que deve ser feito é aperfeiçoar as comissões e não atribuir tutela imobilizante ao trabalhador, a ponto de considerá-lo um cidadão de segunda categoria que, mesmo assistido por seu sindicato, não é capaz juridicamente de dar uma quitação.

As comissões de conciliação prévia vêm cumprindo seu papel. Se há erros, deve-se corrigi-los, mas não se pode destruir o fim quando há imperfeição nos meios.

Se assim agimos, nenhuma reforma se dará jamais, pois em tudo há a possibilidade da ineficiência administrativa, da presença de pessoas desonestas, de má organização e falta de exação.

Mas tudo isto se dá nos meios, não no fim, ou seja, no propósito último da instituição. Se este permanece, cumpre preservá-lo, valorizando e viabilizando os meios para atingi-lo.

Já demonstramos que as comissões são muito bem estruturadas do ponto de vista jurídico. Estão aptas a tutelar o empregado, independentemente do Judiciário.

Insistir numa superproteção, excluindo o empregado de quitar direitos da relação empregatícia que a comissão pode conferir e analisar diretamente, é levar as coisas a um extremo nocivo.

Se há vício de vontade, o ato se torna anulável. Mas se o empregado, tutelado por seus representantes, quita a relação empregatícia, não há como não reconhecer validade ao ato, cujo conteúdo pode ser até melhor revisto nas Comissões do que nas Varas, pois dispõem de tempo e meios para analisar com calma cada caso, com a presença de ambas as partes, num ambiente informal e sem qualquer tipo de constrangimento ou pressa.

5.3. Acesso ao Judiciário

Outra questão bastante discutida é a prescrição do art. 625-D, pelo qual toda demanda trabalhista deve passar previamente pela comissão antes do ingresso em juízo.

Alguns entendem que há violação do art. 5º, XXXV, da CF, "A lei não excluirá da apreciação do Poder Judiciário lesão ou ameaça a direito."

Esta tese é mais um exemplo de nossa tradição cultural de defender ideias sem cuidar de sua correspondência com a realidade e de sua adequação às exigências concretas dos fatos sociais.

Muitas vezes, queremos ofuscar a realidade com princípios que dela se destoam ou não se aplicam aos casos concretos em que queremos à força impingi-los. Antes do uso de um princípio, é preciso cuidar de sua adequação.

Acesso ao Judiciário é um princípio democrático e indispensável. Sem ele a democracia se priva de uma função vital e o cidadão, de um direito indispensável que o Estado está obrigado a garantir.

Mas este serviço não se confunde com a tentativa de solução extrajudicial, que pode tomar alguns dias, mas, em compensação, leva as partes a uma solução do litígio de maneira muito mais rápida e satisfatória do que a judicial.

Aqui o art. 5º, LXXVIII, que garante, em nível constitucional, a duração razoável do processo e os meios que efetivam a celeridade de sua tramitação tem plena aplicação.

Entre estes "meios" coloca-se a conciliação que talvez seja o mais eficiente deles, pois compõe e extingue no nascedouro demanda que pode durar anos.

O diferimento do acesso ao Judiciário por alguns dias não significa exclusão. Apenas se leva em conta que, ante a possibilidade de conciliação, ela deve ser tentada para que se economizem os penosos e demorados anos da demanda trabalhista, com prejuízo para o Estado, à sociedade e às próprias partes. [105]

Adriana Goulart, no artigo já citado, faz referência ao RR-924/2005-491-01-00.8), em que o Ministro *Vieira de Mello*, embora reconhecendo o propósito das comissões, entendeu que a anulação de um processo, já em tribunal superior, pela desobediência ao art. 625-D, [106] seria prejudicial às partes e aos cofres públicos, em virtude dos gastos e do tempo expendidos para a condução do processo.

O tema tem duas possibilidades de análise.

Por um lado, é de fato incoerente baixar um processo do vértice à base da pirâmide para corrigir uma nulidade. Mas, por outro, abre-se, com a concessão, um perigoso precedente de incentivar a violação do princípio.

Se todos os tribunais superiores argumentarem que não é econômico anular processo em nome da previsão do art. 625-D, o mandamento do dispositivo perderá força e será revogado de fato.

Por isto, entendo que, mesmo estando em tribunais superiores, o processo deve ser anulado. Se é verdade que, no caso concreto, provoca-se atraso, nos demais casos que virão no futuro, a economia será flagrante e proveitosa para a aplicação da lei trabalhista.

Não se deve, por um caso concreto, abrir mão do efeito pedagógico da lei. É melhor perder-se tempo em um processo, para se ganhar tempo em todos os demais.

Sabendo o empregador que há tolerância quanto à exigência, recusar-se-á sempre a fazer acordo perante as comissões, induzindo o empregado a procurar diretamente o Judiciário.

Portanto não deve haver concessão. A jurisprudência há de firmar-se no sentido da obrigatoriedade da submissão da demanda trabalhista à comissão de conciliação prévia e, sobre o tema, deveria haver uma orientação jurisprudencial ou mesmo uma súmula.

Eis aqui um exemplo pelo qual se favorece a conciliação de modo efetivo e não apenas por palavras e discursos.

5.4. Função Arbitral

Saliento mais uma vez que às comissões deve ser atribuída a função arbitral. Todas são capazes das operações aritméticas fundamentais. Logo estão aptas a fazer o acerto de contas de um empregado dispensado. Este acerto de contas tem conteúdo restrito e é do conhecimento de qualquer leigo.

---

(105) Ver o item 5.1.
(106) Este dispositivo exige que toda demanda trabalhista se submeta à comissão no âmbito da empresa ou do sindicato.

Quanto mais os empregados e os sindicatos assumirem obrigações inerentes aos seus próprios problemas jurídicos, mais justiça terão nas soluções, economizando tempo, dinheiro e esforços pessoais.

Isto sem falar na própria correção e na justiça do julgamento pois, estando no local em que os fatos nasceram, têm condição de ver de perto a sua autenticidade.

Está na hora de retirar das relações de trabalho a presença do Estado, quando é desnecessária, reduzindo-a aos casos em que as partes não possam resolver por si mesmas seus conflitos.

Aos sindicatos cumpre defender os interesses individuais e coletivos dos trabalhadores. Está na hora de assumirem esta relevante função que a Constituição lhes atribuiu.

6. FILOSOFIA DA CONCILIAÇÃO

6.1. Sentido Amplo

A palavra "conciliação" tem, desde a etimologia, o sentido de chamar uma pessoa para que se assente, em companhia de outra, com a qual contende, para que se entendam em relação ao objeto do litígio. Daí o sentido de recomposição de algo desfeito, entendimento de vontades, conjunção de sentimentos.

Acrescida do prefixo "re" dá a ideia perfeita de seu significado: pessoas, que antes viviam em harmonia, perderam-na. Mas agora se reconciliaram, ou seja, voltaram à paz anterior.

A democracia é uma forma de governo organizada segundo o princípio da liberdade política: "A história nos ensinou que democracia e liberdade caminham lado a lado". [107] Daí o sentido amplo que a palavra tem num sistema político em que a "liberdade" se multiplica em muitas "liberdades", distribuídas em esferas próprias do indivíduo, dos grupos e do Estado.

A arte do governo consiste em conciliá-las (eis o termo em seu lugar próprio), num sistema político eficiente, em que estas diferentes irradiações da liberdade se harmonizem num princípio geral que mantenha o funcionamento das instituições e garanta a autonomia dos grupos e das pessoas. Conforme salienta *Robert A. Dahl:*

> O problema fundamental mais persistente na política talvez seja o de evitar o domínio autocrático. Em toda a história registrada, incluindo este nosso tempo, líderes movidos por megalomania, paranoia, interesse pessoal, ideologia, nacionalismo, fé religiosa, convicções de superioridade inata, pura emoção ou simples impulso exploraram as excepcionais capacidades de coerção e violência do estado para atender a seus fins próprios. Os custos humanos do governo despótico rivalizam com os custos da doença, da fome, da guerra.[108]

---

(107) BOBBIO, Norberto. *O filósofo e a política.* Rio de Janeiro: Contraponto, 2003. p. 236.
(108) DAHL, Robert A. *Sobre a democracia.* Brasília: UnB, 2001. p. 59.

Para que se evite o "domínio autocrático", estabelece-se o "domínio democrático", que consiste exatamente na conciliação das liberdades, estabelecendo entre elas um equilíbrio que garanta a estabilidade do sistema.

Entre o empregador que vê o emprego como custo, tentando barateá-lo com a limitação dos salários, e o empregado que vê o emprego como meio garantidor de uma existência digna, que só se obtém com salários dignos, há de haver um equilíbrio ditado pela potencialidade do mercado e da justiça.

Entre a liberdade plena, que permita às pessoas e grupos o grau máximo de ação e o interesse público que exige dela restrições, há a procura do justo meio.

Entre o número de vagas nas universidades e a qualidade do ensino, procura-se o equilíbrio entre quantidade e qualidade. Entre os direitos que se devam conceder ao indivíduo numa justiça distributiva e os que devam na prática regular a comutação ou transação entre os homens (justiça comutativa), deve haver o equilíbrio conciliador. Em suma, entre direitos e deveres e deveres e direitos, deve haver uma distribuição equitativa.

Se a democracia é capaz de conciliar os extremos e compor, dentro de uma certa razoabilidade, os interesses opostos, ela sobrevive e capacita-se a se tornar a melhor forma possível de governar.

Se as forças parciais de grupos e pessoas se sobrepõem a uma média abstrata, tida como síntese das aspirações gerais a que se dá o nome de "interesse público", a democracia se desfaz e cai-se no governo despótico, de um homem ou de um grupo. Em qualquer dos casos, um regresso e uma infelicidade.

Portanto, a democracia é antes de tudo um esforço de conciliação. Nisto sua grandeza e, ao mesmo tempo, seu perigo. Os extremos existem, mas temos de aprender a sabedoria de conciliá-los. Por isso, afirmou *Rousseau*: "*Malo periculosam libertatem quam quietum servitium.*" (Prefiro a liberdade perigosa à servidão quieta.)[109] Ousar a liberdade, mas também saber dominá-la, eis o segredo de tudo.

6.2. Sentido Restrito e Processual

No sentido jurídico-processual, a conciliação significa solução do conflito por concessões mútuas. Portanto, para que seja legítima, deve haver concessões de ambas as partes, diante de uma dúvida séria e fundada. Se assim não for, a conciliação se transforma em renúncia, deturpando-se.

A renúncia é ato unilateral abdicativo de direitos, importando em sua perda.

O indivíduo tem plena disponibilidade do que pertence a seu patrimônio. Portanto, em princípio, pode renunciar a qualquer direito. Porém a lei, por razões de ordem pública, limita a renúncia e, às vezes, a proíbe.

A renúncia a direitos trabalhistas sofre restrições do legislador e da doutrina. Não pode haver renúncia prévia, nem no curso do contrato de trabalho nem depois de sua extinção. Seria um absurdo que um empregado renunciasse a seus direitos depois de dispensado.

---

(109) ROUSSEAU, J. J. *O contrato social*. São Paulo: Martins Fontes, 1989. p. 82.

Esta situação não muda se a parte está perante o juiz em uma audiência trabalhista, porque a presença de magistrado não supre a irrenunciabilidade. O trabalhador se sustenta com seu trabalho e sobre ele não pode haver renúncia, principalmente quando ela teria natureza translativa: seria feita em favor do empregador, cujo patrimônio seria enriquecido sem nenhum benefício ao empregado.

Portanto a conciliação deve ser distinguida da renúncia a direitos, que é sua versão deturpada. Infelizmente, isto ocorre frequentemente na prática, nas audiências corridas e apressadas dos tribunais, em que se força o acordo de qualquer modo, muitas vezes com argumentos moralmente condenáveis, tais como referências à demora da ação.

Se a ação é morosa, isto não pode justificar a renúncia de direitos, pois compete ao Estado prestar com eficiência e em tempo razoável o serviço da justiça.

Embora moralmente menos reprováveis, também são criticáveis os argumentos sobre vacilação da jurisprudência, abarrotamento de tribunais superiores, incerteza de julgamentos em turmas ou órgãos, conforme a composição de seus juízes. Nestes casos, a ciência do processo fornece meios de conjurar estes males. Por que então não os aplicar?

Se o julgamento de um recurso de revista demora quatro anos no TST, são múltiplos os meios de corrigir este tempo excessivo. Se não o fazemos, deve a parte renunciar a direito por conta deste fato, que não lhe é atribuível?

Este raciocínio, devidamente ampliado, serve para todo o Judiciário. Hoje, há meios científicos de corrigir todas as mazelas de uma prestação jurisdicional ineficiente.[110] A reforma do Judiciário é plenamente possível, desde que haja a vontade de reformá-lo, rompendo-se obstáculos que estão muitas vezes nele próprio.

Se o complemento da reforma do Judiciário dorme no Congresso, deve o cidadão pagar por isto, renunciando a direitos e privando-se do gozo deles, porque não se decidem controvérsias jurídicas?

Transferir para o cidadão a ineficiência do Estado é uma grande imoralidade, porque o povo paga tributos para ter contraprestações. O que falta é organização e sobra notória ineficiência. Mas é da sociedade a culpa de tudo isto?

Finalmente, é preciso desmitologizar ou demitizar[111] a conciliação. Ela não é sucedâneo da sentença judicial, nem a exclui do campo do processo e da vida. É apenas um dos meios de solução de litígio, dentre outros, que só atua dentro de um sistema funcional e lógico que resolva com segurança e justiça, em prazo razoável, com meios processuais adequados, as controvérsias humanas.

Querer institucionalizar a qualquer custo a conciliação, fazendo dela um meio único ou preponderante de resolver litígios é um grande erro. Para esta finalidade, deve concorrer harmonicamente com a sentença.

Muitos cidadãos não desejam conciliar. Querem um pronunciamento explícito do Judiciário sobre a injustiça que julgam ter sofrido. Sua questão é moral e não

---

(110) Para algumas sugestões, ver ÁLVARES DA SILVA, Antônio. *Reforma do Judiciário*. 2. ed. Belo Horizonte: Del Rey, 1994.
(111) Ambas as formas são possíveis e os dicionários as registram. Ver o Houaiss Eletrônico, palavra "mito".

meramente jurídica. Aqui a conciliação é improvável. Outros fazem questão de onerar um ofensor com danos morais e materiais, em razão de um prejuízo injusto. Não lhes interessa conciliar.

Na Justiça do Trabalho muitos empregadores querem que se firme a jurisprudência sobre determinado tema polêmico pois precisam organizar o departamento de pessoal e ter uma orientação uniforme. Como pretender conciliação neste caso?

Outros não se conciliam porque lucram com a protelação. Muitos bancos não fazem acordo porque a duração do litígio é uma aplicação financeira como outra qualquer.

Como o processo não dá ao juiz meios efetivos de tornar a vantagem um prejuízo e a demanda uma perda, muitos litigam impunemente, usufruindo vantagens financeiras.

Como se vê, a conciliação não está isolada. Faz parte de uma constelação de valores conexos. Para que o sistema funcione é preciso que haja ligação entre eles.

Enquanto o Judiciário for ineficiente e demorado, a conciliação será um ideal apenas parcialmente atingível.

Na Justiça do Trabalho, a média nacional de apenas 45% é mínima e irrisória. O motivo está exatamente na protelação, que se torna um negócio rentável para o empregador. Pagando juros de 1%, enquanto cobram 10% ao mês pelo cheque especial ou cartão de crédito e um pouco menos para os empréstimos pessoais, não se há de esperar que os bancos façam o mau negócio da conciliação.

Continuarão lucrando à custa da omissão do Estado irrealista que não vê as coisas e permite situações esdrúxulas como estas. Por que não se cobram juros de mercado, para corrigir o débito trabalhista? Onde está a lógica de corrigir um crédito alimentar com juros bem menores do que os cheques especiais ou cartões de crédito? Será que cartão de crédito e cheques especiais têm mais importância para o País do que o trabalhador e seus salários?

A solução é fácil e conhecida. Basta dotar o juiz do trabalho dos meios necessários para coibir a fraude da demanda inútil, tanto do empregado quanto do empregador.

O primeiro é a multa objetiva pela perda da ação. A sucumbência passa a ser causa de responsabilidade objetiva. Com isto se contorna o problema da resistência de aplicação da multa por litigância de má-fé. Quem perde presume-se culpado de causar prejuízo à parte contrária, que foi impedida de ter acesso ao gozo de seu direito.

Nos casos de lide temerária, manifestamente improcedente, na qual se demonstre culpa ou dolo do advogado, deve ele responder solidariamente com seu cliente pelos atos praticados — art. 32 do Estatuto da OAB.

Como o referido artigo determina que esta responsabilidade seja apurada em ação própria e não nos próprios autos em que foi cometida, o que seria muito mais lógico, deve o juiz do trabalho oficiar o Ministério Público do Trabalho para propor a ação na própria Justiça do Trabalho, pois se trata de ação derivada da relação processual de trabalho, que é uma subespécie da relação de trabalho — art. 114 da CF.

A competência para a aplicação de multas administrativas deve ficar explícita, já que, para alguns, ainda restam dúvidas se, de fato, não deveriam existir mais, principalmente depois da EC n. 45. As multas administrativas, ao fim de cada capítulo da CLT, sancionam o descumprimento de um crédito trabalhista. Então, como afirmar que não é da competência da Justiça do Trabalho aplicá-las? Acaso provêm de onde?

No instante em que se discute até mesmo a competência penal, chega a ser ridículo negar a competência para a aplicação de multas administrativas que, por sua natureza, são menores do que a sanção penal.

O descumpridor da norma trabalhista pode ir para a cadeia, se for condenado por crime contra a administração do trabalho, mas não paga a multa administrativa pela violação que praticou. Aliás, o que mais importa não é prender o empregador, mas obrigá-lo, por meio de sanções imediatas, a cumprir as normas e, em caso de condenação, pagar o que deve.

Mais uma vez, falta lógica ao sistema.

A moderna tendência do Direito Penal é sempre que possível punir com penas alternativas à privação da liberdade, tais como penas de multa, restritivas de direito ou então as chamadas "sanções premiais" que premiam os destinatários da norma por praticarem seu mandamento, em vez de puni-los por sua violação.

O "direito premial"[112] consiste na "realização de atos desejáveis", fazendo uma "*ars* combinatória" da sanção repressiva com a sanção promotora,[113] o que permite um conceito abrangente e genérico de sanção como a privação de bens da vida pela infligência de mal e a promessa de vantagem pela obediência à norma.[114]

A hipoteca judiciária, a aplicação do art. 475-O, § 2º, I, do CPC, por meio da decretação da execução provisória *ex officio* pelo juiz do trabalho desde o recebimento do recurso ordinário em efeito devolutivo, facultando à parte o levantamento de quantia até 60 salários mínimos, a aplicação da multa do art. 475-J do CPC são medidas que, dentre outras, evitam a demanda estéril e indicam objetivamente às partes a conveniência do acordo.

Estas três medidas já são aplicadas pela Quarta Turma do TRT de Minas, cujas ementas se transcrevem abaixo, para dar ao leitor um resumo da fundamentação.

---

(112) BENEVIDES FILHO, Maurício. *A sanção premial no direito*. Brasília: Brasília Jurídica, 1999. p. 38, em que se afirma corretamente que "as recompensas, sempre distribuídas com base no mérito e sob o controle do judiciário, constituem também um instrumento de intervenção do Estado nos processos econômicos." O livro, de 119 páginas, merece ser lido pela profundidade e oportunidade do tema.
(113) BOBBIO, Norberto. *Da estrutura à função*. São Paulo: Manole, 2007. Prefácio, p. XII. Também no prefácio à edição brasileira do livro, faz Mário Losano esta judiciosa anotação: "Nas teorias jurídicas estruturais, a função do direito era limitada à ameaça ou à aplicação da sanção: era o "estado castigador" de Thoma Paine. Entrementes, o Estado transformara-se também em pagador e em promotor: a teoria sistemática não bastava mais". Para aprofundar o tema, remete-se o leitor ao estudo "A Multa do Artigo 475-J do CPC", que compõe o presente livro.
(114) KELSEN, Hans. *Op. cit.*, p. 24.

EMENTA SOBRE MULTAS ADMINISTRATIVAS

MULTAS ADMINISTRATIVAS — COMPETÊNCIA DA JUSTIÇA DO TRABALHO

A Justiça do Trabalho, na forma do art. 114 da CF, é competente para aplicar multas da alçada da autoridade administrativa, quando a violação de norma trabalhista estiver provada nos autos.

Nos dissídios entre empregados e empregadores compreende-se também a competência para aplicação de multas (CLT, art. 652, *d*).

Se é da competência da Justiça do Trabalho decidir sobre o direito trabalhista, é claro que é ela também competente, por natural ilação, para aplicar a multa que derive do direito reconhecido em sua sentença, pois se trata de um dissídio típico entre empregado e empregador, derivado da relação de trabalho. Apenas se diferencia do dissídio comumente decidido num aspecto: em vez de ter uma função ressarcitória, a multa possui finalidade punitiva.

Esta função é, na prática, tão importante quanto a condenação patrimonial, para a garantia do ordenamento trabalhista. Como os mecanismos ressarcitórios são insuficientes, a multa reforça a condenação e ajuda no estabelecimento de um quadro desfavorável ao demandismo, pois a protelação passa a ser um ônus e não uma vantagem para o devedor.

Só assim se extinguirá esta litigiosidade absurda que hoje se cultiva na Justiça do Trabalho, sem dúvida, a maior e a mais cara do mundo. Além do mais, se garantirá o efeito educativo da lei, com a reversão da expectativa que hoje reina no fórum trabalhista: é melhor cumpri-la e pagar o débito, do que empurrá-lo anos afora, pelo caminho tortuoso e demorado dos recursos trabalhistas. Os juros reais e as multas desestimularão o negócio que hoje se pratica, em nome da controvérsia trabalhista e à custa do crédito do trabalhador.

EMENTA SOBRE EXECUÇÃO PROVISÓRIA E LEVANTAMENTO DE DEPÓSITO ATÉ 60 SALÁRIOS MÍNIMOS, SEM QUALQUER TIPO DE CAUÇÃO

1 — O artigo 475-0, § 2º, I, com redação dada pela Lei n.11.232/95, significou grande evolução no Direito Processual, porque permitiu a prática de atos alienatórios e o levantamento de depósito em dinheiro sem caução, quando se tratar de crédito de natureza alimentar ou proveniente de ato ilícito, até o limite de 60 salários mínimos.

2 — Esta medida, que significa grande evolução do processo em geral é plenamente compatível com o Processo do Trabalho, que não pode se excluir das conquistas da Ciência do Direito, simplesmente por ser especial.

3 — Por isto, é plena a compatibilidade do art. 475-0, § 2º, I, com o Processo do Trabalho, pois facilita e agiliza a execução do crédito trabalhista, de natureza tipicamente alimentar, fruto do trabalho humano, que a Constituição da República colocou como fundamento da República e base da ordem econômica e social — artigos 1º, IV, 170 e 193.

4 — Ao garantir a tempestividade da prestação jurisdicional em tempo razoável, bem como os meios de efetivar sua rápida tramitação — art. 5º, LXXVIII, a Constituição emitiu preceito que se destina não só ao legislador, para criar os meios e revolver os obstáculos à duração razoável dos processos, mas também ao juiz, para concretizar, em qualquer ramo do processo, dispositivos que favoreçam e possibilitem a realização do desejo constitucional, que o aplicador da lei não pode negar nem obstar.

5 — Sendo o Processo do Trabalho o meio por excelência de efetivação dos créditos alimentares, que resultam do trabalho humano, bem constitucional repetidamente prezado nos artigos já citados, é dever do intérprete dotá-lo de todas as conquistas que o moderno direito processual criou para garantir ao cidadão a efetividade de seus direitos, sob pena de ferir o espírito da Constituição e impedir a eficácia de seus preceitos. [115]

EMENTA SOBRE HIPOTECA JUDICIÁRIA

GARANTIA DE EXECUÇÃO — HIPOTECA JUDICIÁRIA — O artigo 466 do CPC determina que "A sentença que condenar o réu no pagamento de uma prestação, consistente em dinheiro ou coisa, valerá como título constitutivo de hipoteca judiciária, cuja inscrição será ordenada pelo juiz na forma prescrita na Lei de Registros Públicos. Parágrafo único: A condenação produz a hipoteca judiciária:

I — embora a condenação seja genérica;

II — pendente arresto de bens do devedor;

III — ainda quando o credor possa promover a execução provisória da sentença."

Portanto, havendo condenação em prestação de dinheiro ou coisa, automaticamente se constitui o título da hipoteca judiciária, que incidirá sobre os bens do devedor, correspondentes ao valor da condenação, gerando o direito real de sequela, até seu pagamento. A hipoteca judiciária é de ordem pública, independe de requerimento da parte e visa garantir o cumprimento das decisões judiciais, impedindo o desbaratamento dos bens do réu, em prejuízo da futura execução. Ao Juiz cabe envidar esforços para que as decisões sejam cumpridas, pois, a realização concreta dos comandos judiciais é uma das principais tarefas do Estado Democrático de Direito, sendo responsabilidade do juiz de qualquer grau determiná-la, em nome do princípio da legalidade.

Para o cumprimento da determinação legal, o juiz oficiará os cartórios de registro de imóveis. Onde se encontrar imóveis registrados em nome da reclamada, sobre eles deverá incidir, até o valor da execução, a hipoteca judiciária.

Vê-se que a conciliação não pode ficar restrita à boa vontade das partes. Por este meio, jamais será plena e ampla. O exemplo está na conciliação trabalhista, muito menor do que a dos juizados especiais cíveis.

---

(115) Para detalhes, ver ÁLVARES DA SILVA, Antônio. *Execução provisória trabalhista depois da reforma do CPC*. São Paulo: LTr, 2007. Todo o livro se constitui do estudo do art. 475-O do CPC e sua aplicação ao Processo do Trabalho.

É preciso que haja meios de constrição imediata, caso a parte não queira conciliar, exatamente por supor que terá mais vantagens na protelação do que na conciliação.

Enquanto predominar esta situação, jamais teremos conciliação no nível desejado.

O recurso, nos juizados, é para a câmara dos próprios juízes de primeiro grau e é julgado imediatamente, sem burocracia. A parte sabe que não tem vantagem com a protelação. Por isto, concilia.

Já na Justiça do Trabalho, sabedora de que o processo dura algum tempo em alguns tribunais de segundo grau e, na certa, quatro anos no TST, o recurso torna-se vantajoso e a conciliação fica difícil.

Os meios acima apontados podem mudar este quadro. Basta que sejam aplicados. Enquanto não revertermos a expectativa de que a conciliação é vantagem para o empregador e prejuízo para o empregado, não chegaremos a nenhum resultado útil.

A conclusão de todas estas reflexões é que a conciliação já passou da fase das semanas comemorativas e deve amadurecer-se numa série de medidas que importam em mudanças legislativas do Congresso e na mentalidade dos magistrados.

Não se há de confundir acesso ao Judiciário com demandismo impune. Quem perde fica objetivamente sujeito a multas e ressarcimentos.

É um arrematado absurdo que o empregador, além de sonegar o crédito trabalhista, ainda lucre com a sonegação.

Portanto, em vez de frases e comemorações chegou a hora da ação.

Conciliar é de fato "legal" e é sem dúvida nossa missão. Mas também é nossa tarefa julgar com rapidez e segurança, reformar o processo, exigir que as instâncias superiores se modernizem e decidam sem retardo.

A conciliação não pode ser apenas um apelo expresso em frases e jargões. Deve ser uma opção lúcida de quem, devendo o cumprimento de uma obrigação, saiba que não é mais vantagem protelá-la.

Então conciliar será mesmo nossa missão. E as partes vão desejá-la como solução natural de controvérsias, pois a demanda pode custar caro a quem perder.

No dia em que fizermos a autêntica reforma do Judiciário, que aliás precisa de poucas, mas acertadas medidas, não necessitaremos mais de semanas comemorativas da conciliação, nem de frases para mostrar seus efeitos. Ela será naturalmente procurada como caminho mais fácil e eficiente de resolver controvérsias humanas.

INFORMATIZAÇÃO DO PROCESSO

Realidade ou utopia?

1. INTRODUÇÃO

O Direito se constitui preponderantemente de normas, que prescrevem a conduta humana por elas desejada. Dizemos "predominantemente" porque, além de normas, há ainda os princípios e os costumes. Porém este complemento não muda a natureza da afirmativa.

Os princípios, quando evocados, atuam normativamente integrando a própria norma. E os costumes já são normas, embora não escritas.

O Direito é sempre maior do que as leis e do que o ordenamento jurídico de que fazem parte. O próprio *Horácio*, quando compôs sua primeira sátira, em torno do ano 714 da história de Roma, referiu-se ao direito e às leis — *juslegesque* —, o que mereceu de *Antônio Luís de Seabra*, tradutor de *Horário*, esta observação:

> Entre o Direito e leis há uma diferença óbvia, natural e importante. A ciência do Direito é diferente da ciência das leis, que não são mais do que a aplicação do Direito a uma determinada sociedade. O Direito estabelece as relações gerais dos homens e das sociedades: as leis determinam o que se deve praticar ou omitir em consequência dessas relações. O Direito é permanente e invariável; as leis são várias e mutáveis. O Direito é universal; as leis são particulares. [116]

Nesta passagem de cerca de 20 séculos, vê-se que o Direito é gênero, as leis são espécies; o Direito estabelece relações gerais, as leis determinam o que se deve praticar concretamente nestas relações gerais; o Direito é permanente e invariável, as leis são mutáveis e passageiras. O Direito é universal e as leis são particulares. Enfim: o Direito, como gênero, é mais do que as leis que o compõem.

Conhecer é um ato da razão sobre si mesma. A razão, enquanto meio, atua sobre ela mesma enquanto fim, gerando o dado do conhecimento. Conhecer é antes de tudo colocar a razão a serviço de si mesma, como meio operativo de se atingir o conhecimento que, indo além das evidências, releva a coisa em sua realidade. [117]

As normas jurídicas, em sentido lato, quando postas como objeto do conhecimento, podem ser vistas sob três dimensões: [118]

a) Se as analisamos sob o aspecto de seu conteúdo, para saber se são justas ou injustas, e sob seu fim, para verificar se efetivamente contribuem para a concretização do valor "justiça", submetemo-las à análise filosófica, porque perquirimos

---

(116) FLACO, Quinto Horácio. *Sátiras*. Tradução de Antônio Luís Seabra. Rio de Janeiro: Simões, 1952. p. 113.
(117) LUZ, José Luís Brandão da. *Introdução à epistemologia* — Conhecimento, verdade e história. Lisboa: Casa da Moeda, 2002. p. 9.
(118) LOSANO, Mario G. *Curso de informática jurídica*. Madrid: Tecnos, 1987. p. 23.

sobre seu objetivo último. Na síntese de *Arthur Kaufmann*, Filosofia do Direito é a "doutrina da justiça": *Die Lehre der Gerechtigkeit*.[119]

Mas, ao colocarmos as perguntas sobre o fim do direito, inúmeras questões ressurgem, desafiando, como toda pergunta filosófica, respostas difíceis e reflexivas: o direito é uma entidade autônoma, um processo, um conjunto de processos ou um fenômeno social? A legalidade é um modo de pensar ou a capacidade de prever o resultado de ações judiciais? Mas então o justo é obra do juiz ou de uma composição de valores que estão acima dos fatos e controvérsias concretas?[120]

A Filosofia do Direito é parte da Filosofia geral e se filosofar, concepção de *Jaspers*, é *um alle Wirklichkeiten zu kümmer, sie ursprünglich kennenlernen* (voltar-se para todas as formas da realidade e conhecê-las pelas origens) [121], tanto a Filosofia geral como a Filosofia do Direito não têm tarefas conclusivas sobre nada. Estão em permanente diálogo com as coisas para sabê-las em sua origem, numa interminável reflexão e permanente aprofundamento.

Deste método ou, pelo menos, desta pretensão de conhecer pelos fundamentos (*ursprüglich kennenlernnen*) é que nasce a verdade possível dos filósofos e pensadores: um revolver sobre tudo sem nada concluir. Porém é certo que, destas conclusões provisórias, nasce a seiva viva das ideias que iluminam as ciências do espírito e as transformam em fundamento de todas as realizações humanas.

Por isto é que a Filosofia do Direito, como instância crítica do direito posto, exerce um importante e indispensável papel, pois tudo que existe deve ser colocado em permanente instabilidade pela crítica, exatamente para que, na estabilidade que as fazem permanecer, haja sempre um flanco aberto para receber as ideias que as façam mudar.

Hans Ryffel fala de uma sociedade estática — *statische Gesellschaft* — que existiu da Idade Média até a Revolução Industrial, e de uma sociedade dinâmica — *dynamische Gesellschaft* — que se instalou no mundo a partir daí, em permanente mudança em razão do industrialismo. A sociedade agrária, estável e hierarquizada, cedeu lugar a uma sociedade variada, instável, cheia de novidades e contradições, que foi resultado das conquistas políticas da Revolução Francesa.[122]

A partir daí tornou-se intensa, necessária e incansável a atividade da Filosofia do Direito para detectar estes novos elementos e torná-los objeto de normas justas.

b) Se as consideramos como realidade em si mesmas, desvendamos sua ontologia: quando nascem, desenvolvem e se retiram da existência jurídica. Qual a classificação que têm perante si mesmas e os outros objetos do conhecimento. Qual a técnica para determinar seu conteúdo? Quais os meios de sua aplicação?

Enfim, a norma concreta e situada, nos múltiplos aspectos de sua ontologia e nos variados matizes de sua existência. Temos então a Teoria Geral do Direito, que coincide, com pouca diferença, com a Teoria Geral da Norma.

---

(119) KAUFMANN, Arthur. *Rechtsphilosophie*. München: C.H. Beck, 1997. p. 7.
(120) MORRISON, Wayne. *Filosofia do direito*. São Paulo: Martins Fontes, 2006. p. 2.
(121) JARSPER, Kar. *Was ist philosophie*. München: Piper & Co Verlag,1976. p. 26.
(122) RYFFEL, Hans. *Rechtssociologie*. Neuwied: Luchterhand, 1974. p. 18.

Enquanto a TGE cuida do direito objetivo e existente, a Filosofia do Direito o analisa em seu aspecto transcendente.

Toda teoria é uma visão especulativa e racional da realidade, da qual se formula uma visão abrangente e geral. As "teorias" dos diferentes ramos científicos são visões que se obtêm da realidade examinada em conjunto. Neste sentido se opõe à práxis, para designar o conhecimento puro, ou seja, dirigido à coisa em si, enquanto a práxis busca o conhecimento exterior.[123]

c) finalmente, a norma pode ser analisada sob o aspecto de sua realidade fática.

Toda norma tem um conteúdo ligado à realidade social. Não existe por si mesma. Atua dentro e nunca fora da vida de onde provém e para onde retorna como comando. Aqui a norma é considerada como fato e se torna objeto da sociologia jurídica.

Assim como a Filosofia do Direito é parte da Filosofia geral, a Sociologia do Direito é parte da Sociologia, aqui considerada como ciência das formas e estados sociais.[124]

Se, para o sociólogo, o Direito é, antes de tudo, um fenômeno social, para a Sociologia Jurídica este fato passa a ter um tratamento jurídico, que permita vê-lo em sua realidade, enquanto fenômeno concreto, emergente das relações sociais e fundante das relações jurídicas.

No espaço entre as duas Guerras Mundiais, as pesquisas empíricas desenvolveram-se intensamente no mundo, principalmente nos Estados Unidos.

Problemas novos surgiram, exigindo solução: urbanismo, grandes cidades, doenças, imigrações, organizações sociais, guerra fria, Medicina e Engenharia.

Isto sem falar nas questões políticas, que também exigiam novas formas de organização. A democracia ocidental tinha que dar resposta ao comunismo soviético em expansão. Surgiram então as democracias sociais, como meio de distribuição de rendas e benefícios e, depois, a ideia da terceira via que teria por objeto "adaptar a social democracia a um mundo que se transformou fundamentalmente ao longo das duas ou três últimas décadas".[125]

A guerra trouxe um grande implemento à ciência em razão de pesquisas militares que depois foram transformadas para fins pacíficos. A ciência foi chamada para resolver problemas sociais que assolavam o homem moderno, requerendo resposta às grandes questões sociais.

Ao contrário da Sociologia européia, presa a uma perspectiva marcadamente histórica e metodológica, nasce uma nova visão baseada no procedimento empírico, nos dados concretos da realidade, rente aos novos problemas trazidos pela vida social no pós-moderno.[126]

A palavra "pesquisa" passou a ser o signo indicativo da ação da nova Sociologia que, abandonando o lado metodológico, histórico e filosófico, voltou os olhos para a realidade da vida, com seus inúmeros problemas, criados pelas novas relações sociais.

---

(123) BRUGER, Walter. *Dicionário de filosofia*. São Paulo: Herder, 1962. p. 520.
(124) BRUGER, W., *op. cit.*, p. 495.
(125) GIDDENS, Anthony. *A terceira via*. Rio de Janeiro: Record, 2000. p. 36.
(126) TREVESM, Renato. *Sociologia do Direito*. São Paulo: Manole, 2004. p. 195.

A postura meramente reflexiva foi substituída por uma atitude científica e analista que, decompondo os fatos, examinava-os em seu conteúdo científico, para depois categorizá-los nas ciências práticas.

Nasceu então a Sociologia do Direito com diversas designações, tais como "Sociologia empírica do Direito e da Ciência do Direito"[127], Sociologia no Direito ou microssociologia, que abriu para a norma um campo além da formalidade para, através dele, introduzir a realidade nos domínios da norma.

O fato foi reconhecido até mesmo por pensadores formalistas como *Hans Kelsen*. Ele anota que o jurista vê o fato somente através da norma. Retirando-se esta há o fato em sua realidade, sem o instrumento que o leva ao mundo jurídico. Então teríamos o fato em si. Dele cuidaria a Sociologia do Direito.[128]

É verdade que não é fácil distinguir o "fato jurídico" que será objeto da Sociologia Jurídica, dos fatos sociais, objeto da Sociologia, pois os fatos sociais são únicos e não oferecem em si mesmos esta distinção.

Mas o jurista, com metodologia própria, tem possibilidade de distinguir os fatos de consequências jurídicas mais comuns, através do tempo: posse, propriedade, família, trabalho, etc., e outros fatos que, embora importantes, são destituídos dos atributos que podem elevá-los a conteúdo de norma.

Porém é preciso deixar claro que todo fato social pode se transformar em jurídico e é difícil encontrar uma categoria de fatos que não tenha alguns de seus aspectos acolhidos por normas.

Mas a Sociologia Jurídica serve, pelo menos, para despertar no legislador a necessidade de juridicizar certos fatos, por sua importância e significado. Ela descobre, a norma capta e a Ciência do Direito o assimila.

Destas primeiras reflexões, podemos deduzir que o Direito é objeto de três influências, com as quais se prepara para o exercício de sua função social de regular a vida em sociedade.

A Filosofia do Direito, pela qual se pratica "o ensinamento da justiça" – *die Lehre der Gerechtigkeit*, para usar a expressão de *Kaufmann*. Nela se debatem a finalidade das normas e sua função na sociedade.

Depois, pela Teoria Geral do Direito, a norma é explicada em seus elementos ônticos e formadores. Faz-se uma análise imanente de seu recurso ao exterior. Se, na Filosofia do Direito, se pratica o ensinamento da justiça, aqui se faz o ensinamento da norma — *die Lehre des Gesetzes*.

Finalmente, pela Sociologia do Direito, o ensinamento se localiza nos fatos, que servem de fundamento às normas. Do mesmo modo que, retirando-se as normas o Direito se identifica com os fatos sociais, também pela normatização, estes se transformam em jurídicos, transformando-se em conteúdo do Direito.

Estes três elementos são reciprocamente explicativos e integrativos. Os fatos não podem ser pensados juridicamente sem as normas, nem as normas podem

---

(127) TREVESM, R., *op. cit.,* p. 209.
(128) Sobre o problema, ver KELSEN, Hans. *Teoria geral do direito e do Estado.* São Paulo: Martins Fontes,1990. p. 165 e ss.

existir e ser pensadas sem os fatos. Fatos e normas não completariam seus objetivos, se não houvesse uma instância legitimadora e explicativa de suas funções.

Do fato, passa-se à norma. Juridiciza-se o fato que se transforma em lei, ou seja, a norma dotada de sanção.

A norma se legitima pela busca da justiça, portanto, torna-se um aspecto da Filosofia Jurídica que, por sua vez, não pode satisfazer-se apenas com as reflexões sobre a justiça em abstrato. Não lhe basta perguntar apenas o que é a justiça. É preciso perguntar também como se faz a justiça.

E aqui o filósofo desce à análise das normas que, como estrutura autônoma, passa à consideração da Teoria Geral do Direito.

Como as normas não são realidades abstratas, mas se compõem de fatos, chega-se à realidade da vida. E aqui se recomeça o caminho novamente, pois a cada instante da vida social há um fato novo, que é objeto de uma nova norma, que passa pela legitimidade da Filosofia do Direito.

Neste círculo virtuoso, se realiza o Direito como meio de organizar a conduta humana.

Em síntese, pelo fato se dá conteúdo à norma que por sua vez juridiciza o fato. Pela Filosofia do Direito, legitima-se o Direito pelo objetivo superior que garante finalidade à sua existência — a Justiça.

Estes três setores que caracterizam o Direito enquanto instituição, se abrem às influências do mundo pós-moderno, recebendo dele a seiva das profundas modificações que se verificam na sociedade moderna.

Como será a Justiça no mundo pós-moderno, que apresenta o homem como entidade universal, além de fronteiras e sem as especificidades do homem-nação ou do homem-Estado, com que sempre foi caracterizado? Como será a Justiça neste imponderável mundo de forças diversificadas?

Do ponto de vista da Teoria Geral do Estado, depois de passar pelas influências do estruturalismo, das modernas teorias da linguagem e da lógica formal e deôntica, chega-se aos limites da nova ciência da computação.

Esta evolução se deve aos intensos acontecimentos vividos pela época moderna, em todos os setores do conhecimento humano e do extraodinário progresso das ciências físico-matemáticas, biológicas e humanas, que tornou impossível ao jurista acompanhar e coordenar esta diversidade tão rica, para transformá-la em objeto de normas jurídicas.

Assim como a máquina a vapor e depois todo o desenvolvimento tecnológico posterior pouparam o homem do esforço físico, também se fez necessário um novo instrumento que permitisse ao homem projetar atos repetitivos em um programa que, controlado por um processador, economizasse também o esforço repetitivo, já aqui não da força física, mas da força mental.[129]

Em vez de controlar manualmente os infindáveis atos do processo produtivo e criador de uma grande indústria, com perda de tempo e eficiência, seria muito mais lógi-

---

(129) LOSANO, Mário, *op. cit.*, p. 30. Como salienta este autor, "Ordenador é uma máquina para tratar informações segundo leis lógicas".

co criar um modelo ou estrutura com a identificação dos movimentos em processos lógicos e sucessivos, depois de relegá-los a um processador que controlasse sua execução.

Este processador é uma máquina capaz de transformar símbolos em informação, a qual pode ser ampliada em novos símbolos que, por sua vez, geram nova informação. Forma-se assim a infinita cadeia das possibilidades do conhecimento humano, agora redimensionado por meio de um novo e poderoso instrumento — o computador.

O mundo ocidental, como salienta *Losano* em bela passagem, consiste na busca de permanente ordenação do mundo, por meio de diferentes sistemas. Desde os gregos, a preocupação da cultura ocidental esteve no conhecer e no saber.

Não foi menor o interesse dos romanos que, do saber teórico dos gregos, passaram ao saber prático, guiado pelas necessidades novas, geradas pelas conquistas e constituição do império, que dominou, além da península itálica, a Ásia e a África.

Esta tendência, embora mais arrefecida na Idade Média, retomou seu impulso nos tempos modernos e assumiu proporções geométricas nos dias atuais.

A tendência do homem ao conhecimento é inata, porque lhe dá os instrumentos para dominar a natureza e para falar uma linguagem universal. O saber das ciências físicas, químicas e biológicas é o mesmo em qualquer lugar e, por meio dele, o homem fala uma linguagem universal. Como salienta *Wartofsky*,

> El científico, además, disfruta del raro privilegio de utilizar su propia mente al practicar el excelso y solitario arte de pensar por sí mismo. Sin embargo, pertenece a una comunidad universal que habla un lenguaje universal: se encuentra como en su casa en Boston, Tokio, Moscú, Estocolmo, Pekín, Buenos Aires, Nueva Delhi o Dakar.[130]

A necessidade de sistematizar este vasto campo do saber humano, coordená-lo em seus vários significados e organizá-lo individualmente, gerou a necessidade de uma ciência nova a que se deu o nome de cibernética.[131] Esta, na concisa definição de *Epstein*, "é a arte de governar a ação eficaz". [132]

O que há em toda ciência é uma interação de dados, informações, inter-relações, causalidades, entrada, elaboração e saída de dados em forma de conhecimento. A cibernética tenta descobrir a sequência em que estes dados e materiais se desenvolvem, comparando-os entre si.

Seu primeiro impulso se deu nas ciências físicas, químicas e biológicas, que apresentam sequências naturais de acontecimentos que se colocam para a ciência como dados susceptíveis de esclarecimentos.

Como se desenvolvem as células cancerosas? Qual o procedimento seguido? E as que constituem o DNA das pessoas? Como se regulam os sistemas

---

(130) WARTOFSKY, Marx W. *Introducción a la filosofía de la ciencia*. Madrid: Alianza Editorial, 1973. v.1. p. 17. Se não obtivemos esta universalização das ciências humanas, pelo menos já chegamos a um alto estágio de desenvolvimento com os valores, hoje universais, dos direitos humanos.
(131) O nome provém do grego *kuberneikké* — o que governa.
(132) EPSTEIN, Isaac. *Cibernética*. São Paulo: Ática, 1986. p. 10.

interplanetários? Como se dá a expansão da energia e a perda de sua força, quando não renovada?

Salienta *Jacques Monod* que "temos as provas mais evidentes da extrema eficácia da maquinaria química dos seres vivos, dos mais simples aos mais complexos.[133] Qual a sequência e a causalidade desta eficiência? Quais os princípios que a guiam?

E as complexas e misteriosas ligações do sistema nervoso com o cérebro?

Perguntas não faltam. Compete à cibernética esclarecer estes sistemas e estabelecer entre eles um nexo de causalidade, fazer comparações e estabelecer pontos comuns.

Por isto é que se pode definir cibernética como *"'the art of steering' to evoke the rich interaction of goals, predictions, actions, feedback, and response in systems of all kinds..."*[134]

Se um dia formos capazes de explicar esta *rich interaction* de propósitos, predições, ações, retroalimentação todos os sistemas, teremos a explicação do universo.

Sabe-se que este objetivo é inatingível, a não ser que se descubra um princípio ao qual se possa reduzir as forças e relações do universo. Até lá, tudo que fazemos é criar interações de consequências com causas e efeitos estabelecidos previamente. Se são mudados, mudam-se também as consequências. E é assim que se descobrem os erros ou se promove o desenvolvimento da ciência [135] pois, como salienta *Bertrand Russel*,

> Ciência é, em primeiro lugar, conhecimento, mas não um conhecimento qualquer e sim um conhecimento que procura determinar as leis gerais, capazes de relacionar, uns com outros, numerosos fatos particulares.[136]

2. CIBERNÉTICA E DIREITO

Cibernética é, pois, a ciência da comunicação e da regulação.[137]

A explicação dos diferentes sistemas, colocando-os numa ordem racional, é o objeto da cibernética.

Todo estado de coisas é uma "ordem" constituída da matéria que lhe dá existência, pois o existir consiste na assunção de um lugar no universo, seja concreto ou ideal, isto é, concebido pela matéria ou pela inteligência humana.

---

(133) MONOD, Jacques. *Acaso e necessidade*. Petrópolis: Vozes, 1971. p. 72.
(134) Disponível em: <http://pangaro.com/published/cyber-macmillan.html>.
(135) Se a origem de uma doença é a degeneração de células e, mais tarde, descobre-se que se deve à insuficiência circulatória, outra relação causa-efeito se estabeleceu, corrigindo-se o erro. Se uma doença é devida à degeneração das células, que é combatida apenas insuficientemente com determinado tipo de antibiótico, temos a cura provisória. Se se descobre um meio de combater a doença de modo definitivo e eficaz, outro sistema de causalidade se estabelece, aperfeiçoando o anterior. E assim sucessivamente. Não há leis definitivas nas ciências físico-químicas e biológicas. Mais relativos ainda são os princípios e relações em que se assentam as ciências humanas, o que não impede de classificá-las como ciência, embora com a relativização do conceito, quando comparado com as ciências exatas, que também não são exatas, no rigor do termo.
(136) RUSSEL, Bertrand. *A perspectiva científica*. São Paulo: Companhia Editora Nacional, 1962. p. 12.
(137) KLUG, Ulrich. *Lógica jurídica*. Colômbia: Themis,1998. p. 244, de que retiramos muitas das informações aqui relacionadas.

Porém as coisas não existem isoladamente. Há entre elas uma cadeia infinita de relações, que o homem vai descobrindo ao longo da história pelo progresso das ciências pois conhecer cientificamente é descobrir causas e relações.

Este relacionamento entre coisas não está nelas em si mesmas, mas no espírito do ser humano, que as classifica segundo um critério ordenador. A rede de causalidade pode variar, evoluir e até mesmo negar os fatores em que se baseou inicialmente, se a resultado diverso chegar a ciência num momento posterior. Nada há de estático no conhecimento humano, cuja tendência é abranger e dominar todo o sistema de causalidades do universo. Não se sabe se isto será possível um dia, mas o esforço para atingi-lo será sempre um ideal da humanidade.

Como bem assinala *Rom Harré*, apoiado em *Spencer*, o progresso da ciência caminha da "relativamente indefinida homogeneidade incoerente para a relativamente definida heterogeneidade coerente",[138] ou seja, tudo caminha numa relativa definição (ou indefinição, o que vem a dar na mesma) de homogeneidade e heterogeneidade dos dados científicos. Nem a verdade total, nem o desconhecimento pleno, mas uma evolução precisa, dotada de certa imprecisão.

Ordenar os dados das ciências, regulá-los e dispô-los em ordem é o objeto da cibernética. Um objetivo difícil mas necessário, pois o homem só pode servir-se do material científico quando disposto em forma de acesso possível e seguro por parte de quem vai utilizá-lo.

O nome foi criado por *Norbert Wiener*, que o tomou de empréstimo do grego χυβερνετεζ que corresponde ao latim *gubernator*, governador, o que governa ou dirige. Wiener deu-lhe a seguinte definição:

> *Das Studium von Nachrichten und insbesondere von Regelungsnachrichten ist der Gegenstand einer Wissenschaft, für die ich in einem früheren Buche den Namen Kybernetik eingeführt habe.* [O estudo da informação, principalmente da informação sujeita a regras constitui o objeto de uma ciência, para a qual criei o nome de *Kybernetik*, em livro anteriormente escrito.] [139]

Este ordenamento se refere às ciências isoladamente, como verdades parciais de um ramo restrito, para depois encaixar-se num sistema mais amplo do conhecimento humano, para o qual conflui a contribuição de todas as ciências, formando o conhecimento científico. Das multiplicidades parciais, caminha-se para o conhecimento geral, que constitui o acervo cultural e científico da humanidade, num determinado ponto de sua existência temporal.

Como todo conhecimento científico está em permanente dinâmica e em eterno movimento, este ponto é ideal e figurativo. Sua existência é apenas suposta, pois toda evolução consiste em destruir forças e recriar outras, numa eterna corrente, cuja duração se baseia na efêmera duração de seus elos.

---

(138) HARRÉ, Rom *et alli*. *O homem e a ciência*. Problemas da revolução científica. Belo Horizonte: Itatiaia, 2000. p. 15.
(139) WIENER, Norbert. *Mensch und Menschmachine* — Kybernetik und Gesellschaft. (O homem e o homem-máquina, cibernética e sociedade). Frankfurt: Athenäum, 1966. p. 20.

Todo ente externo, objeto de nosso conhecimento, pode ser acrescido de dados novos a que se dá o nome de informação. A ciência é a grande mola propulsora da informação, cujo conteúdo é sempre uma forma de conhecimento, superposto ao que já existe. Mesmo quando se reconhece o erro anterior, formulando-se nova causalidade, o erro passado é fonte propulsora da verdade atual.

Quando a informação se submete a conceitos matemáticos para expressá-la em termos constantes e previsíveis, diminuindo-lhes a entropia, temos então a informação reguladora, objeto da cibernética.

Apesar de toda regra expressar-se em linguagem normativa, colocando-a no universo semântico do dever ser, que se constitui necessariamente de uma proibição, determinação ou permissão, a linguagem matemática, própria das ciências físico--químicas e naturais, dá-lhe ainda mais exatidão, porque permite que o conteúdo da regra se expresse em números e grandezas.

Para avaliar o grau de desordem, criou-se a grandeza termodinâmica a que se deu o nome de entropia.

Se os átomos de uma substância estão dispostos em um conjunto tido como ideal e considerando zero (O) o ponto de referência, quanto maior a temperatura da matéria, maior será sua entropia, a qual descerá na mesma proporção negativamente: quanto menor a temperatura, menor a entropia.

O estado gasoso é mais entrópico do que o líquido e este mais entrópico do que o sólido.

O conceito foi transladado às ciências sociais, para indicar o equilíbrio e a variabilidade dos diferentes sistemas que constituem a sociedade humana.

Para o homem, não basta a natureza e as coisas como são. Tem a necessidade de ordená-las segundo critérios valorativos, por meio dos quais se manifestam seus interesses. Desde o papel e os objetos desordenados de seu gabinete de trabalho ou seu quarto de dormir, até os complexos atos de comportamentos humanos, tudo precisa ser quantificado até onde é possível por um ordenador expresso em valores, para vencer a permanente entropia contrária à dominação da natureza pelo homem.

Nas ciências humanas, que são constituídas de valores com tendência sempre finalística, para atenderem às construções e necessidades humanas (tudo que o homem faz visa a satisfazer suas necessidades) [140], reina um nível alto de entropia, pois as necessidades humanas e as formas pelas quais se manifestam não são previsíveis nem matematicamente avaliáveis.

Para evitar a desordem ou a entropia, o homem cria sistemas que se estruturam em círculos concêntricos, uns em relação aos outros. Alimentam-se pela informação, fazendo um equilíbrio entre os ingressos e egressos (*input* e *output*).

A análise da História humana não é uma sequência lógica de valores realizados, mas uma sequência de fatos que o autor valoriza e sistematiza *a posteriori*.

Não obstante este grau de entropia, há nas ciências humanas aspectos que são repetitivos e acontecimentos que se tornam mensuráveis. A Ciência do Direito é

---

(140) MACHADO NETO, A. L. *Problemas filosóficos das ciências humanas*. Brasília: Universidade de Brasília, 1966. p. 42.

um exemplo. Nela há jurisprudência cristalizada, que se aplica uniformemente perante certas situações fáticas.

Por outro lado, há fatos concretos, sempre valorizados de uma só forma, e consequências jurídicas padronizadas de um acontecimento social: indenização e FGTS quando há dispensa, justas causas enumeradas na lei que autorizam a dispensa sem direitos, obrigação de indenizar em razão da prática de ato ilícito, e assim por diante.

Pode-se falar, portanto, de atos mecânicos, ou rotina lógica, que se sujeitam a uma organização cibernética e, consequentemente, podem ser objeto de um programa submetido a um computador, porque se trata de regulação ordenada e repetida de certas situações críticas.[141]

Por esta razão, pensou-se na aplicação à Ciência do Direito dos recursos eletrônicos e informáticos, construindo-se um programa que pudesse correr por intermédio dos computadores.[142]

Esta informática jurídica foi pensada para satisfazer a três necessidades da Ciência do Direito: a documental, a de gestão e a decisória, cada uma com suas regras próprias e finalidades específicas.

A informática documental (ID) tem por objeto o armazenamento de dados, documentos, textos de leis, casos decididos e outros instrumentos úteis à dinâmica e aplicação do Direito, classificados segundo critérios fixos que permitam sua rápida e imediata recuperação.[143]

A informática de gestão ou gerencial tem por finalidade administrar com eficiência os meios ou objetos instrumentais de que se serve o Direito para aplicar--se com eficiência. Incluem-se aqui os cartórios e os serviços judiciários em geral, tal como hoje se organizam nos órgãos de primeiro, segundo e terceiro graus.

A organização destes atos, devidamente formalizados e "modelizados", permite dispô-los em sistemas e submetê-los aos princípios de uma cibernética jurídica, que decididamente contribui para seu aperfeiçoamento lógico e funcional.

A procedimentalização automática destes expedientes (despachos e outros semelhantes) permite o curso mais livre do processo, dele retirando o chamado "tempo morto", dedicado exclusivamente à burocracia e aos auxiliares do juízo.

Dentro da informática de gestão, se localiza o importante capítulo da informatização do processo, que será discutida mais adiante.

Finalmente, a informática decisória. Aqui o sistema exerce uma função tipicamente de informática jurídica.

As decisões jurídicas, com o tempo, se transformam inevitavelmente em atos repetidos e repetitivos. A "entropia dos fatos" tem um limite quando vistos pela perspectiva jurídica.

A lei é uma descrição da realidade. A ela se refere em linguagem normativa, captando os fatos importantes para a Ciência do Direito. Ao transpô-los para a linguagem normativa, sofrem as leis da imprecisão da linguagem humana.

---

(141) KLUG, Ulrich, *op. cit.*, p. 244.
(142) GUIBOURG. *Manual de informática jurídica*. Buenos Aires: Astrea, 1996. p. 9.
(143) GUIBOURG, *op. cit.*, p. 111.

Toda lei contém um certo grau de inexatidão — *"Schon die Spreache, deren sich das Gesetz bedient, ist unscharf."* — A linguagem de que a lei se serve é imprecisa.⁽¹⁴⁴⁾ E *Norbert Wiener* já dizia que *"Daher ist es die erste Pflicht des Gesetzes, dafür zu sorgen, daß die den einzelnen in einer bestimmten Lage gegebenen Rechte und Pflichten unzweideutig sind."* [Por isto, a primeira obrigação da lei é esforçar-se para que os direitos e deveres concedidos às pessoas numa certa situação sejam precisos e claros].⁽¹⁴⁵⁾

Para suprimir esta "zona de indeterminação" (*Unschärfezone*) utiliza-se o intérprete da hermenêutica jurídica, que pode no máximo reduzir, mas nunca extinguir completamente, a incerteza da linguagem legal. Em nenhuma hipótese, a linguagem humana pode ser elevada a um grau máximo de precisão.

Como diz o filólogo e linguista *Gladstone Chaves de Mello*, "Daí — por ser a língua expressão não já do pensamento senão do homem todo — palpitarem nela todas as oscilações, todas as ondulações, todas as cintilações e todas as capitulações do sujeito falante, ou emissor, como hoje se vai eletronicamente preferindo dizer".⁽¹⁴⁶⁾

Se a linguagem é expressão "do homem todo", com suas grandezas e contradições existenciais, é natural que ela, proveniente de um ser ambíguo e contraditório, também tenha um certo grau de contradição e ambiguidade.

Mas é bom e necessário que assim seja. Uma certa imprecisão de linguagem existe e existirá sempre, pois é graças a ela que se obtém a flexibilidade e o recurso estilístico para a expressão sempre renovada de ideias e pensamentos.

Se a linguagem humana tivesse estrutura rígida e imaleável, jamais ofereceria aos escritores a matéria-prima da arte da palavra. A arte sempre precisa de um espaço em branco, que o artista povoa com seu talento. Com a linguagem humana não poderia ser diferente.

Se a língua para fins artísticos é pessoal e própria do escritor, variando em matizes e significados, já para o cientista a língua é meio de transmissão do pensamento exato. Por isto, se fala de uma linguagem de segunda categoria, objetiva, despida de colorido, próxima do significado e em contato direito com o pensamento.

Para o Direito, este tipo de linguagem é essencial para que o legislador se expresse, no dizer de *Norbert Wiener*, com aquele mínimo de certeza e exatidão, para que o destinatário da norma possa agir de acordo com o comando nela manifestado.

Para este fim, a Ciência do Direito se serve de instrumentos próprios, dentre os quais se destacam a linguagem técnica de significado convencionado, a jurisprudência uniforme, a interpretação e a atividade diária e quase sempre repetida dos tribunais.

Estes meios permitem corrigir até certo ponto a "vaguidade" e a imprecisão das leis, dotando-as de certa ordem, com aproximada previsibilidade de decisões, diminuindo as incertezas e aumentando a segurança das sentenças.

---

(144) ZIPPELIUS, Reinhold. *Das Wesen des Rechts*. München: C.H. Beck, 1973. p. 162.
(145) *Ibidem*, p. 104.
(146) MELLO, Gladstone Chaves de. *Ensaio de estilística da língua portuguesa*. Rio de Janeiro: Padrão, 1976. p. 15.

Há assim a possibilidade de construção de um sistema, embora relativo, de questões, perguntas, enfim, de um diálogo, entre o jurista e o computador. Daí poder falar-se numa "rotina lógica" (*Fiedler*), lembrando a afirmativa de *Norbert Wiener*, de que o Direito é comunicação que se manifesta em certa regulação ordenada e repetida de algumas situações. [147]

Se a linguagem é imprecisa, há certa dose de "entropia natural" em seu conteúdo. Porém o uso da linguagem e sua função denotativa sofrem limitações em função do objeto designado.

Se se trata de designar objetos naturais, relações ou coisas comuns a todos os homens de sociedade, a linguagem goza naturalmente de certo grau de precisão.

Porém, quando se trata de expressar criações culturais do homem, que não têm correspondência nos atos normais da vida quotidiana, usa-se da chamada linguagem técnica, ou seja, aquela linguagem artificial, cujo significado se fixa por meio de convenção entre os usuários da ciência que a expressa.

A linguagem humana está a serviço da vida, como assina *Bally*, "mas não da vida de uns poucos, mas da vida de todos e de suas manifestações. Sua função é biológica e social".[148]

Mais adiante, conclui o linguista e estilista francês: "*si el lenguaje no es a creación lógica, es porque la vida, de la cual es expresión, nada tiene que ver con las ideas puras.*"[149]

A função social da linguagem é estabelecer a comunicação humana. Esta comunicação é restrita a situações concretas e tem seus limites.[150] Se, pela perspectiva de abstração, a linguagem se diluísse quando em função de situações concretas, estaria definitivamente impossibilitada a manifestação do pensamento.

As leis e sua aplicação, por meio da interpretação ou das sentenças judiciais, têm um limite de abertura que, uma vez preenchido e esclarecido por estes dois meios, permite certo grau de segurança e certeza. Portanto, podem ser objeto da cibernética que as organiza num sistema operacionável por meio de computador.

O "julgamento por computador" ou a figura do "juiz computador" sofrem grande rejeição dos magistrados. De fato, a "computorização" plena da função de julgar retiraria o elemento humano das decisões e, consequentemente, a dose possível de equidade, compreensão, sentimento e solidariedade que deve haver em todo julgamento.

A tradicional competência do homem para decidir suas questões atravessou séculos e permaneceu até nossos dias. Cedê-la agora às máquinas seria desumanizar o Direito e coisificar a missão do juiz, que seria transformado em juiz-máquina, deixando de ser juiz-homem.

---

(147) KLUG, *op. cit.*, p. 244.
(148) BALLY, Charles. *El lenguage y la vida*. Buenos Aires: Losada, 1967. p. 19.
(149) *Ibidem*, p. 20.
(150) Tais situações concretas, que fazem parte das relações existenciais das pessoas, não impede que se veja a linguagem sob o aspecto de sua abstração, examinando-se seu papel em geral e isolando, num sentido abstrato, as palavras fora de seu contexto, tal como figuram nos dicionários. Mas, mesmo ali, são explicadas em contexto, com exemplos de uso pelos clássicos ou pelo povo. Pode-se então falar de um sentido vivo, concreto ou situação em que a expressão se dá no contexto da sintaxe e não no isolamento do significado abstrato.

A questão, entretanto, como mostra *Guibourg*, [151] é, frequentemente, mal posta e exagerada. Em última análise o homem é que predomina sobre as coisas no mundo da cultura. Não há o risco da rebelião das máquinas contra seu criador, mas sim o mau uso pelo criador da criatura. Ele jamais se deixará superar pelas invenções que criou ao longo da história, embora corra sempre o risco de usá-las indevidamente.

Porém há certos fatos que, por sua natureza repetitiva e pouco criativa, são deixados para as máquinas, para que o homem se ocupe de atividades significativas, dignas de sua inteligência. Neste caso, elas são um complemento natural de sua atividade criativa.

Que seria do homem se tivesse hoje que escrever à mão livros e rotinas? Com sua calculadora de bolso faz operações complexas; com a bússula se orienta; com o automóvel se desloca, e assim por diante. Parodiando *Gasset*, o homem não é apenas ele, mas sim ele e seus objetos. Nem por isto desumanizou-se. Ao contrário, libertou-se do cotidiano para fazer coisas maiores.

Porém, é da natureza do próprio Direito limitar a extensão e o significado das leis por meio da interpretação, até o ponto da sumulação, ou seja, da formulação da interpretação por meio de uma expressão normativa com que se completa a lei. Pode-se falar assim de uma lei sobre a lei, para fixar-lhe o sentido e a direção de seu significado.

A fixação precisa do conteúdo gera a certeza do resultado. Para uma sociedade é útil e até necessário que se fixem premissas conhecidas que levarão a resultados certos. As relações sociais ganharão em segurança e o Direito crescerá no seu papel de pacificador social.

Se é verdade que há enriquecimento da atividade judicante, há também mais segurança e certeza, com pacificação da controvérsia e, para os casos futuros, previsão de julgamento.[152]

Não se pretende criar "autômatas judicias" ou "autômatas legislativos" mas sim utilizar o computador para procedimentos mecânicos, deixando ao juiz tempo livre para julgamentos complexos, estudos e reflexões. Esta atividade já é feita pela delegação que se faz a assessores para a pesquisa e o esboço da estrutura da decisão, ficando o juiz apenas para a conferência e o toque final.[153]

O julgamento por computador de casos repetitivos não é o aviltamento do Judiciário. Pelo contrário, significa sua modernização para fazer parte de uma cultura de massas e globalizada, em que prolifera excesso de dados e de conhecimento de toda espécie.

A decisão deixou de ser um ato individual do juiz para se tornar um trabalho de equipe sob sua chefia. Não há comprometimento da essência nem da segurança. Pelo contrário, é pela via da delegação que tais valores se concretizam.

A função decisória só é possível num universo "modelizado", em que premissas e consequências são precisas e estáveis. É comum afirmar-se que o Direito não

---

(151) *Ibidem*, p. 151.
(152) Sobre o tema, ver ÁLVARES DA SILVA, Antônio. *As súmulas de efeito vinculante e a completude do ordenamento jurídico*. São Paulo: LTr, 2004, principalmente p. 69 e ss.
(153) KLUG, *op. cit.*, p. 225.

atingiria jamais este universo, em razão da variedade permanente das decisões. Mas, na verdade, o que acontece é exatamente o contrário.

A interpretação é o primeiro corte na generalidade, deduzindo-se o sentido real da lei. Interpretar é sempre restringir porque, de um universo maior, se fixa um outro, menor. Quando se fala em precisar o sentido da lei, está-se afirmando que, entre várias possibilidades, chegou-se a uma. Se esta interpretação é considerada definitiva por um tribunal superior, chega-se à súmula que a oficializa.

Esta unidade a que se reduz o Direito em alguns pontos é que se presta à algoritmização e, consequentemente, à decisão informática.

Conforme o esquema de *Guibourg*, a lei define os tipos legais, estabelecendo um universo de propriedades — UP, inerentes ao tipo: quais os requisitos para ser empregado e empregador, quais os fatores da garantia do emprego, quais são os elementos constitutivos da propriedade e da posse, etc.

Depois, paralelamente ao UP, cresce um universo de casos, que dele necessariamente provém UC, o que implica também um possível universo de soluções. Esta é consequência do embate da lei com os fatos.

Porém, ao lidar com o caso, o juiz precisa de soluções concretas, adaptáveis a uma realidade restrita, à espera de uma solução isolada. E aqui começam as restrições que tornam possível a passagem do geral para o particular, do gênero para a espécie.

Quando este ajuste se estabiliza, pela jurisprudência ou, de modo mais profundo, pela sumulação, apura-se o sentido querido pelo legislador, embora no fundo este sentido seja do intérprete. O legislador cria o instrumento. Ao intérprete cumpre afiná-lo. Trata-se de atividades complementares para que a lei (ou, no exemplo dado, o instrumento) cumpra sua finalidade. Veja-se em gráfico:

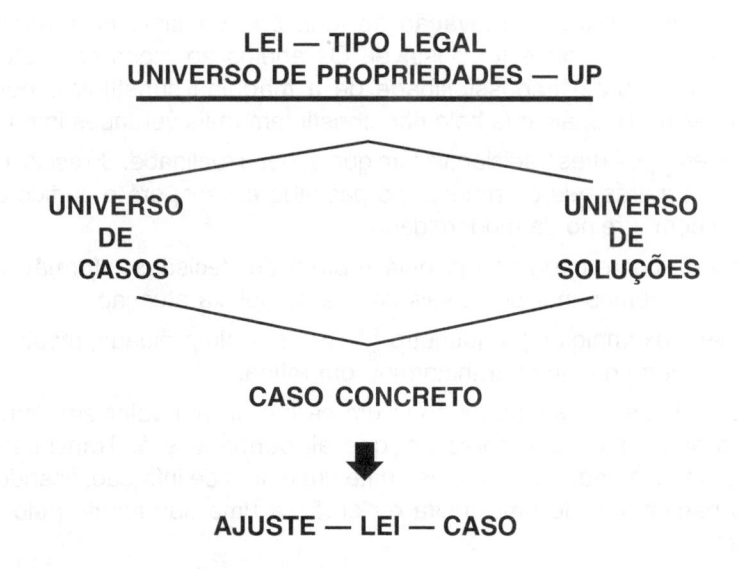

LEI — TIPO LEGAL
UNIVERSO DE PROPRIEDADES — UP

| UNIVERSO DE CASOS | | UNIVERSO DE SOLUÇÕES |

CASO CONCRETO

⬇

AJUSTE — LEI — CASO

Em certos ramos da ciência jurídica, em que predomina a matéria de fato como no Direito Penal, a modelização fica mais complexa. Porém, nesta mesma área, programas podem ajudar nas pesquisas sobre crimes, penas, ocorrência de crimes e contravenções associados a locais e pessoas, etc.

Já em ramos jurídicos, como o Direito do Trabalho e o Tributário, é muito mais fácil estabelecer programas em razão da possibilidade de ordenação do efeito das normas: indenização por acidente de trabalho, por dispensa injusta, FGTS, enfim, expressão monetária de direitos trabalhistas, cobrança de impostos, etc.

Um simples programa poderá estabelecer em poucos segundos o cálculo exato da condenação trabalhista. Basta que se informe ao computador se a dispensa foi com ou sem justa causa, e o salário do reclamante. Uma tela com o rol dos direitos trabalhistas se abre, solicitando que se marque com um x o direito a ser calculado. Logo abaixo virá o resultado.

O mesmo pode dar-se com tributos e outros direitos a eles conexos. A função do juiz neste caso se limita a um mero monitoramento. Se a sentença é dada logo após a audiência, as próprias partes, por seus advogados, acompanharão o cálculo de liquidação.

Este procedimento "formaliza" a reclamação, evita a burocracia dos longos relatórios, dá fundamentação expressa em itens e permite que se vá logo à conclusão.

Temos que nos compenetrar desta realidade: só enfrentaremos a demanda de que hoje é objeto o Judiciário se adotarmos métodos abreviados de instruir e julgar.

Nenhuma reforma processual terá êxito, enquanto tiver como quadro de fundo a visão burocratizada e praxista do processo civil. Vivemos numa época em que os fatos exigem resposta rápida. E ela precisa ser logo dada, para que a sociedade se movimente, as transações se realizem, o comércio opere e o homem produza.

A atividade exaustiva do juiz será relegada aos casos complexos, para os quais terá tempo, desde que livre das pequenas ações.

Todo esforço para a renovação do judiciário consiste na formalização do raciocínio jurídico até onde for possível. Os apelos ao "caso concreto", "atitude insubstituível do juiz", "impossibilidade de a máquina substituir o homem" são mentalizações tradicionais que hoje não constituem mais verdades intransponíveis.

As frases e posturas tradicionais têm que ceder à realidade. Só assim o Judiciário romperá as barreiras que o prendem ao passado e transporá o pórtico que marca seu contato com o reino da modernidade.

O mundo contemporâneo já está repleto de decisões informáticas que se tornaram instrumentos indispensáveis de sua complexa atuação.

Veja-se o exemplo do parquímetro. [154] Em sua simplicidade, mostra, com total clareza, o caminho que já se transformou em rotina.

Ao estacionar, o usuário introduz um cartão ou um valor em dinheiro como pagamento antecipado das horas em que ali permanecerá. Transposto o limite, automaticamente a pequena máquina emite um boleto de infração, ficando a pessoa sujeita ao pagamento de uma multa ou então a uma sobretarifa pelos instantes excedentes.

---

(154) GUIBOURG, op. cit., p. 162, de onde retiramos os demais exemplos.

Esta simples programação conta o tempo de permanência, conjuga-o com o valor fixado e "decide" sobre o excesso do tempo.

Naturalmente, a ciência processual tem de estabelecer modos rápidos e imediatos de a pessoa pagar a multa. Caso contrário, a sanção será, como muitas outras, uma penalidade sem consequência, o que desmoraliza o sistema e mais uma vez faz crescer o sentimento de impunidade que hoje é regra entre nós.

Entre estes meios coercitivos, poderiam ser cominadas penas, tais como: proibição, ao motorista reicidente, de estacionar em espaços públicos: o programa registraria a placa do carro e não processaria a solicitação de estacionamento.

A sanção poderia ainda importar em perda de pontos na carteira de habilitação se a multa não for paga no tempo previsto. Inclusão da multa no IPVA, com correção monetária e pagamento duplicado ou triplicado, e assim por diante.

Outro exemplo é a multa por excesso de velocidade por meio de radar. A autoridade administrativa aplicaria de imediato a sanção, uma vez comprovado pelo radar o excesso de velocidade permitida no local.

O infrator seria intimado a comparecer perante uma autoridade administrativa para se defender, garantindo-se assim o direito à ampla defesa. Mas a instância administrativa se finalizaria aqui. A "ampla defesa" não é sinônimo de recorribilidade, principalmente na instância administrativa. Lembre-se que a parte ainda terá o amplo acesso ao Judiciário: art 5º, XXXV.

Aqui nem mesmo se chega a qualquer medida de informatização. O que se quer do legislador é um mínimo de bom-senso e equilíbrio. Para que instituir recursos vários na instância administrativa, se a administração não se aparelha para julgá-los com rapidez?

Esgotado o julgamento único na instância administrativa, o infrator poderia recorrer ao Judiciário também uma única vez. Ainda que se admitam recursos desta decisão, para se garantir o suposto direito de defesa, a execução deveria ser definitiva e o pagamento da multa, imediato.

Com isto se resolveria o crônico problema da recorribilidade em matéria de trânsito no país.

Na França há o Brutilog para medição de ruídos. Ultrapassado o limite, o programa já oferece à autoridade as alternativas para a aplicação da pena, conforme a altura do ruído.

Aplicando-se na hora a sanção, resolver-se-ia o velho problema do som alto e do barulho que hoje é o martírio de muitas famílias que já não podem mais dormir em razão de focos de sonorização exagerada, em relação aos quais se toma a providência adequada e decisiva.

Na Itália há o automainfortunístico, que permite o cálculo imediato de danos materiais e à pessoa.

Na Holanda há um programa pelo qual se dá resposta a perguntas sobre sanção e pena, permitindo o julgamento ou, pelo menos, uma aproximação de julgamento, com base nas respostas do computador.

Idêntico programa foi desenvolvido na Universidade de Tübingen, que dá resposta normativa a consultas feitas em linguagem comum ou explicativa.

Nos Estados Unidos há programas que permitem ao computador "resolver" casos jurídicos formulados.

No Japão, o Direito Sucessório é objeto de um programa. Fornece-se ao computador o autor da herança, os herdeiros e os bens. A divisão é feita imediatamente.

Todos estes programas mostram que a decisão informática é uma realidade e pode ser acolhida pelo Judiciário com toda certeza e segurança.

As costumeiras reservas éticas que se costuma ouvir não procedem. A máquina é muito mais eficiente, neutra e prestativa do que a descentralização do julgamento para assessores que preparam o voto. Estes só deveriam intervir em casos complexos e difíceis, monitorizados pelo juiz. Para o comum dos casos, tanto na Justiça do Trabalho como na Comum, é possível, necessário e indispensável o auxílio do computador.

Mas, para que estes programas cresçam, é necessário que tenhamos um legislador objetivo, sintético e claro, que saiba o que quer e diga com precisão o objeto da lei, para que se possa algoritmizar com segurança as condições e os pontos relevantes, colocando-os como elementos do programa.

O fato é que a aplicação da lei é um amplo "programa", embora feito por caminhos tortuosos que levam o juiz a decidir individualmente todo caso que lhe é submetido.

Como a sociedade em que vivemos é repleta de detalhes e complexa em sua organização social, as pessoas se envolvem em pequenos e constantes conflitos: trânsito, vizinhos, trabalhistas, furtos, roubos, lesões corporais, rompimento de contratos, problemas com mercadorias e serviços, na condição de consumidor.

Pode-se formalizar, dizendo que há seis focos essenciais de conflitos: trabalho, família, trânsito, consumo, locação. A estes se acrescentem contratos para prestação de serviços e casos de vizinhança. Todos eles podem submeter-se a julgamento rápido e eficiente em tribunais situados em bairros, por intermédio de procedimentos simplificados que autorizem a intervenção do juiz apenas como condutor.

Esta solução já está esboçada com os juizados de conciliação que, em Minas, prestam grande serviço à comunidade. Resta apenas dar um passo à frente: não obtido o acordo, monitores e conciliadores, treinados para este fim, se transformariam automaticamente em árbitros e decidiriam a questão.

A atividade de julgador pode ser delegada a servidores especializados, juízes leigos e até mesmo a estagiários, quando a questão for simples e imediata, submetida à conferência e monitoramento de servidor mais experimentado e graduado.

A citação se faria por servidor contratado no próprio bairro, que conheça a região, servindo-se de um simples veículo. Ou por meio do batalhão da Polícia Militar cuja viatura, rodando permanentemente pelo bairro, poderia parar alguns segundos no endereço residencial ou comercial do réu e entregar-lhe a citação.

A audiência única resolveria o caso.

Este órgão, muito próximo dos juizados especiais, poderia dividir espaço com as polícias civil e militar, formando assim uma equipe integrada para servir à cidadania.

Trata-se de medidas muito simples, que precisam de um mínimo de discernimento da autoridade pública que, compreendendo os problemas da sociedade contemporânea, saiba resolvê-los com visão moderna e atual.

Costuma-se dizer, com razão, que grande parte da reforma do Judiciário não está nas leis, mas na aplicação e administração das existentes. Se assim é, basta uma atividade permanente e lúcida do Executivo e do Judiciário, em âmbitos estadual e federal, unindo esforços para objetivos comuns.

Estes processos, em razão da simplicidade, poderiam ser facilmente informatizados, o que facilitaria ainda mais a condução e solução do processo.

O que não se pode admitir mais é que o Judiciário fique a clamar por mais verbas para construir prédios ou nomear mais servidores e juízes, enquanto a cura dos males não está no aumento da burocracia, mas na administração eficiente de velhos problemas por demais conhecidos de todos nós.

Já sabemos da doença e do remédio. O que estamos esperando ainda, para levá-lo ao doente?

3. O COMPUTADOR NA SOCIEDADE CONTEMPORÂNEA

A profusão de dados na sociedade contemporânea gerou a necessidade de gerenciá-los para que deles se possa fazer uso. Caso contrário, perder-se-iam na dispersão e no desconhecimento. Tão importante quanto tê-la é dispor a tempo e modo da informação. Um bem de que não se possa imediatamente servir é bem inútil, porque não atinge sua finalidade.

Ordenar, coordenar, organizar, sistematizar e categorizar sempre foram atividades inerentes ao ser humano. O que variou foram os meios de realizá-las. Fichários individuais, anotações alfabéticas, arquivos públicos, cartórios fazem parte do quotidiano das sociedades.

Para manipular a informação criou-se a informática como ciência, a qual tem por finalidade a coordenação, disposição e organização das diferentes informações, colocando-as, por processos cibernéticos, em programas para que possam ser repetidas por máquinas computadorizadas.

O objetivo da informática é a disciplina da elaboração sistemática e automatizada da informação. (*Die Informatik als Disziplin der systematischen, automatisierten Verarbeitung von Information...*) [155] O computador é um dos meios, embora não o único, desta elaboração sistemática da informação.

Tomando-se o computador como um aparelho que realiza operações aritméticas e lógicas sem a intervenção humana enquanto as produz (*A functional unit that can perform substantial computations, including numerous arithmetic operations and logic operations without human intervention during a run.*) [156], percebe-se que se trata de valioso instrumento para permitir à sociedade moderna o rápido processamento da informação que elas geram, nos diferentes ramos da ciência.

A rapidez da informação corre junto com seu processamento por meio do computador, permitindo seu uso, arquivamento, acesso e reprodução.

Como última função, a ciência atual pretende usar o computador para a produção da chamada inteligência artificial.

---

(155) Disponível em: <http://www.gi-ev.de/themen/was-ist-informatik/>.
(156) Disponível em: <http://www.learningservices.gcal.ac.uk/it/staff/definitions.html>.

Hoje, pode-se afirmar com *Guibourg* que "*casi no hay ya actividad humana que o se encuentre alcanzada, real ou potencialmente, por la ación de los ordenadores*". [157] As atividades de uma sociedade, por si mesmas já complexas e variadas, atingem o auge no mundo atual. O homem tem várias profissões. É *free lancer* em muitas atividades. Luta em várias frentes. Nas escolas e universidades, o ensino é variado e multifucional. Os dados proliferam por todos os lados.

Se não houvesse sistemas e métodos para ordenar esta profusão de fatos, ideias e material, tudo se perderia num torvelinho de acontecimentos não dominados e não teriam utilidade, porque não seriam usados adequadamente, no tempo e no momento desejado.

O computador é o meio de que se serve o homem para ordenar a sociedade, organizar dados e informações, identificá-las por meio de procedimentos imediatos e rápidos. Torna-se um grande ordenador de fatos e coisas. Por isto é um instrumento indispensável ao desenvolvimento e expansão da época em que vivemos.

Concentrando-se no computar uma série de operações que lhe aumentem a capacidade de servir, parte-se para a multimídia, que consiste numa série, sempre crescente, de utilidades que confluem para o computador: livros, revistas, rádio, bibliotecas *on line*, televisão, filmes e diferentes programas culturais, que podem ser colhidos diretamente na rede. Dentre eles, saliente-se o acesso aos principais dicionários do mundo, inclusive das línguas clássicas.

Isto sem falar nos *sites* de pesquisa que exibem informação sobre qualquer ramo do conhecimento humano.

Trata-se realmente de um mundo posto ao alcance das pessoas através de um simples toque com a ponta dos dedos.

A estas vantagens, soma-se a Internet, que merece destaque especial. Além de propiciar o correio eletrônico, constitui-se da maior enciclopédia e reunião de dados jamais conhecida da humanidade. Segundo seu diretor geral no Brasil, *Alexandre Hohagen*, a Google possui 1,3 bilhões de páginas na Internet. Como esta impressionante fonte de informações é gratuita, facilita-se o acesso à cultura e democratiza-se a aquisição de dados.

Ninguém vai se limitar apenas às fontes da Internet, quando faz pesquisa de fundo, ou pretende escrever uma dissertação ou tese. Mas terá com certeza bom começo e muitas indicações valiosas, principalmente se conhecer línguas estrangeiras.

O ensino à distância cresce a cada dia e se aperfeiçoa. É certo que em pouco tempo teremos cursos das principais disciplinas dos diferentes ramos do saber humano ao vivo, de um país para outro, com tradução simultânea ou audiência direta para os que dominam a língua em que o curso é ministrado.

O contato entre universidades se ampliará e o conhecimento humano, cujos titulares, ao contrário do comércio e indústria, não exercem monopólio nem opõem restrição à divulgação do que sabem. A maior alegria de um professor universitário é transmitir para a humanidade o que adquiriu para si.

Ninguém guardará para uso próprio uma grande descoberta científica que pode servir a milhares de pessoas nem nenhuma nação omitirá sua experiência com leis

---

(157) GUIBOURG, Ricardo A. *Op. cit.*, p. 2.

modernas, que estão dando certo na regulamentação de certos fatos sociais difíceis ou problemáticos.

O aproveitamento do acúmulo de experiência de outros povos é fundamental, pois poupa esforços e economiza a penosa tarefa de encontrar um caminho na intrincada seara da vida social. A globalização não pode dar-se apenas no comércio e nos interesses econômicos. É preciso também globalizar o homem e a cultura.

Nota *Rodolfo Mondolfo* [158] que, a partir do século dezenove, nasceu a tendência de dividir a História em períodos. Exatamente porque os acontecimentos anteriores persistem nos atuais e estes se projetam para o futuro. A história não é como as águas dos rios que correm em conjunto em todos os pontos de seu leito, mas, ao contrário, se constitui de elos que se encadeiam separadamente, embora formem um conjunto final.

Se há uma universalidade da História, há de haver também uma universalidade do homem. Se o acúmulo do tempo passado e a experiência vivencial dos povos permitem falar num *Weltgeist* — espírito universal — para usar a expressão de *Hegel*, a ele se junta também uma ideia universal do homem e da história.

É claro que o Weltgeist não se forma do nada. Compõe-se necessariamente de unidades menores provenientes da vivência histórica de cada povo e, dentro dele, de cada indivíduo que o compõe. Neste sentido, pode-se falar também num *Volksgeist* e num *Personengeist*, espírito do povo e espírito do homem.

Unitariamente há o universal, que se decompõe descendentemente no particular e, coletivamente, o universal que se estrutura ascendentemente pelos indivíduos e pelos povos.

A moderna globalização permite, pela primeira vez na História, não apenas a ideia de um espírito universal, mas também a concreta existência de instituições universais, que acolhem o homem enquanto gênero sem excluir suas raízes concretas, enquanto povo e indivíduo.

A cibernética e a computação são elementos científicos de concretização deste novo mundo, dando-lhe a formatação e a identidade necessárias à sua vivência, enquanto realidade.

Para que se constitua um *thesaurus* eficiente, com manejo lógico e imediato, é preciso que haja uma linguagem exata, técnica e científica, de modo que as expressões, textos, passagens e referências possam ser encontrados com rapidez. Sua estruturação, à base de conceitos e ideias, permite uma maior largueza de consulta e aproveitamento. Com isto, o computador influencia a moderna linguagem jurídica, dando-lhe mais rigor e objetividade.[159] E, ao mesmo tempo, amplia seu conteúdo e o material que lhe serve de fundamento.

Vê-se, por estas simples informações, que a acumulação e o processamento de dados é a maior revolução jamais operada na humanidade, por sua dimensão e alcance, a ponto de separar definitivamente homens e países, conforme seu grau de conhecimento e aplicação dos princípios cibernéticos, pois estes refletem-se diretamente na produção, divulgação e uso da ciência, em quaisquer de seus ramos.

---

(158) MONDOLFO, Rodolfo. *O homem na cultura antiga*. São Paulo: Mestre Jou, 1968. p. 17.
(159) BERGEL. *Teoria geral do Direito*. São Paulo: Martins Fontes, 2001. p. 292.

O computador não é tudo, mas nada mais será possível sem ele.

A primeira função é de reunir é ordenar dados. A segunda, apresentá-los com rapidez e imediatidade. A terceira, que já beira o terreno da inteligência artificial, consiste em tratar, lidar, com os fatos por meio de escolhas personalizadas.

Lidando com o mundo externo e informado dos dados e situações existentes, o computador passa a ser capaz de "decidir" entre as possibilidades existentes, fazendo aqui o papel da própria inteligência e razão humanas.

É claro que jamais nenhuma criação humana superará o homem que a produz. Elas superam o homem na execução de tarefas e atividades, mas ficam sempre aquém de sua criatividade original. Os artefatos e engenhos humanos não podem superar a inteligência humana que os concebeu.

Uma máquina de calcular, ou os computadores de última geração, fazem cálculos fantásticos em questão de segundos, impensáveis para o cérebro humano. Mas nasceram da inteligência humana que os programou para a execução da tarefa. O homem não pode superar o homem com os meios que ele próprio cria.

"Cada máquina serve a um processo, e deve sua existência ao pensamento a respeito desse processo", já assinala *Oswaldo Spengler* em sua notável obra.[160]

Portanto há um impulso inicial exclusivo da iniciativa humana, que a máquina não pode substituir. Como salientou *Patrícia Smith Churchland,*

The more the coherent and rich the available theoretical frame work, the greater the potential for putting to Nature the right questions. Once a theoretical framework matures, the symbiosis between the theory and the experiments causes both to flourish, and the better the theory, the better the questions put to experimental test. (Quanto mais coerente, rica e disponível é a construção teórica, tanto maior é o potencial de colocar para a natureza as questões corretas. Uma vez amadurecida a construção teórica, a simbiose entre a teoria e a experimentação favorece o desenvolvimento de ambas e, quanto melhores a teoria, melhor as questões postas para experimentação).[161]

Portanto, mesmo nas ciências experimentais, a primeira iniciativa é a do cérebro, ou seja, da formulação das ideias. Depois, sua colocação perante a natureza para a verificação da hipótese científica. Do acerto da formulação, nasce o desenvolvimento da iniciativa.

Prática e teoria, mais uma vez, se entrosam, influenciando-se reciprocamente. Mas o começo de tudo está na compreensão e na formulação da realidade que parte do cérebro humano, podendo sem dúvida desenvolver-se por deduções posteriores, o que não impede seu impulso inicial de origem humana. [162]

---

(160) SPENGLER, Oswaldo. *O homem e a técnica*. Porto Alegre: Meridiano, 1941. p. 27.
(161) CHURCHLAND, Patrícia Smith. *Neurophilosophieu*. Cambridge: Bradfor Book, 1986. p. 405.
(162) Por aqui se vê a inutilidade da discussão sobre prática e teoria nas ciências. Uma coisa é a outra. A práxis sem a teoria é uma atividade sem sentido. Só com ela não se chegará a nenhum resultado científico qualificado. Trata-se de uma busca aberta, sem direção e objetivo. A teoria sem a realidade que a constate viva e comprove são meras cogitações sem interesse para o mundo a vida. A conjugação de ambas é que faz crescer a ciência e fecundar a vida. O jurista pode ser capaz de formular as mais ousadas teorias. Mas terá que perguntar se são úteis ou possíveis para a realidade e se vão servir à paz e à justiça. Por outro lado, o

Vai ainda levar muito tempo até que o computador da mais alta geração substitua o cérebro e o pensar humanos. Nem se sabe se isto é possível. O homem, pelo menos até agora, é insubstituível.

Sendo a linguagem humana um sistema de símbolos fixos, por meio dos quais os homens se comunicam, tem ela a finalidade de reconstruir a realidade em algoritmos que, por sua vez, permitem a decifração da comunicação humana, permitindo que o mundo descrito pelo falante – titular da fala ou do discurso em um dado momento – transmita o que pensa para outro participante do discurso, e criando entre eles o vínculo da comunicação.

Como a linguagem é atributo de uma comunidade, a comunicação não se dá apenas entre duas pessoas, mas também entre grupos e entre todos os que constituem uma sociedade politicamente organizada, comunidades inteiras.

Pode-se por isso falar de uma função social da linguagem, que permite a comunicação de todas as pessoas, grupos e entidades, compreendidas no domínio linguístico. Todas as línguas exercem uma relevante função integradora e unificadora e esta constitui sua finalidade universal, todas as línguas tendem a esta finalidade. [163]

O pensamento humano é marcado pela linguagem, da qual se serve como instrumento de expressão. Quando se desvincula do sujeito cognoscente, torna-se meio de comunicação geral e então se transforma em reflexo ou símbolo da cultura e da civilização da comunidade linguística a que pertence.

A linguagem é "vincadamente social". [164]

A linguagem, como todo objeto do conhecimento humano, pode ser objeto de classificações. As principais são:

a) linguagem natural: é a linguagem básica, ínsita ao ser humano, como atributo de sua criação e dele inseparável. Todo homem nasce capaz de um tipo de linguagem que lhe permite a comunicação individual. Como a atividade humana é cumulativa, superpondo-se por meio do conhecimento e da experiência adquiridas, a linguagem natural é o impulso motor de todas as realizações humanas que nela se expressam para tomarem a forma definitiva da comunicabilidade social do grupo. Neste sentido, pode-se falar num patrimônio coletivo, reunido através da linguagem, na qual se guardam todas as relações humanas.

b) linguagem técnica: restringe a linguagem natural que, por sua finalidade abrangente, perde-se muitas vezes em compreensão por causa da extensão. Quando o conhecimento é especializado, a linguagem aperfeiçoa-se na compreensão e restringe-se na extensão. Por isto se convenciona sentido próprio para certas palavras

---

jurista de foro tem a tendência de desprezar o jurista teórico como se fosse um homem fora da realidade, supondo que a verdade última está nos códigos. Acontece que, em certos momentos históricos, os fatos mudam e fazem-se necessárias novas leis. Neste instante entra o jurista teórico para ajudar a prática a achar o caminho correto. Aqui é necessário conhecer a realidade, saber da experiência de outros povos e saber até que ponto a prática chegou, para então propor mudanças para terrenos ainda desconhecidos. E o que é necessário mudar daí em diante. Como salientou Churchland, na passagem citada "*the symbiosis between the theory and the experiments causes both to flourish*". A simbiose entre prática e teoria fazem com que ambas floresçam (cresçam e se desenvolvam).
(163) BALLY, Charles, *op. cit.*, p. 69.
(164) LUZ, José Luís Brandão da. *Introdução à epistemologia. Conhecimento, verdade e história.* Lisboa: Imprensa Nacional-Casa da Moeda, 2002. p.95.

aceitas por uma comunidade mais restrita, geralmente composta de cientistas, para tornar clara a mensagem, comunicação linguística especializada, tornando-a livre da inevitável ambiguidade da linguagem natural.

c) linguagem formal: este tipo de linguagem presta-se a estabelecer unicamente "relações abstratas entre símbolos". Aqui há um rigoroso esquema formal que possui propriedades matemáticas. Nela se estabelecem as formas básicas ou originárias, sobre as quais se fazem afirmativas de tal forma que, das asserções feitas, se possa deduzir outras.[165]

Por aqui se entra na linguagem formal computadorizada, montando-se por meio dela os programas, que vão orientar a dinâmica interna do programador.

Nota-se que há, a partir da linguagem natural, um crescendo de limitação à extensão da linguagem para fixar-lhe um significado restrito que, embora em menor extensão, ganha em precisão representativa e conceitual.

Estes diferentes graus da linguagem humana, que se transformam a partir do dado básico da linguagem natural, constroem-se para servir o homem nas diferentes necessidades de comunicação que pretende atingir na convivência social. Se toda linguagem é comunicação, nem toda comunicação se faz do mesmo modo.

Os dois últimos modelos de linguagem — a técnica e a formal — servem à ciência, porque se despem dos matizes pessoais, para centrar-se na generalidade da comunicação.

Aqui se aplica a distinção do linguista suíço *Ferdinand de Saussure* entre língua e fala — *langue* e *parole*.

A língua é um sistema de elementos vocais comum a todos os membros da sociedade e a fala é esta língua utilizada pelos indivíduos na sua árdua e diária tarefa da comunicação humana.[166] Gênero é a comunicação, espécie é a fala. Ambos se concretizam no indivíduo que tem a noção da língua como instituição – patrimônio de todos da comunidade — bem como de meio concreto e imediato de que se serve para conversar.

Quando a linguagem, enquanto instituição, se materializa no sujeito concreto falante, tem ela seu ápice de realização, pois é por intermédio do indivíduo que a língua se torna o instrumento concreto da comunicação humana.

4. COMPUTADOR E A CIÊNCIA DO DIREITO

Qualquer ramo do conhecimento pode ser "algoritizável", isto é, ser colocado sob a regência de um processo pelo qual, por meio de um critério prévio e rigorosamente preciso, se possa determinar a extensão de novos objetos.

Todo algoritmo submete-se a três características fundamentais:

a) uma descrição finita e limitada — *endliche Beschreibung*;

b) possibilidade de determinação — *Determinierbarkeit*;

---

(165) ROVER, Aires José. *Informática no direito — inteligência artificial*. Curitiba: Juruá, 1992. p. 23.
(166) CÂMARA JÚNIOR, J. Mattoso. *Princípios de lingüística geral*. Rio de Janeiro: Livraria Acadêmica, 1959. p. 24.

c) Aplicação genérica sobre todas as indicações do sistema em relação aos limites a ele anteriores, de maneira ilimitada. A aplicação universal de uma indicação sobre a que lhe é anterior. *Die universelle Anwendbarkeit auf alle Eingabegrössen Eingabegrößen eines vorgegbebenen, unendlichen Bereichs.* [167]

Do mesmo modo que, em Matemática, pode-se decompor uma unidade complexa em partes ilimitadamente menores por meio de cálculos simples, esta mesma redução pode ser obtida em informática por meio da algoritmização de uma realidade complexa previamente determinada em partes simples, menos complexas.

É próprio do raciocínio formal, como diz *Bertrand Russel*, "generalizar ao máximo, porquanto assim asseguramos que um determinado processo de dedução tenha resultados mais amplamente aplicáveis".[168]

E isto é que constitui a dificuldade, mas não a impossibilidade, da algoritmização do Direito. Para se deduzir e generalizar, ampliar ao máximo, há a necessidade de escolha e seleção das múltiplas hipóteses constitutivas do ordenamento jurídico, o que pode ocasionar generalizações excessivas e restrições exageradas.

Por um lado ou por outro há o risco do exagero e a conciliadora verdade do meio, conciliadora e sempre desejável, aqui é impossível à falta de um delimitador preciso que aponte as duas metades com justiça. Como diz *Cícero* nas *Tusculanae Disputationes* "*Omnibus fere rebus mediocritatem esse optimam*". É ótima atitude trazer para todas as coisas o meio termo.[169]

Mas a complexidade do conhecimento de qualquer ramo da ciência não impede que ele se reduza a um mínimo de organização. Uma coisa é o objeto da ciência, sempre e inesgotavelmente aberto, e outra é o conhecimento que já se obteve no passado. Este pode ser modelizado, ordenado e finalmente algoritmizado.

O problema está na escolha destes algoritmos e na associação que deles se há de retirar quando o sistema for analisado.

São infinitamente múltiplas as possibilidades do Direito, pois as normas cobrem literalmente toda a atividade e a conduta humanas. Quando não há normas expressas, há princípios e deduções. O fato é que o ordenamento não pode ficar sem dar resposta aos problemas que a realidade dele solicita. Ele próprio apresenta.

O que se chama de "Estado Democrático de Direito", retirando-se da expressão o conteúdo demagógico e retórico com que é normalmente usado, é o Estado em que vigora o governo das leis e não a vontade dos homens. Ora, a vontade da lei nada mais é do que uma promessa de solução justa dos problemas sociais por meio de resposta às questões, dissídios e controvérsias que nele inevitavelmente se apresentam.

O primeiro problema está, portanto, depois da difícil tarefa de fazer a lei, ou seja, de escolher o aspecto da realidade social que lhe vai servir de conteúdo. Este processo seletivo exige do legislador exaustivo conhecimento e capacidade de escolha, que se faz por meio de um amplo processo axiológico. Escolher em matéria

---

(167) Para mais detalhes, ver KONDAKOW, N.I. *Wörterch der Logik*. Westgberlin: Déb., 1978. p. 22, verbete *algorithmus*.
(168) RUSSEL, Bertrand. *Introdução à filosofia da matemática*. 2. ed. Rio de Janeiro: Zahar, 1996. p. 188.
(169) TOSI, Renzo. *Dicionário de sentenças latinas e gregas*. São Paulo.Martins Fontes, 1996. p. 795.

social presume sempre opção entre várias possibilidades, cada qual com seu fundo de razoabilidade e verdade. Mas ao legislador cabe a melhor escolha. Mas, por quais meios, por quais critérios?

Se a opção entre as possibilidades não favorecer escolhas, ou se elas não se mostrarem aconselháveis, a situação social permanece como está, em suas forças compositivas. Esta situação dura até quando se levantem as aspirações de mudanças. Então surge o problema: se a realidade tem que ser mudada, deve haver transformações e consequentemente escolhas.

Já aqui não se admite mais a neutralidade do legislador. Ou deve permanecer a realidade como está?

Aqui entram o jogo com as forças conservadores e renovadoras. Todas são axiologicamente possíveis. O novo não é necessariamente melhor do que o velho. Nem o velho, por ser fruto da experiência e da vivência, pode permanecer para sempre numa sociedade que precisa de mudança.

Quando predomina o quadro existente, que se nega a abrir-se à renovação, predominam as forças conservadoras, as que mantêm o *status quo* e não desejam a renovação.

Do outro lado, movimentam-se as forças progressistas, querendo a mudança e fornecendo o caminho e as ideias a que a transformação deva seguir.

Porém nenhuma destas posturas é verdadeira por si mesma. Sendo a lei um pensamento formal, editado por parlamentos e resultado de acordos e negociações partidárias, tem ela naturalmente uma propensão para a durabilidade. E tal situação de fato acontece em todos os ordenamentos do mundo.

As forças políticas dos parlamentos hoje são instáveis. Os partidos ora se compõem, ora se separam. Alianças se fazem e se desmancham. Não há indicadores fixos. A votação de uma lei é sempre um entrechoque de interesses que se querem beneficiar e de interesses que se desejam manter. Compô-los é sempre uma penosa costura de negociações.

E é justo que assim seja. As leis não podem mudar-se aleatoriamente, sem critério e comedimento.

Decidida esta primeira fase, em que o legislador optou pela mudança, escolhe entre ficar e mudar, surge a segunda, que é o conhecimento e a aplicação da norma, a fim de que cumpra sua função social típica. O Direito se realiza na vida, assim como o espírito no corpo. Não há pensamento abstrato do cérebro, assim como não há lei separada da vida.

Todo pensamento, para qualificar-se como tal, tem como conteúdo a realidade. Pode até haver um pensamento "puro", que não é o conceito em si, mas um meio ou instrumento de formá-lo, segundo a lição kantiana.[170] Mas, em algum momento, deverá surgir o pensamento com substância.

Seja como forma pura de criar conceitos, seja como conceito em si mesma, a abstração não pode dispensar a vida.

---

(170) PASCAL, George. *Compreender Kant*. 2. ed. Petrópolis: Vozes, 2005. p. 65.

Se a algoritmização for excessivamente ampla, ela passa a corresponder ao próprio ramo do conhecimento e não permite a obtenção das subunidades, que constituem a utilidade da formalização. Se for excessivamente pequena, não se permite a generalização e o ramo do conhecimento, por deficiência, não responde às indagações dos modelos sociais nele compreendidos.

Se não há possibilidade de divisões subunitárias sucessivas, perde a algoritmização sua maior propriedade que é exatamente, nos subsistemas, permitir a referência do todo, distinguido pela espécie.

Da parte ao todo e do todo à parte. São caminhos permanentes que a organização sistêmica do Direito há de seguir para sempre. Não pode excluir a realidade concreta, porque esta lhe dá força e realidade. Mas pode pensá-la abstratamente, em relação a uma realidade figurada, ainda não verificada. Prever é ato da razão humana. O homem não se guia apenas pelo empirismo.

Conforme salienta *George Pascal*,

É impossível pensar a multiplicidade dada no espaço e no tempo, sem que o entendimento opere, no interior dessa multiplicidade, certas ligações que venham a constituir o objeto. Pensar é estabelecer, na multiplicidade dada pela intuição, certas relações que façam dessa multiplicidade uma unidade.[171]

Se, do conhecimento intuitivo se chega à unidade, pelo caminho inverso se pode chegar da unidade ao conhecimento intuitivo.

Quando tal processo decompositivo é feito, o raciocínio busca na realidade uma seiva nova, porque a unidade que capsulava o pensamento, dando unidade ao que antes era disperso, dispersamente foi percebido, agora se rompe e se desmancha, deixando espaço para que novos conceitos se formem por meio da seiva fresca da realidade dos fatos novos, que sempre acompanham o homem pela vida.

A algoritmização do Direito conduz à formação dos chamados sistemas especialistas legais[172], tornando o Direito um amplo sistema controlado por um sistema que possa ser adaptado e controlado por programas manipulados por computador.

Esta tarefa, que importa na construção de um programa para diferentes utilizações informáticas do Direito, acarreta enormes dificuldades e ainda está longe de ser realizado. Alguns inclusive são descrentes desta possibilidade. Supõem que apenas aspectos parciais do Direito seriam programáveis como o processo ou pelo menos procedimentos dentro do processo.

Realmente, quando se trata do Direito Material, as dificuldades são imensas. O Direito, enquanto norma, expressa-se dentro de um sistema deôntico. A "norma", que constitui seu modo de expressão, é formalmente uma só. Sua estrutura não varia e se expressa em conteúdos lógicos e fixos.

Porém, o conteúdo da norma é extremamente variável e guarda conexidade com os problemas do mundo atual, a ela contemporâneo. Nestes tempos pós-modernos, a

---

(171) *Op. cit.*, p. 69.
(172) ROVER, *op. cit.*, p. 233.

lei perdeu muito de sua estabilidade e varia com frequência para perseguir os fatos e situações que se multiplicam na sociedade dinâmica em que vivemos, em que a legislação varia com ritmo jamais visto na história.

Abordando o tema, *Atiyah* [173] explica que as conquistas tecnológicas do mundo atual, que também se propagam numa progressão geométrica, arrancaram o Direito de seu centro clássico, obrigando-o a abrir-se para novas instituições, que sejam capazes de receber esta nova torrente de fatos novos, que revolucionam a sociedade.

E cita exemplos destes novos tempos: a União Europeia, ao expedir leis comuns, obriga a mudança interna da legislação de seus 27 membros. Cada norma comunitária exige uma acomodação interna.

No campo de cada disciplina, as mudanças também se verificam em ritmo frenético. A responsabilidade, antes baseada na culpa, medida na relação obrigacional, passou para o risco, transferindo-se para o autor da atividade. Depois termina na responsabilidade objetiva para a qual basta a prova do evento.

Esta evolução, louvável por um lado, traz enormes problemas por outro. A responsabilidade objetiva, transferida para o Estado, é financiada pelo povo. Portanto, uma parcela pobre da população financia, sustenta as tarefas arriscadas dos detentores do capital, como acontece agora com a intervenção do Estado para salvar bancos e empresas falidas. Por elas, paga o cidadão que nada tem a ver com o evento, nem dele se beneficiaria, se tivesse havido êxito.

No Direito do Trabalho, há o desmonte que todos conhecem pela flexibilização e desregulação. Para onde vai a relação de trabalho sem a relação de emprego? Retornaremos ao mero contrato entre partes desiguais?

No Direito Público, a opção do legislador é difícil. Se o Estado é o responsável por tudo, tem que retirar a cobertura dos gastos do cidadão pelos tributos gerais. Até que ponto a sociedade suportará este ônus?

No Judiciário, a crise alastra-se, minando-o por baixo. Temos ainda uma técnica de solução de conflitos do século passado, enquanto por ela correm os problemas do mundo atual, que exigem soluções, respostas imediatas, rápidas e seguras, enquanto as soluções oferecidas são demoradas, incertas e variáveis.

Até que se consiga uma unificação da jurisprudência, os tribunais decidem o caso concreto, sem compromisso com as soluções anteriores e sem nenhuma garantia de que decidirá no futuro de maneira idêntica. O mercado e as opções dos tribunais, quando o conflito lá chega, decidem o caso, sem compromisso com o próximo caso semelhante que, na mesma seção e no mesmo dia, conforme a composição, pode ser diferente.

No mesmo dia e na mesma hora, desde que se troque a composição, a turma ou seção pode julgar de maneira diferente, desestabilizando os suportes racionais e lógicos em que se assenta qualquer sociedade organizada.

Há assim um encontro violento do novo com o velho, num choque a que chamamos de crise. Os instrumentos sociais, pelos quais a sociedade instrumentaliza, medeia seus conflitos, e que não são apenas os jurídicos, envelheceram. Porém, os fatos não esperam. São jogados no canal das instituições envelhecidas, superadas, que não os resolvem no ritmo esperado pela sociedade.

---

(173) *Law & modern society*. Oxford: Oxford Press, 1995. p. 169.

São exemplos deste anacronismo que exacerba a angústia dos cidadãos com a demora das ações, em que estão em jogo interesses e· patrimônio privado, construído pelo trabalho. Pode haver algo mais injusto e absurdo do que um conflito trabalhista, que sequer precisava de existir, que dure de quatro a cinco anos?

Os exemplos poderiam multiplicar-se. No sistema produtivo, enquanto se automatiza até mesmo o funcionamento das partes mais importantes e nobres das grandes empresas, nos países em desenvolvimento ainda há uma produção quase manual.

Atiayah dá o exemplo. Com a criação do automóvel e sua produção em massa, para citar apenas um exemplo, profundas mudanças jurídicas tiveram que operar-se.

A fabricação, produção do veículo em série, a regulamentação das montadoras, o taylorismo, o fordismo, a negociação coletiva, a greve, a organização sindical são derivados imediatos desta invenção que, juntamente com outras, criaram o dinamismo do mundo atual. A regulamentação das relações de trabalho. E especialização necessária da mão de obra, a reescolarização...

Depois, com o veículo em funcionamento, houve a necessidade do sistema viário, com a construção de estradas para a comunicação entre cidades e regiões. Depois, internamente, o trânsito e suas leis, nas cidades, os engarrafamentos, as vias coletoras, a fiscalização, a lei seca...

A seguir, o financiamento, o seguro dos veículos, o problema da sobrecarga de veículos por cidades despreparadas materialmente para recebê-los, controle da liberdade de produzir com a capacidade de recepção do veículo pelas cidades...

Tudo isto se transforma em matéria que assume forma jurídica e, sob a forma de conflito, cai sobre os tribunais, exigindo do Estado duas posturas: a solução rápida e justa, sem dúvida dois ideais objetivos difíceis. E, o que é pior, não se excluem. Só têm sentido quando atuam conjuntamente. O justo não rápido e rápido não justo são opções falsas. É preciso integrá-los numa unidade ideal.

Mas as soluções demoradas é que são a regra, apoiadas na hipocrisia de recursos a tribunais superiores que nada ou muito pouco acrescentam à justiça do que está em discussão.

Também não se quer dizer que a pressa, por si só, seja a solução justa. Ao se falar em rapidez de julgamentos, não se quer afirmar que deva haver apressamento infundado ou correrias irresponsáveis, com sacrifício do contraditório e da justiça.

Mas sabe-se que a compatibilidade entre rapidez e segurança é plenamente possível num processo simples em que o corporativismo renuncie a recursos e os tribunais superiores, se mantidos, resumam-se apenas a interpretar a lei e unificar a jurisprudência para os casos futuros, respeitando-se o que foi decidido antes.

E aqui entra o problema da construção dos sistemas especialistas legais.

Como formar deste universo de fatos variáveis, girando em órbitas diferentes e tumultuárias, que frequentemente se chocam e se excluem, um sistema estável e coerente que, superando as contradições e harmonizando os contrários, permita uma coerência suficiente para uma programação?

Deste mundo é possível uma visão de síntese e racionalidade enquanto considerado como um todo? A resposta pode ser dada enquanto se pense nas unidades constitutivas do sistema. Mesmo com grandes dificuldades, podemos supor, por exemplo, um Direito do Trabalho coerente, com jurisprudência razoavelmente unificada que favoreça decisões unitárias.

A prática nos mostra que, mesmo no sistema atual, há uma grande porção de decisões repetidas, que poderiam ser algoritmamente preparadas para constituir conteúdo de um programa computadorizado.

Mas quando se trata do ordenamento jurídico em geral, da frenética transformação de todos os ramos do Direito, que a inovação tecnológica desestabilizou e obrigou a uma nova reconstrução, o problema cresce em dificuldades e deságua numa aporia: será possível a síntese de um mundo tão disperso?

Ainda que se suponha a possibilidade, mesmo parcial, da construção de um sistema especialista legal que envolva ramo ou ramos conjuntos do Direito (por exemplo, Direito do Trabalho e Direito Previdenciário, Direito Civil e Direito Comercial), surge uma nova dificuldade: a manutenção da estrutura diante da mobilidade do sistema.

A todo instante, as mudanças exigiriam uma transformação permanente do sistema. Quando se trata de amplas redes de intercomunicação, isto demanda custos altos, importa o dinheiro e o permanente emprego de técnicos capazes e atentos, aptos a entender não só as transformações, mas também colocá-las operacionalmente em ação.

Para esta tarefa, não basta o especialista em informática. Ele terá que trabalhar junto com um especialista jurídico para depurar, arranjar, ampliar e modificar o conteúdo do sistema a fim de que não haja contradição nem aresta entre seus pontos de comunicação.

Será que os programas, principalmente os que são ligados a tribunais, vão acompanhar esta corrida e dar-lhe o tratamento jurídico e técnico adequado?

Aqui surge mais uma dificuldade: o acesso. Os sistemas, à medida que se tornam complexos, dificultam o acesso, pela tecnicização dos meios.

Se esta dificuldade se intensifica, eles se excluem do uso fácil e imediato dos que deles precisam. E tendem a extinguir-se por se tornarem incompatíveis com as necessidades da cultura de massa, própria de nossa época.

Cria-se então uma nova aporia, colocada por *Rover*: "É preciso manter um grau mínimo de qualidade das decisões e aumentar a facilidade de acesso. Difícil é fugir deste binômio."[174]

Transfere-se a dificuldade para a engenharia do conhecimento: como simplificar de modo útil os complexos problemas da ciência?

Ao utilitário das descobertas não interessam as difíceis questões científicas que antecederam ao uso do objeto que ele usa para seu conforto ou trabalho. O que deseja o telespectador, sentado à frente de sua televisão, é que com simples aperto de botões ligue o aparelho e com outro mude de canais. O mesmo acontece com seu automóvel ou computador.

A pergunta é: será que isto acontecerá um dia com a Ciência do Direito, principalmente quando se sabe que, por não constituir conhecimento quantitativo

---

(174) *Ibidem*, p. 239.

avaliado em números, o resultado de suas conclusões se dá por conclusões silogísticas e analógicas, em que a causalidade está na lei e não na natureza?

Pense-se na hipótese de um juiz ou advogado que procura no sistema fundamentos para uma determinada teoria jurídica. Consultado o complexo de dados, a resposta será necessariamente variada. Então há necessidade de seleção e interpretação da informação que melhor convém.

Muitas vezes, como em todo sistema complexo, há necessidade de conexão com outros sistemas ou, pelo menos, com dados e informações obteníveis em outras fontes de informação.

Para esta operação, exige-se do intérprete conhecimento específico e especializado, domínio de línguas estrangeiras, capacidade de análise e distinção.

Tudo isto exigirá um esforço permanente do jurista para o aperfeiçoamento do sistema, que é incompatível com a demora e o conformismo das burocracias oficiais, principalmente do Judiciário, acostumado a viver com formas, mesmo quando já tenha perdido o conteúdo e o significado.

Uma preocupação com a racionalidade do sistema e sua extensão a um número cada vez maior de utilitários, torna-se angustiante. As leis (de *legere*, ler) precisam também ser lidas e conhecidas pelo povo, não se restringindo seu conhecimento e interpretação a procedimentos lógicos de domínio exclusivo de juristas.

Como admitir que a conduta do cidadão não seja do conhecimento dele próprio por meio da lei aplicável? Sua colocação nas mãos apenas de juristas é um ato de alienação social, monopolista e descabido, que impede a democratização das leis e seu conhecimento pelo povo a que se destinam.

A interpretação de normas jurídicas tem um componente endógeno, que se refere ao texto, enquanto expressão linguística da conduta, ou seja, da regra do dever-ser. Mas tem também o lado exógeno que corresponde à realidade social, ou seja, ao conjunto de fatos que motivou a norma e gerou sua criação.

Neste sentido, há correlação entre o ser e o dever-ser porque, ao estabelecer a conduta desejada, diferente das que já existiam, o legislador assumiu uma atitude de mudança entre o que era antes e o que deve ser agora. A comparação entre os dois estágios ajuda na compreensão de ambos, pois os elos de ligação dos fatos sociais não se perdem entre o caminho do ser e dever-ser.

Klug afirma, com razão, que a lógica deôntica pode se expressar por diferentes giros linguísticos próprios da linguagem comum.[175] Por exemplo, o uso do modo verbal do imperativo, o infinitivo como valor positivo ou negativo de ação — fazer o bem, matar alguém (ou seja, não é permitido matar alguém, modo constante de formulação abreviada no Direito Penal).

Portanto, além do lado linguístico-contextual da norma, há o lado pragmático, ou seja, seu envolvimento com a vida, cujas relações ela se destina inevitavelmente a reger. Aqui entra o contato da norma com o povo que também tem o direito de conhecê-la, interpretá-la, avaliá-la para saber sua utilidade como regra de conduta que ele terá de assumir.

---

(175) KLUG, *op. cit.*, p. 261. Este fato levou Klug a afirmar que não há diferença da lógica deôntica das demais: lógica dos predicados, das relações, das proposições, etc.

Este lado da interpretação (de *inter* mais *pretium*, preço, ou seja, valor que se obtém numa relação entre a expressão econômica do bem e o bem em si mesmo) tem que ser também considerado e inserido no sistema jurídico e ter uma algoritmização, a fim de que as leis se popularizem na sociedade e sejam conhecidas e manipuladas diretamente pelo cidadão.

Pode haver perfeitamente *softs* jurídicos parciais, explicando leis para o povo. Seu conteúdo expositivo não se baseará na técnica jurídica dos modos de interpretação, mas na explicação analógica ou definitória dos termos técnicos empregados, quando haja suposição de que o povo teria dificuldade em entendê-los. Por exemplo, responsabilidade objetiva, dano moral, proteção contra a dispensa, negociação coletiva, etc.

Pela analogia e pela definição sintética e objetiva dos termos legais e da semântica contextual de todo o texto, pode-se perfeitamente fazer das leis um objeto conhecido e um comando praticado por todos, reservando-se para os tribunais as questões complexas que vão exigir abordagens aprofundadas e abrangentes.

Como assevera *Kassierer*, o homem tem três dimensões, em que se desdobra sua existência: a física, a psíquica e a histórica. Estes três campos são situados no tempo, envolvem a pessoa e lhe dão todos os condicionamentos necessários à vida. A dimensão histórica é a projeção do homem na práxis dos acontecimentos que lhe compõem a vida. Neste domínio age espontaneamente ou por prescrição de normas. Porém, esta dualidade não modifica essencialmente os fatos de sua vida. Apenas os diferencia.

Este lado da informática jurídica é de fundamental importância, pois coloca a Ciência do Direito dentro do objetivo da informática em geral, que é armazenar, organizar e possibilitar a disposição de dados pelos utilitários. E ainda, conforme o caso, fazer certas operações.

Com isto será simplificado o mecanismo jurídico, tanto do ponto de vista do Direito Material, pelo acesso de dados, quanto do lado processual, pelo funcionamento automático da ação por meio de seus módulos constitutivos, favorecendo a condução do processo pelos próprios interessados. Desta forma se derruba o mito da inacessibilidade do processo pelos leigos e da imprescindibilidade do advogado e do juiz.

Em sindicatos, nas empresas ou em outros órgãos públicos correlatos, poderá haver tentativas de conciliação (como no caso das CCP) com a rápida apresentação dos dados e dos pedidos, de preferência colhidos eletronicamente.

Não obtida a conciliação, o processo seria arbitrado pelos conciliadores, que se transformariam em julgadores do caso concreto. A parte, ou partes, insatisfeita(s) poderia(m) recorrer à Vara competente. Se mantida a decisão arbitral, o juiz agiria como prescreve o art. 895, § 4º: a Vara expediria certidão, registrando tal circunstância, que equivaleria à sentença de primeiro grau para todos os efeitos legais.

O recurso, somente em matéria jurídica e as contrarrazões seriam interpostos obrigatoriamente por via informática, contando-se o prazo a partir da audiência em que se manteve a decisão arbitral. No TRT, o mesmo procedimento em julgamento rápido e informal.

Com este simples expediente, se garantiria o julgamento rápido e seguro do processo em primeiro e segundo graus com três sentenças. O recurso de revista não teria influência na execução, que seria definitiva. Para garantir a imediatidade da execução, poder-se-ia tomar três medidas simples:

a) exigir o depósito do valor total da condenação, que seria liberado depois do julgamento de segundo grau;

b) liberação da quantia depositada a partir da sentença de primeiro grau, com a garantia de que, reformando-se a sentença em segundo grau, o Fundo de Garantia de Indenizações Trabalhistas [176] reporia ao empregador a quantia que o reclamante recebeu;

c) aplicação ao Processo do Trabalho do art. 475-O, § 2º, do CPC.

Estas medidas já foram implantadas por via jurisprudencial na 4ª Turma do TRT de Minas. [177]

Para completar o quadro da agilização, pode-se exigir do advogado, e isto não lhe custará quase nenhum trabalho, pequena providência que redundará em seu próprio benefício. A petição inicial será entregue em versão escrita (para poupar os tribunais de sua impressão e autuação) mas acompanhada de versão informatizada.

A Vara a remeterá de imediato à empresa, por meio de simples e-mail, certificando-se nos autos. Os advogados fornecerão às Varas seus endereços eletrônicos. A citação se perfaz em poucos instantes. Na audiência única, toda automatizada, as partes receberão cópia imediata dos atos praticados, inclusive da sentença, se tiver sido dada logo após a instrução.

Em caso de recurso, as contrarrazões se farão, da mesma forma, por meio de e-mail. E assim o processo subirá rapidamente aos tribunais.

A tecnologia da informação, com o impressionante armazenamento de dados da Internet, utilizados, multiplicados e disponibilizados por programas e divulgados por meio de redes, potencializa-se ao extremo, assumindo nível mundial.

Toda sequência lógica de fatos e acontecimentos pode ser algoritimizável e, uma vez transformada em linguagem de programa, repete-se indefinidamente, possibilitando a divulgação barata e fácil do conhecimento humano.

Esta irresistível tendência da comunicação universal é um fato espetacular que importa no crescimento da humanidade. A transmissão de dados pode ser feita

---

(176) Este fundo, como se sabe, já foi criado pelo artigo terceiro da EC-45/04. Resta agora à lei ordinária regulamentá-lo, pois o meio de sua constituição já está inclusive previsto: ele será constituído das multas decorrentes de condenações trabalhistas e administrativas oriundas da fiscalização do trabalho, além de outras receitas. Portanto, basta apenas ao legislador determinar que as multas de condenações trabalhistas e administrativas (quando forem pagas sem recurso ao Judiciário) sejam recolhidas ao fundo, constituído por uma conta na CEF ou no BB, tal como se faz com a contribuição sindical. No caso de pagamento à empresa, o juiz expedirá alvará que será cumprido incontinenti pela instituição bancária. Tudo isto feito por meios eletrônicos diretamente dirigidos ao órgão depositário. Para detalhes sobre o Fundo de Garantia de Indenizações Trabalhistas ver ÁLVARES DA SILVA, Antônio. *Execução provisória trabalhista depois da reforma do CPC*. São Paulo: LTr, 2008. p.124.

(177) Esta aplicação já vem sendo realizada pela jurisprudência, por meio de sucessivas e reiteradas decisões da 4ª Turma do TRT de MG. Para maiores detalhes sobre o tema, ver ÁLVARES DA SILVA, Antônio. *Execução provisória... op. cit.*, p.103 e ss.

com programas audiovisuais e outras técnicas, que facilitam a compreensão e o autoentendimento dos fatos e das coisas.

Estes recursos tornam compreensível a matéria objeto de explicação e sua acessibilidade pelo cidadão é imediata. Aulas ao vivo podem ser vistas e ouvidas por vídeos, até mesmo em nível internacional, com tradução simultânea, mediante convênios e acordos entre universidades.

Estes fatos têm duas consequências: não retiram a interatividade do professor com o aluno. Mas diminui a intensidade desta presença dual, que faz parte do aprendizado clássico. A atividade do docente assumirá um papel supletivo e orientador, porém não mais constitutivo do processo da aprendizagem, como é hoje.

Quando se tratar de divulgação, ela será plena e provirá de um número incontável de fontes. Se o autor da busca da informação conhece línguas estrangeiras, elas se tornam ilimitadas.

É bem provável que, no futuro, se amplie significativamente a inserção de livros na rede, permitindo o acesso a obras completas dos professores das principais universidades do mundo, barateando o acesso e tornando-o possível em relação a obras raras e esgotadas ou que são úteis para pesquisas e consultas, mas não necessariamente para aquisição. [178]

A democratização e o acesso rápido e fácil à lei e a esclarecimentos feitos por especialistas e doutrinas, respondendo a questões concretas de interesse do cidadão, permitem que a sociedade se afaste até certo ponto do monopólio do saber institucionalizado de profissões liberais (juízes, advogados, médicos, engenheiros, etc.) procurando o próprio interessado a primeira informação do fato de seu interesse.

No caso do Direito, vai permitir que a própria parte exerça o *jus postulandi* em qualquer jurisdição, nos casos mais simples, democratizando-se o acesso à Justiça, levando-a efetivamente ao povo.

A inteligência humana, colocada frente a frente com estes novos problemas, terá que desenvolver sensocrítico e capacidade de discernimento e escolha, diante do mundo fascinante da informação, que existe pertubadoramente aos milhares, exigindo habilidade e inteligência nas escolhas e opções.

Com isto, abrem-se as portas para um novo mundo.

Já se pode perceber a influência da informática para o aperfeiçoamento e maturação do Direito enquanto ciência.

Antes da Lei das XII Tábuas, do século quinto antes de Cristo, o Direito tinha base costumeira. Era influenciado pelas relações sociais vigentes que, ainda não estratificadas em instituições, eram difusas e pouco consistentes.

Por isto, as classes dominantes as utilizavam para exploração e domínio das demais.

---

(178) Cite-se como exemplo, o *Deutsches Wörterbuch von Jacob Grimm und Wilhelm Grimm*. 16 volumes, hoje facilmente acessível pela Internet. O fato mostra a universalização da cultura e a sobreposição do saber e do conhecimento sobre os interesses meramente econômicos e lucrativos.

Falando sobre a Lei das XII Tábuas, disse *Cícero* no *De Oratore* que ela mostra, nas instituições jurídicas estabelecidas, os costumes e a vida dos antepassados, a organização da cidade, a vida política. Diz:

"Não é através de disputas infinitas e litigiosas, mas por meio de influente menção das leis, que aprendemos a vencer nossas paixões, a frear qualquer desejo, a defender nossos bens, e a manter longe dos bens alheios o pensamento, os olhos e as mãos..." E concluía Cícero: "Este único e pequeno livro das XII Tábuas, se atendermos às fonte das leis e aos momentos essenciais, supera, pelo peso da autoridade e pela extensão do seu valor prático, bibliotecas inteiras dos filósofos." [179]

Com estas afirmativas *Cícero* salientava a função da lei na sociedade humana. Por ela é que se obtém a ordem mínima, capaz de instalar a disciplina social e separar os bens próprios dos alheios, dos quais devemos manter longe o pensamento, olhos e mãos.

A função pacificadora da lei, obtida pela vigência incondicional e obrigatória, substituía as discussões intermináveis e as polêmicas sem fim, próprias e naturais dos filósofos e juristas. Porém há o instante decisivo em que todos devem ceder, à vontade comum do legislador, à vontade pessoal ou à convicção filosófica. Nisto a grande e eterna missão das leis: criar na sociedade a ordem mínima, a todos extensiva. As disputas e discussões não morrem. Mas há uma referência obtida, que todos tomam como medida: a lei.

Esta objetividade só pode ser conseguida, quando as leis se vazam na escrita, porque as palavras, mesmo com a natural ambiguidade da linguagem, dão forma e fixidez às ideias e se comportam como modelo de ajuste da conduta humana.

Começa assim a fase escrita do Direito, que se perpetuaria até nossos dias, da qual não escapam nem mesmo os países do *common law*.

Depois se seguiu a fase do Direito impresso, ou seja, o Direito escrito, divulgado para todos. Se a lei (*legere*, ler) é comando geral, precisa ser lida e conhecida. Não se pode falar numa ordem social se seus membros não conhecerem a lei que rege a conduta coletiva.

A presunção de conhecimento da lei por todos é uma ficção necessária para que o ordenamento jurídico cumpra sua finalidade, pois na prática elas não são conhecidas em sua totalidade nem mesmo por especialistas, juízes, advogados e professores. Porém, sem esta presunção, o sistema não funcionaria e todo cidadão, ao desrespeitar as leis, teria pronta a justificativa de não conhecê-las.

Finalmente, o Direito impresso foi objeto de registro e sistematização na documentação informatizada, pela qual se classificam as leis e se obtém texto, de modo fácil e imediato, por meio de programas de procura, altamente desenvolvidos e sofisticados. O Poder Executivo e o Poder Legislativo possuem *sites* de boa qualidade para a divulgação e acesso das fontes normativas. Pelo Google se pode pesquisar até mesmo por palavras ou frases de uma lei, desde que devidamente indicadas.

---

(179) BRETONE, Mário. *História do direito romano*. Lisboa: Estampa, 1990. p. 46. Para o texto em latim, ver o mesmo autor citado, p. 57, que aqui deixamos de transcrever por questão de economia.

Atinge, assim, a lei seu grau máximo de conhecimento pelo cidadão.

É verdade que ainda estamos longe de dizer que o povo conhece as leis, mas podemos afirmar, com toda certeza, que, graças à informática, este conhecimento se tornou mais real e possível. [180]

Portanto, as fases de evolução das leis: costumes, lei escrita, lei impressa e lei registrada e sistematizada nos acervos informáticos são um exemplo de evolução da cultura humana, para que as leis sejam de fato, e não apenas por presunção, conhecidas.

Esta circunstância diminui a distância entre as leis e o povo, despertando no cidadão a consciência de que é efetivamente parte da vida social, conhecendo direitos e reivindicando-os quando violados.

É bem possível que, no futuro próximo, haja tribunais, semelhantes aos juizados especiais, espalhados pelos bairros, ao alcance direto do cidadão, que façam um trabalho não só repressivo, mas também preventivo e até mesmo premial, compensando, com vantagens concretas, as indústrias que não poluem nem dispensam.

Todos estes mecanismos são plenamente possíveis, mas presumem o conhecimento da lei e dos direitos pelos cidadãos. Não basta a lei nem seu cumprimento coercitivo. É preciso despertar na cidadania o sentimento da prevenção e da cooperação.

5. INFORMÁTICA E DIREITO. DIREITO INFORMÁTICO

A informática, enquanto ciência da modernidade, ramificou-se por toda a sociedade, como se viu no item 3. Dela se servem praticamente todas as pessoas e instituições. Não é possível conceber o mundo atual sem a informática, tanto na guerra, como na paz. O Direito não ficou, nem poderia ficar, indiferente à nova ciência.

Inicialmente, o Direito serviu-se da informática, como também já discutimos, como função auxiliar de documentação. Depois, utilizou-a, ainda como função auxiliar, na condição de gestora da atividade jurídica. Depois, trouxe-a para seu próprio conteúdo, por meio da função julgadora.

Já agora não se pode mais falar em atividade secundária, mas sim em atividade principal e básica, fundamental à Ciência do Direito, que é a atividade decisória.

O Direito é, antes de tudo, um grande sistema normativo que, guiado por valores inseridos nas normas, regula a vida social. Seu objetivo é instituir a justiça possível entre os homens, criar condições para a convivência pacífica entre eles e resolver os conflitos que inevitavelmente surgem desta atividade.

Conforme *Mário Bretone*, "O direito é um agir e um saber orientado praticamente, que se eleva por vezes ao plano da reflexão teórica. Com ele, o homem antigo, bem como o moderno, tem vindo a organizar em contextos históricos determinados a sua vida social". [181] Esta organização, "elevada ao plano da reflexão teórica",

---

(180) Também aqui é fundamental o papel da imprensa. Toda lei tem como conteúdo um recorte da realidade. Como, no mundo pós-moderno, há um variado leque de problemas, a opção do legislador por um deles, que se transforma em lei, gera interesse popular, tornando o assunto objeto de reportagens e divulgações pela imprensa falada, escrita e televisionada. Por isso, as leis importantes nunca ficam ocultas e chegam necessariamente ao conhecimento do povo.

(181) *Op. cit.*, p.11.

procura fixar-se em valores. Quando assume a forma de um "agir prático", desce para o conteúdo normativo e fático.

O homem, enquanto tal, está sujeito às leis biológicas (pois é corpo e matéria) e, como animal social, às que regem a sociedade em que vive. Portanto sujeita-se tanto à realidade noumênica quanto fenomenológica. [182]

Nesta atividade multiforme, está a de definir a vida social e revolver os problemas que dela emergem. Portanto quando o Direito se serve da informática, para exercer a informática decisória, coloca-a no cerne de sua estrutura e a usa como função primordial.

Normalmente, quando o Direito usa a informática para seus fins, dela recebe o auxílio instrumental. Surge então a expressão "informática e Direito".

Se se quer ver a expressão ao reverso, é também correto afirmar-se que o Direito influencia a informática, pois suscita perante ela questões próprias que também necessitam de reflexões e estudos: como se há de construir programas jurídicos para atividade decisória em sentido amplo? Como municiar as máquinas de meios para responder questões jurídicas? Como fazer do Direito um amplo sistema analógico com integração, num só programa, das principais leis e códigos: Direito do Trabalho, o Direito Constitucional, Administrativo, e Civil?

E as questões se sucederiam, a ponto de permitir a troca dos substantivos da expressão: em vez de Informática e Direito, pode-se falar de Direito e Informática.

Se a intenção é salientar a juridicização da informática, falamos em "informática jurídica". Se a intenção é pôr em relevo a informatização do Direito, dizemos "Direito Informático". Mas, tanto num exemplo quanto no outro, o que há é a interpenetração das duas disciplinas, que se completam numa associação recíproca e oportuna, formando um novo saber que se integra, como matéria nova, no rol das disciplinas jurídicas.

A sociedade pós-moderna caracteriza-se pela juridicização de todas as esferas sociais. [183] Isto provoca necessariamente a expansão do Direito para novas esferas e realidades, que a Ciência do Direito terá que assimilar e dar conteúdo racional e lógico.

No caso da informática jurídica ou do Direito informático teremos de decidir se se trata de novo ramo da Ciência Jurídica, com autonomia didático-científica, dotado de conteúdo próprio e metodologia específica ou apenas de uma interferência recíproca de áreas de conhecimento, natural em todas as ciências.

A criação da autonomia de uma nova disciplina, a ponto de colocá-la no elenco das que fazem parte da Ciência do Direito, é problema complexo e não cabe discuti-lo no âmbito estreito deste estudo.

A autonomia de uma disciplina jurídica se avalia por três requisitos básicos:

a) autonomia científica: a disciplina tem que ter um conteúdo próprio, diferente das demais;

---

(182) MORRISON, Wayne. *Filosofia do direito — dos gregos ao pós-modernismo*. São Paulo: Martins Fontes, 2006. p 177.
(183) MORRISON, *op. cit.*, p. 17.

b) autonomia metodológica: a disciplina tem que possuir métodos próprios de pesquisa para examinar seu conteúdo e salientar sua autonomia científica;

c) autonomia didática: não pode ser ensinada como agregada a outras disciplinas. Seu conteúdo material tem que estar ao lado, mas não dentro de outra disciplina.

No que diz respeito ao item a), o Direito Informático (DI) tem certo conteúdo próprio como, por exemplo, os problemas pertinentes ao cliente e o provedor de acesso. O uso indevido da Internet. As infrações e crimes que por meio dela se podem cometer. Até quando se pode falar de uma liberdade de comunicação informática universal? Não havendo fronteiras para a Internet, como ficam as questões da territorialidade e da competência? Como será a forma dos negócios jurídicos *on line*? Como se conceituará aqui o tempo jurídico?

Mas a grande maioria das questões jurídicas capitulam-se dentro do Direito já existente: contratos informáticos, proteção do *softwares*, transferência de fundos por via informática (direito civil e comercial), compra e venda pela Internet (Direito Civil e Comercial), proteção de dados pessoais (Direito Constitucional e Civil) fluxo de dados além das fronteiras locais (Direito Internacional e Direito Internacional Privado) e assim por diante.

De fato, o que há é uma expansão do objeto do Direito já existente, que não é suficiente para ser tratada com autonomia. [184]

O método como *ancilla cientiarum*, auxiliar das ciências, é comum a todo conhecimento organizado. Porém, à medida que a ciência ganha autonomia, é natural que desenvolva métodos próprios de pesquisa, pois a autonomia é exatamente uma consequência desta atividade.

A Ciência do Direito, por ser ciência, ou seja, conhecimento voltado para um objeto, tem método próprio. Por ser ciência fenomênica, tem que ser dotada de objetividade, rigor e espírito crítico. [185] Para atingi-los, serve-se da ampla gama do método das ciências sociais: ensaio-erro, abstração, comparação estrutural, conceitos técnicos operacionais, para que se possa lidar com dados jurídicos concretos: contratos, lei, domicílio, salário, sindicatos, etc.

O próprio conceito elaborado é um método para lidar com seu conteúdo, ampliá-lo ou restringi-lo conforme as necessidades sociais.

Se o método é da Ciência do Direito, não se pode dizer, com rigor científico, que cada disciplina que a compõe tem seu método próprio. Elas se servem do método jurídico e o adaptam a suas realidades concretas e necessidades temporais. Neste sentido figurado é que se fala que têm "método próprio".

Não creio que o Direito Informático (DI) ou a Informática Jurídica (IJ) tenham método próprio neste sentido. Por reunir institutos de outros ramos, deles utilizará o método que lhes for peculiar.

O Direito, em sua base fenomênica, evolui com o fluir dos tempos, principalmente com os grandes impulsos da ciência no mundo atual. Vários ramos

---

(184) Guibourg fala de "um novo modo de agrupar problemas" que não chega aos limites da autonomia propriamente dita. *Op. cit.*, p. 220.
(185) HERVADA, Javier. *Lições propedêuticas de filosofia do direito*. São Paulo. Martins Fontes, 2008. p. 427.

da Ciência do Direito se encontram em formação e em desenvolvimento, tais como o Direito Automobilístico, Aeronáutico, Marítimo, Rural, do Menor e do Adolescente, Previdenciário, Espacial, Biológico, Ambiental. Mais cedo ou mais tarde adquirirão foros de plena autonomia, com área própria de conhecimento, método e independência didática.

Deixarão de se basear em leis que hoje são seu conteúdo, como o Código de Trânsito Nacional, Estatuto da Criança e do Adolescente, para se transformarem, por meio de necessária abstração, em ramos autônomos. Farão o caminho que vai da lei para o Direito, ou seja, da norma para o princípio, do fato para a ideia.

O mesmo se diz dos crimes informáticos. Ainda se pode tratá-los com base na realidade existente, tal como acontece com o Direito do Trabalho em relação aos crimes contra a administração do trabalho.

O legislador, ao criminalizar os ilícitos informáticos, poderá criar um novo capítulo na parte especial dos códigos penais ou, quando a disciplina é autônoma e possui processo próprio e jurisdição independente para decidir as controvérsias com base em seu conteúdo, poderá atribuir também à jurisdição especializada a competência para julgar os crimes a ela relativos.

É exatamente isto que se discute hoje com o Direito do Trabalho. Os crimes contra a organização do trabalho, previstos no Código Penal — arts. 197-207 do Código Penal — devem ser aplicados pela jurisdição penal comum (Justiça comum) ou pela Justiça especializada — Justiça do Trabalho? [186]

Como o DI e a IJ ainda não têm jurisdição autônoma, nem se sabe se um dia terão, os crimes a elas inerentes serão julgados pela Justiça comum, embora com conteúdo especializado.

Esta tendência, reivindicada por muitos, de criminalizar tudo não é frutífera nem para o Direito nem para o povo. O melhor que o Estado pode fazer é aparelhar a Justiça para que seja rápida e eficiente. E deixar que o próprio Direito, vivendo as necessidades do concreto, crie suas próprias soluções.

A reposição patrimonial e penalidades menores (multas, perdas de direitos, multas administrativas patrimoniais, interdição de direitos), quando aplicadas com rapidez e eficiência, surtem resultado muito mais efetivo do que as penas que, cominadas em grandes proporções, nunca são de fato aplicadas. Com isto, desmoralizam-se não só as penas, mas também o Judiciário.

Lei nenhuma faz milagres sem a cooperação do homem a que se destina. Os comandos jurídicos são realidades projetadas. E nelas precisam incidir, quando aplicados. Caso contrário, cairão no descrédito e na inutilidade.

6. INFORMÁTICA JURÍDICA NO BRASIL

O Brasil, depois de algumas tentativas menores, entrou na era da informática judiciária por meio da Lei n. 11.419/06, que dispõe sobre a informatização do processo, introduzindo várias modificações no CPC.

---

(186) Sobre o assunto, ver ÁLVARES DA SILVA, Antônio. *Competência penal trabalhista*. São Paulo: LTr, 2006.

Numa apreciação geral, trata-se de uma boa lei. Contém quatro capítulos e vinte e dois artigos.

Seu objetivo é restrito. Visa à informatização do processo. Não é uma lei ampla. A informatização do Direito Material ficou de fora. Como seu viu anteriormente, este aspecto da informatização jurídica envolve grandes e difíceis problemas, que o legislador, aqui e no mundo, ainda não enfrentou com sucesso. Esta segunda fase será atingida por meio de um processo evolutivo. Porém, já tivemos um bom começo. E isto é muito importante.

Toda ciência será, de um modo ou de outro, influenciada pela informática, pois se trata de uma nova ferramenta científica à disposição da humanidade pois, como assinala *Friedman*,

É inegável que agora um número maior do que nunca de pessoas tem a possibilidade de colaborar e competir em tempo real com um número maior de outras pessoas de um número maior de cantos do globo, num número maior de diferentes áreas e num pé de igualdade maior do que em qualquer momento anterior da história do mundo.[187]

Esta "planificação" do mundo, quebrando a noção do espaço físico por meio de uma virtualidade sempre crescente, constitui o piso definitivo com base no qual se erguerá todo o edifício científico do pós-moderno.

Este maior número de pessoas, sempre em integração com outras, envolvendo indistintamente todos as regiões do mundo, permite a comunicação entre elas, em pé de igualdade, como jamais se viu na história do mundo.

Todos podem trabalhar integradamente, para diferentes empresas, prestando trabalho de natureza variada, localizado em qualquer lugar do globo terrestre. A distância e o território não são mais obstáculo para o trabalho humano. Uma empresa americana pode ter qualquer setor de serviços na Índia ou no Brasil, sem nenhum prejuízo na mobilidade ou na eficiência.

Esta universalidade existe graças aos meios eletrônicos de contato e comunicação que, prescindindo do espaço e operando em tempo real, mudam a natureza e o sentido da atividade humana em qualquer ramo da ciência. Com o Direito não poderia ser diferente.

A razão do começo da informática jurídica na área do processo é compreensível. A própria ciência do processo é formal. Constitui-se de atos conjugados, voltados para um objetivo final. Já é, por natureza, um modelo logicamente estruturado.

Esta situação facilita a informatização e a algoritmização, permitindo a construção de um sistema sem os problemas maiores que teriam de ser enfrentados na modelização do Direito Material.

É muito esperançoso este começo, mas há ainda um longo caminho a ser percorrido. A mesma distância que existe entre a lei e o fato existe entre o pen-samento e a ação.

O agir humano é finalístico e sofre as limitações do mundo exterior. Enfrenta problemas que dificultam a realização da teoria. Perde-se muitas vezes em obstáculos

---

(187) FRIEDMAN, Thomas L. *O mundo é plano* — uma breve história do século XXI. Rio de Janeiro. Objetiva, 2005. p. 16.

insuperáveis, cuja existência não se pode sequer prever. *Aristóteles* dizia: "Nunca se é tanto mestre da acção exterior senão quando essa acção foi precedida de exame e de reflexão." [188]

Mas os fatos vão ainda além do que previra *Aristóteles*: muitas vezes o exame e a reflexão não levam ao êxito da ação, em virtude da imprevisibilidade de certos acontecimentos, que interferem na ação de maneira inopinada e imponderável. As causas do mundo externo jamais estarão plenamente sujeitas ao controle do homem.

A informática, por ser uma nova ciência, terá ainda que se afirmar. E isto importa um longo percurso. Mas, sem começo, não há princípio nem fim. Não se há de medir as coisas por sua dificuldade, mas pela vontade de realizá-las.

No capítulo 1º, a lei define as operações que disciplina pelo meio eletrônico, que são a comunicação de dados, a tramitação de processos judiciais, a comunicação de atos e a transmissão de peças processuais.

A representação gráfica dos propósitos da Lei n. 11.419/06 é seguinte:

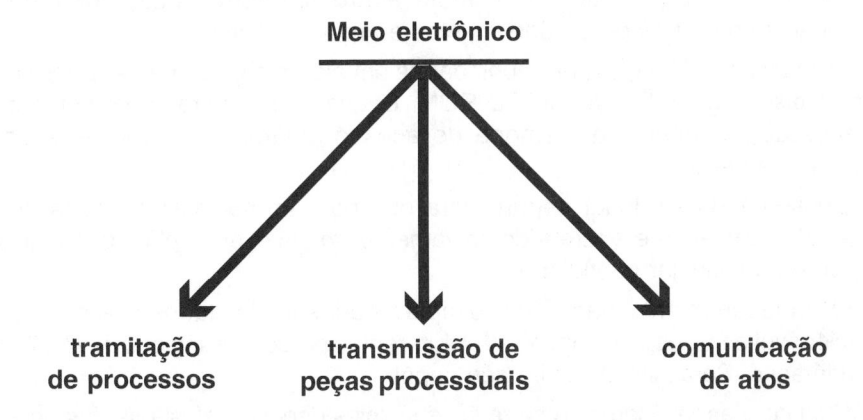

Meio eletrônico

- **tramitação de processos**
- **transmissão de peças processuais**
- **comunicação de atos**

O § 1º do art. 1º diz que a lei se aplica aos Processos Civil, Penal e Trabalhista. Não fez referência ao Processo Eleitoral e ao Militar. Mas, naturalmente, não se pode excluí-los nem privá-los da modernização. O processo militar pode ser incluído como espécie no Processo Penal e o Processo Eleitoral, no Processo Civil, *lato sensu*.

A informatização pode dar-se em relação a todo o processo ou em diferentes graus de jurisdição. Neste caso, será parcialmente eletrônico, realizando-se os demais setores "manualmente", ou seja, por procedimentos comuns e tradicionais.

No § 2º, a lei faz definições para facilitar o alcance da nomenclatura nela usada, o que facilita a interpretação e a concretização de seus efeitos. E andou bem neste propósito.

O princípio de que as definições constituem missão da doutrina e não do legislador está superado pelos tempos atuais. O legislador moderno usa e até mesmo abusa das chamadas "definições funcionais", para facilitar a aplicação das leis, que são complexas e impregnadas de termos técnicos e conceitos provenientes de diversas disciplinas e ramos da ciência.

---

(188) ARISTÓTELES. *Política*. S.l. Europa-América, 1997. p.49.

Sem uma noção funcional, para efeitos da própria lei, seria impossível sua maneabilidade pelos aplicadores e sua compreensão pelo público destinatário de seus preceitos.

Em razão da matéria nova, fruto da ciência que se introduz frequentemente nas leis — muitas vezes constituindo conceitos técnicos de grande amplitude — só mesmo uma definição legal poderia limitá-los aos propósitos da lei.

Naturalmente, a doutrina poderá discuti-la, ampliá-la e criticá-la. Esta função crítica do jurista e do intérprete jamais poderá ser excluída da ciência jurídica. O legislador tem seus limites. E não pode ir além deles. Nem muito menos o jurista está obrigado a aceitá-los. Poderá ir além, reformulando, ampliando e restringindo, como convém à liberdade da ciência

As definições, segundo a sabedoria romana, devem colocar-se no início das disputas, para orientar a discussão e nivelar os debatedores a fim de que, falando a mesma linguagem, possam entender-se sobre o mesmo objeto: A definição é o início para toda discussão. *Definitio est initium omni disputationi.*

No item I, do § 2º, define-se meio eletrônico como "qualquer forma de armazenamento ou tráfego de documentos e arquivos digitais".

"Armazenar"[189] é gravar e reunir dados em algum objeto que os conserve, por exemplo disco rígido, flexível ou CD-ROM. Enquanto se escreve em computador, os dados permanecem na memória de acesso aleatório — RAM — e podem facilmente perder-se.[190]

Conservá-los em lugar seguro para que possam ser mais tarde facilmente recuperados e usados é a tarefa do salvamento, *to save*, em inglês, que hoje já se incorporou ao linguajar quotidiano.

O armazenamento não é um simples depósito de dados. Para se tornar operacionável e útil, deve submeter-se a diferentes processos lógicos de reutilização e recuperação. Só assim cumprirá seu papel.

Quando o armazenamento se reduz a simples depósito, afasta-se dos princípios informáticos e se torna uma categoria do mundo real, em que é frequente a reunião desordenada de objetos, coisas e material, sem qualquer critério para organizá-los.

Aqui se vê claramente a realização do procedimento de informatização. Primeiramente, ordenam-se os objetos dispersos dentro de um critério, modelizando seu conteúdo dentro de um princípio organizador. Depois se atribui a este critério algoritmos que o identificam. Faz-se o programa e o acesso torna-se fácil e criterioso.

Além de armazenamento, a lei usa a palavra "tráfego" na expressão "armazenamento ou tráfego", variante de "tráfico", que significa correlação, comércio, trânsito, negócio, movimento, dinâmica: *business, commerce,* [191] como é frequentemente usada no vocabulário comercial internacional.

---

(189) Do árabe ár. *al-mahazán*, vulg. *al-mahazén* "botica, celeiro, sótão, entreposto". Parece que, na língua portuguesa, sofreu a influência de "arma". Daí a presença do "r." Armazenar significa, portanto, reunir, juntar, colocar em lugar comum.
(190) Dicionário dos usuários de microcomputadores. Rio de Janeiro: Campus, 1993. p. 302. Para a explicitação dos termos técnicos de informática, usamos, além do já citado, *o Minidicionário de informática*. São Paulo: Saraiva, 1999.
(191) Ver o *American Heritage Dictionary,* versão *on line*.

Provém de *trans*, *além* e *faex*, *fecis*, borra, resíduo, resto, excremento, ficando da palavra um sentido positivo, que é o comércio, a transação, e outro negativo, na variante "tráfico" (tráfico de drogas, por exemplo). Esta versão é fiel à etimologia.

Documento é um arquivo, produzido pelo usuário, cujo conteúdo pode ser um texto, uma planilha, um relatório, um memorando, etc. Geralmente provém de um aplicativo para beneficiar o usuário final e permitir-lhe o uso rápido e eficiente de um serviço que o computador possa prestar-lhe.

Os programas que facilitam a obtenção de serviços prestados pelo computador chamam-se aplicativos, cuja evolução, nos dias atuais, permite ao usuário leigo o acesso fácil a mecanismos complexos, com resultados rápidos e imediatos: programas de redação de texto, com todos os conhecidos recursos, que facilitam a vida de todos nós: correção gramatical automática, uso correlato de dicionários, inclusive com pronúncia, quando se trata de língua estrangeira, acesso a calculadoras, desenhos, gráficos, formas fixas de ajuda e composição de textos, etc.

O sentido da palavra "documento" ampliou-se na linguagem informática, tornando-se mais flexível.

No CPC, por exemplo, tem sentido rígido e técnico como meio de prova fixo e indelével, que presume a verdade do fato que lhe constitui o conteúdo.

Já no terreno da informática, o documento é produzido pelo próprio usuário ou por fontes que o transmitem em rede, sendo comum neste caso mudanças e adaptações em seu texto, em virtude da divulgação.

O tráfego de documentos é de fundamental importância na informática jurídica, pois sua dinâmica consiste exatamente no envio de documentos de uma fonte para outra.

O processo se constitui de diferentes fases e cada uma delas se materializa em "documentos" produzidos pelas partes, serventuários e juízes. A troca recíproca destes documentos, que se faz por meio da comunicação de atos — art. 1º, é a dinâmica e o fundamento da informatização do processo.

Finalmente a lei usa a expressão "arquivos digitais".

A vida do homem e as instituições que cria para facilitá-la se constituem de atos sucessivos e cumulativos através do tempo. Na vida particular, praticamos inúmeros atos — depósitos bancários, redação de cartas, pagamentos vários, negócios, etc, cuja prova frequentemente temos a necessidade de demonstrar, principalmente quando solicitada pelos órgãos públicos.

Do ponto de vista coletivo, os povos, em sua vida nacional e internacional, também produzem sucessivos documentos como resultado de atos, ações, transações e negócios. Tudo isto precisa ser ordenado, para que haja estabilidade e coerência nas relações humanas.

Daí a necessidade de arquivos que são o repositório de dados importantes, públicos ou particulares, da vida individual, coletiva e nacional.

A palavra arquivo provém do grego *arkheia*, plural de *arkheion*, cidade, local, onde moravam os principais magistrados e onde eram guardados os documentos.

A palavra básica é *arkhé*, governo.

A história da palavra mostra seu significado técnico: arquivo é tudo o que o usuário guarda no computador, segundo certos critérios de armazenamento, para depois recuperá-lo com facilidade.

Dentro de uma "pasta", para usar da linguagem comum tecnicamente aproveitada, distribuem-se os diferentes documentos gravados ou arquivos, com diferentes extensões, que permitem indicar o tipo da informação que é objeto do arquivo e o modo de recuperá-lo: texto. doc; win.exe; e outros tais como ".sys" (ponto sys), ".zyp", etc.[192]

O item III do § 2º trata da assinatura eletrônica, conceituada como "forma de identificação inequívoca do signatário".

Quando a pessoa digita e imprime um documento, nele apõe uma assinatura de próprio punho para convalidá-lo. Demonstra a vinculação do documento a quem o produziu ou mandou produzir. Se ele se constitui de várias folhas, uma rubrica em cada uma (além da assinatura a final) garante a autenticidade total.

Para garantia da assinatura perante terceiros, usou-se do expediente do reconhecimento da firma, por intermédio de cartórios, em que um espécime da assinatura fica arquivado.

Com a assinatura digital, o procedimento é o mesmo, embora em outra dimensão. Como no plano virtual não é possível a interferência física, o autor do documento, para certificar sua validade perante o órgão receptor, tem a necessidade de recorrer a um terceiro que figure como depositário de um tipo de codificação, pela qual se possa identificar a assinatura do emitente.

Esta identificação é criptografada,[193] ou seja, gravada em códigos que tornam ininteligível o conteúdo da mensagem, a não ser para aqueles que sejam capazes de decodificar a cifra.

No Brasil, esta certificação é regulada pela MP 2.200-2/201, que instituiu a infraestrutura de chaves públicas brasileiras — ICP-Brasil.

A Lei n. 11.419/06 usou a expressão "assinatura eletrônica" como gênero, do qual fazem parte a assinatura digital, cuja autenticidade é comprovada por autoridade certificadora, na forma da lei, e o chamado "cadastro de usuário" junto ao Poder Judiciário, disciplinado pelos órgãos respectivos.

A assinatura eletrônica é um grande passo complementar à informática em geral, pois permite com segurança o tráfego de dados.

Normalmente, as pessoas se satisfazem com os dados recebidos porque conhecem a fonte emissora ou, mesmo não a conhecendo, eles não constituem fonte de negócio ou transação comercial, que importe em responsabilidade financeira.

Como hoje o computador é um meio de transações comerciais que tende cada dia a crescer e aumentar, era preciso que o negócio por ele realizado tivesse segurança jurídica. A assinatura digital serve a esta finalidade.

A criptografia registrada na fonte de referência permite a identificação segura da assinatura e libera o documento.

É claro que há o risco de fraude, como em tudo numa sociedade organizada. Mas o reconhecimento da assinatura digital é mais seguro do que a assinatura física,

---

(192) Um amplo rol das extensões mais usuais pode ser encontrado no final, p. 433, Anexo IV, do *Minidicionário de Informática*, já citado anteriormente.
(193) Criptografia provém do adjetivo grego *kruptós*, que significa oculto, ininteligível, acrescido do radical "grafia" escrita, proveniente do verbo *grapho*, escrever.

que pode ser falsificada com certa facilidade por técnicas altamente aperfeiçoadas, hoje empregadas para este fim.

Já a identificação dos algoritmos de uma criptografia dificulta a falsificação, pois sua decodificação por ensaio e erro se torna praticamente impossível.

O órgão certificador funciona como um cibercartório em que seu titular, o cibernotário, faz o papel do escrivão comum.

É certo que, em pouco tempo, todo possuidor de e-mails terá também uma assinatura que será imediatamente descriptada pelo cibernotário ou tabelião informático, dando autenticidade à assinatura.

O art. 2º prevê que o envio de petição, recursos e a prática de atos processuais se fará por meio de assinatura eletrônica, sendo obrigatório o credenciamento prévio no Poder Judiciário.

Este dispositivo foi duramente criticado pela OAB que propôs ação direta de inconstitucionalidade contra ele e outros dispositivos da Lei n. 11.419/06.

O fato é que, além da instituição da infraestrutura de chaves públicas, criada pela MP 2.200, foi criado o cadastro de usuário do Poder Judiciário que exige credenciamento prévio perante este poder.

O parágrafo primeiro exige que o cadastro de usuário preveja a "adequada identificação presencial do interessado". Isto é óbvio em qualquer órgão certificador que, funcionando como cibernotário, deve identificar adequadamente o identificado.

A criação de um cadastro único é uma medida que, mais cedo ou mais tarde, deverá se impor. A função da informática é exatamente esta: adotar medidas gerais e eficientes, que substituam todas as medidas particulares, instituindo soluções genéricas, extensivas a todos os interessados e facilitando a vida das pessoas.

O art. 3º prevê o instante de realização do ato processual, estabelecendo critério objetivo para avaliar o cumprimento da parte. Este critério é o envio ao sistema do Poder Judiciário, que fornecerá protocolo eletrônico.

A opção é correta e melhor do que a outra possível, que seria a do recebimento pelo órgão judiciário.

O prazo de envio de petições, para cumprimento de ônus processual, vai até o limite de 24 horas do último dia do prazo — § único.

Este limite só é possível pela via informática, que independe do horário de funcionamento da secção administrativa do Poder Judiciário, responsável pela recepção da petição.

O advogado ganha assim mais tempo para a prática do ato.

Para o uso da informática jurídica, o advogado deverá estar bem preparado, não só em função dos programas que usa, mas também em relação ao *hardware*, indispensável ao funcionamento do computador.

Assim, o estrago de alguma peça, a falta de energia, avarias na rede elétrica, as oscilações do tempo, são riscos evidentes que devem ser levados em conta e prevenidos.

Esta observação vale para todos os atos da Lei n. 11.419, que forem praticados por meio eletrônico.

O art. 4º cuida da criação do Diário da Justiça Eletrônico — DJE — que substituirá a publicação em órgão oficial. A autenticidade da publicação será medida por assinatura digital, comprovável perante a autoridade certificadora.

A substituição da publicidade em papel pela eletrônica sem dúvida agiliza a comunicação dos atos processuais e lhes barateia o custo. Mas tem também um inconveniente.

Além do risco já referido de não chegar a computador avariado, há um outro problema, aliás oportunamente salientado pela OAB: apenas 46% dos municípios brasileiros dispõem de provedores à Internet.

Este fato não torna a lei inconstitucional, mas sem dúvida é um problema que deve ser levado em conta. O advogado de pequenas cidades terá dificuldade de acesso aos atos processuais. Neste caso, outros meios de comunicação podem ser utilizados por indicação da parte, por exemplo, o telefone ou fax.

O servidor certificará nos autos que comunicou à parte o teor do ato, para as providências cabíveis.

Esta dificuldade existe ainda hoje, em relação a cidades distantes, aonde o órgão oficial pode também chegar com atraso, trazendo problema para o cumprimento dos prazos curtos.

Na prática, este problema é minorado, pois o advogado interiorano quase sempre contrata escritórios especializados para o acompanhamento de causas nas capitais e mostra mais uma vez a necessidade da reforma, que sempre pregamos, de descentralização dos órgãos jurisdicionais para junto das partes.

Nosso legislador, surdo aos interesses do povo, não se lembra destas medidas. E os tribunais, embora autorizados à descentralização — por exemplo, art. 115, § 2º da CF, em relação à Justiça do Trabalho, fingem desconhecer a regra por comodismo e indiferença.

Felizmente, em Minas, um passo foi dado com a descentralização de uma turma para a cidade de Juiz de Fora. Se o exemplo fosse seguido, haveria, na certa, uma melhora qualitativa na prestação jurisdicional. Afinal de contas, os tribunais existem para servir aos interesses do povo e não ao comodismo dos juízes.

É preciso que haja outras descentralizações, não só da Justiça do Trabalho, mas de todas as demais jurisdições.

Reformas como esta é que constituem qualitativamente mudanças profundas na estrutura do Judiciário, muito mais significativas e efetivas do que a própria informatização.

A contagem dos prazos eletronicamente comunicados tem regra nova. Considera-se como data da publicação o primeiro dia útil que seguir ao da disponibilização do ato no DJL. E o prazo terá início no dia seguinte ao considerado como data da publicação — §§ 3º e 4º do art. 4º.

Há assim um ligeiro aumento do prazo, levando-se em conta o sistema atual.

O art. 5º prevê que intimações serão feitas por meio eletrônico em portal próprio aos que se cadastrarem perante o Judiciário, dispensando-se a publicação no órgão oficial, inclusive eletrônico.

Esta medida tem grande significado para a vida do advogado, pois este recebe as intimações diretamente em seu computador. Elas podem ser deslocadas para pastas abertas em nome de cada cliente, permitindo-se um controle direto sobre o processo.

A intimação presume-se realizada no dia em que se efetivar a consulta eletrônica ao teor da intimação, certificando-se o fato nos autos — § 1º.

Este preceito é uma sobrecarga aos serviços administrativos dos tribunais, que deverão manter rígido controle do movimento informático. Nas capitais e nas grandes cidades, onde há número excessivo de intimações, o trabalho será complexo e difícil.

A consulta deverá ser feita em até 10 dias, contados da data do envio da intimação, sob pena de se considerar realizada a intimação ao final deste prazo. Se a consulta for feita em dia feriado, será considerada como realizada, por ficção jurídica, no primeiro dia útil seguinte — §§ 2º e 3º.

São regras procedimentais, úteis ao andamento do processo e de interesse do intimado.

O § 4º prevê que pode ser feita ainda correspondência eletrônica, comunicando o envio da intimação e a abertura automática do prazo.

Aqui se vê a preocupação do legislador com o recebimento eletrônico da intimação.

Nos casos urgentes em que a intimação feita na forma aqui prevista possa causar prejuízo às partes ou na hipótese de que haja ou possa haver tentativa de burla ao sistema, o juiz pode determinar outro meio que atinja a mesma finalidade — § 5º.

Neste caso, a comunicação telefônica, um dos mais tradicionais e eficientes meios de comunicação, pode ser usada com êxito. Basta que o servidor telefone, avisando da intimação, enviando o texto, caso necessário, por via de fax.

Este sistema de citação, notificação e intimação por via telefônica é um modo de suprir com eficiência a falta de provedor nos municípios. Poderia ser instituído também nos grandes centros, como meio rápido de comunicação.

Por aqui se vê que, mesmo antes da informática, já havia instrumentos à disposição que poderiam agilizar as comunicações e apressar o andamento da ação.

O § 6º adverte que as comunicações feitas na forma do artigo 5º são consideradas pessoais para os efeitos legais, o que significa progresso, pois as comunicações pessoais pelo sistema antigo importavam em correspondência ou outro modo de ciência personalizado.

O princípio da *par condicio partis* é democrático e deve ter aplicação geral. O Estado não deve ter nenhuma prerrogativa no processo pois ele é a parte mais interessada em pôr fim a controvérsias e instituir a paz entre os cidadãos.

O art. 7º dispõe que as cartas e as comunicações entre o próprio Judiciário ou deste com os demais poderes sejam feitas por meio eletrônico.

Realmente, o meio eletrônico facilita o caráter itinerante da carta ou do ato, para que chegue a seu exato destino.

O art. 8º, já no capítulo terceiro, que trata do processo eletrônico, preceitua que:

a) os órgãos do PJ poderão desenvolver sistemas eletrônicos de processamento de ações judiciais;

b) por meio de autos total ou parcialmente digitais;
c) por meio da rede mundial de computadores;
d) e o acesso por redes internas e externas.

Estes sistemas de processamento de ações judiciais serão os programas pelos quais se comporão as ações judiciais. Os órgãos judiciários poderão desenvolvê-los.

Portanto poderá haver uma pluralidade de sistemas, o que prejudicará, na certa, a unidade do sistema, que deveria ser nacional.

O risco da rigidez e do envelhecimento não haveria, pois um órgão deveria ser criado para acompanhar o sistema, receber sugestões e atualizá-lo, quando necessário.

Em informática, as transformações são rápidas. Por isto se contrapõem à mentalidade do Judiciário, sempre demorado e conservador em suas decisões.

Terá, pois, que haver uma mudança de mentalidade, não só técnica mas também intelectual, para que o sistema se renove permanentemente, mesmo que não haja a unificação aqui pretendida.

Ainda que os tribunais regionais e de Justiça tenham seus próprios sistemas, poderia haver um órgão central para estudá-los, sugerir modificações e divulgá-los, quando positivos, para outros regionais.

Desta interação, surgiria um trabalho integrado, que favoreceria o estudo e as transformações do sistema, já que as novidades em informática são praticamente diárias.

Exatamente por ser virtual, o mundo da informática é instável e movediço. Mas é exatamente nesta condição que alcança sua estabilidade.

A lei previu que os autos (expressão aqui tomada como expressão material de "ações judiciais", anteriormente usada) podem ser total ou parcialmente digitais.

Este será o grande problema da informática jurídica. A existência de autos totalmente digitais é uma utopia. Nesta condição só serão possíveis os autos de menor volume ou aqueles em que se discutem questões de Direito.

Os autos com grande carga documental, muitos dos quais desnecessários ou úteis apenas para a prova pericial, não trariam proveitos se fossem escaneados para uso digital. Mobilizariam exércitos de servidores, encareceriam os custos do processo e contrariariam os princípios da ciência informática, que são exatamente simplificar e racionalizar.

A utilização da rede mundial de computadores é recomendada e com razão. É uma estrutura de alcance mundial, de fácil acesso, interligada com o mundo e de comprovada eficiência. Tudo que se consulta por meio do Google é fácil, simplificado e eficiente. Funciona melhor do que os *sites* especializados.

O sistema eletrônico de processamento de ações judiciais inserido na Internet terá fácil acesso por todos os usuários. Não sofrerá as restrições da burocracia estatal, a não ser a das assinaturas que é necessária ao acesso. Assim se faz com os bancos, que desprezaram os programas especiais e passaram a usar a Internet, naturalmente por meio de senhas que os usuários empregam para adentrar as contas ou fazer operações bancárias.

Um computador está em rede quando pode comunicar-se com outro ou outros. Se esta rede serve a pessoas ou comunidades, chama-se rede interna, porque tem limites à extensão do uso.

A rede externa é de domínio público e o exemplo imediato está na Internet.

Ficará como opção do PJ a criação e a extensão das redes que vai criar, atentando naturalmente para o interesse público.

A opção do art. 8º, como já se viu, é pela rede mundial de computadores e o acesso se fará por redes internas e externas.

A exigência de assinatura eletrônica dos atos processuais (§ único do art. 8º) é óbvia.

O art. 9º generaliza o meio eletrônico para todas as citações, notificações e intimações e inclui, para efeito de clareza e para impedir possíveis exceções na jurisprudência, a fazenda pública.[194]

A medida é acertada e correta. Não deve haver distinções em processo e é de se esperar que, numa próxima reforma, todos os prazos se tornem uniformes e iguais para as partes, quaisquer que sejam.

O § 1º conceitua como "vista pessoal" as citações, notificações, intimações e remessas que viabilizem o acesso à íntegra do processo.

Isto significa que, além da ciência da comunicação dos atos acima enumerados, considera-se que o advogado teve vista da íntegra do processo.

O § 2º prevê a hipótese da impossibilidade de uso do meio eletrônico por qualquer razão — defeitos no *hardware*, falhas no sistema, etc. Neste caso os atos se praticarão segundo "regras ordinárias, digitalizando-se o documento físico, que deverá ser posteriormente destruído".

O legislador aqui se expressou mal. Não se trata de digitalizar o documento físico, pois sequer ainda existe. Se existisse e fosse digitalizado, estaríamos fazendo cópia ou reprodução.

O que se há de fazer é digitalizar o documento informático, para transformá-lo em documento físico e, então, enviá-lo às partes. Nisto é que consiste o procedimento ordinário.

O art.10 trata da distribuição da petição inicial, da juntada da contestação, recursos e petições em geral. O procedimento é simples e imediato: elas se inserem

---

(194) Esta tendência do processo brasileiro, de criar condições favoráveis e privilégios para os órgãos públicos, é injustificável, não tem base doutrinária e fere de frente o princípio da igualdade. Em vez de conceder prazos especiais, duplo grau de jurisdição, isenção de depósitos e precatórios, o melhor seria aparelhar o Estado para tornar-se um demandante igual a qualquer outro, inteligente, atuante e conciliador. Chega a ser absurdo e desprezível que o Estado prolongue demandas e se manifeste intransigente nas conciliações. Para tomar esta atitude, é preciso aumentar a máquina de sustentação das demandas, contratando advogados, servidores, a um custo muito maior do que o das ações. É preciso lembrar que o próprio Judiciário é sustentado também pelo Estado. Portanto ele gasta de todos os lados para prosseguir com demandas desnecessárias, para as quais a solução justa, na maioria das vezes, seria uma conciliação, que refletiria positivamente no tempo de duração dos processos, nos gastos públicos e na satisfação das partes. Que coerência e sinceridade existem num Estado que, depois de prometer "a duração razoável do processo", atua na prática exatamente para protelá-lo?

no processo diretamente, sem intervenção de cartório ou secretaria. Processa-se automaticamente a autuação, emitindo-se recibo eletrônico.

Os prazos vão até às 24 horas do último dia.

Se o sistema se tornar indisponível, prorroga-se o prazo para o primeiro dia útil seguinte à resolução do problema.

Os órgãos do PJ manterão equipamentos de digitalização e acesso à rede mundial de computadores à disposição dos interessados para distribuição de peças processuais.

Destes três parágrafos do art. 10, os dois últimos podem gerar alguns problemas.

Se o sistema tornar-se indisponível, de quem será a prova? Presume-se que o próprio órgão do PJ expeça comunicado, reconhecendo a situação. Se o problema estiver nos meios de comunicação da parte, a ela cabe a responsabilidade.

Serão naturalmente comuns alegações de tentativa de cumprimento do ato, impossibilitado por imputação ao sistema, como é comum entre nós. Quantas vezes, o acesso é dificultado em *sites* públicos, embora estejam eles em funcionamento?

Estes aspectos hão de ser também considerados e daí podem surgir questões atrasando o processo e retirando da informatização todo o seu valor.

A manutenção de equipamentos pelo PJ para promover acesso à rede mundial de computação parece-nos exagerada. Isto é ônus da parte que deve possuir os meios necessários para ingressar em juízo. Os cofres públicos serão onerados por mais este pesado encargo.

A lei não especifica o local em que deverão ser mantidos os equipamentos: Varas, TRTs, TST ou em todos eles? Imagine-se o gasto com computadores (pelo menos um) em todas as Varas do país!

A garantia de acesso ao Judiciário não significa provimento de meios, mas apenas a inexistência de obstáculos pelo legislador.

O art. 11 trata da originalidade de documentos eletronicamente produzidos. Uma vez juntados nos autos com a devida assinatura eletrônica, são considerados originais para todos os efeitos legais.

O dispositivo é ocioso. Quando se reporta à originalidade de um documento, o que se quer dizer é que ele deve ser exibido segundo a fonte que o emitiu pela primeira vez.

Falando sobre o documento público, diz o art. 364 do CPC que ele faz prova não só de sua formação, mas também dos fatos nele declarados pela autoridade competente. Este documento é o original.

Já a certidão textual dele extraída, os traslados e certidões promovidas por oficial público de instrumentos ou documentos registrados em suas notas, as reproduções autenticadas ou conferidas com originais, as cópias declaradas autênticas pelos advogados, os extratos digitais de bancos de dados, desde que atestados pelo emitente, a reprodução digitalizada de qualquer documento público ou particular, juntado aos autos pelos órgão judiciários e pelas pessoas que dele participam para a condução do processo, embora não originais, fazem a mesma prova — art. 365 do CPC.

No caso, os documentos eletrônicos têm a mesma função do documento público: são originais e fazem prova do que neles é declarado.

Se houver alegação de adulteração, o incidente será apurado na forma da legislação em vigor.

Os originais permanecerão preservados até o trânsito em julgado da sentença. Se dela cabe ação rescisória, até o final do prazo para sua interposição.

Quando, por seu volume ou ilegibilidade, torna-se inviável a digitalização de documentos, deverão eles ser apresentados em cartório ou secretaria, no prazo de 10 dias, contados do envio de petição eletrônica.

Este fato demonstra que nem sempre é possível organizar eletronicamente todo o processo, nem há necessidade. O fato é que, pelo menos no Processo do Trabalho, os documentos se restringem a poucos fatos e não há necessidade de penoso escaneamento de documentos desnecessários.

Os documentos dos autos eletrônicos estarão disponíveis por rede interna apenas às partes e MP, resguardadas as situações de sigilo e segredo de Justiça.

Estes são os breves comentários ao art. 11 e seus seis parágrafos.

O art. 12 trata da conservação dos autos que poderá ser efetuada por meio eletrônico.

Se o processo se desenvolveu por meio eletrônico, a conservação se dará da mesma forma, como é óbvio. Não se haveria de imprimi-lo para depois guardá-lo, pois uma das finalidades da informática é exatamente economizar espaço exterior.

Os órgãos dos tribunais cuidarão dos sistemas de segurança de acesso e armazenamento por meios adequados. Por isto, não se há de falar em autos suplementares.

Se o órgão receptor não dispõe dos meios adequados, o processo, que lhe deva ser enviado, deverá ser formado pelo procedimento comum. Mas o banco de dados, junto ao órgão emissor, estará sempre disponível para garantir a autenticidade ou a reedição de um documento, caso necessário. Neste caso, o processo se submeterá às regras dos processos físicos.

Se o processo vai digitalizado em mídia não digital, serão publicados editais para que as partes e seus procuradores se manifestem sobre o desejo de manterem pessoalmente a guarda de algum dos documentos originais.

Naturalmente, o bom advogado manterá arquivo de processos que patrocinou pelos meios eletrônicos. No próprio transcorrer do processo, já terá em seu computador todas as citações, notificações e intimações de que foi objeto, expedidas pelo órgão judiciário.

Porém a lei dá àqueles que não estejam nesta situação a possibilidade de manterem pessoalmente a guarda de algum dos documentos originais.

O art. 13 prevê que o magistrado poderá determinar que sejam realizados por meio eletrônico a exibição e o envio de dados e documentos necessários à instrução do processo.

Trata-se aqui do poder inquisitório do juiz de instruir o processo adequadamente e tomar iniciativa própria na busca da verdade.

Para tanto, pode, independentemente de solicitação das partes, mandar que se exibam ou se enviem eletronicamente documentos necessários à instrução do processo em poder de outra fonte.

Nada há de novo nesta determinação, a não ser a forma do envio e da exibição do documento, que se fará eletronicamente, poupando tempo e dinheiro e retardo do processo.

Resta saber se os órgãos em que tais documentos se localizam estarão em condições de fornecer resposta rápida e imediata. Outros sequer terão tais documentos em arquivo informatizado.

A informática é uma ampla rede e, quanto mais desenvolvido o país, mais redes interligadas ele forma, para facilitar a comunicação.

Espera-se que pedidos de informação à administração pública sejam atendidos com solicitude, para que o processo eletrônico cumpra sua finalidade.

Do sucesso desta afirmativa, temos razões para duvidar.

O § 1º considera cadastro público os que contenham informações indispensáveis ao exercício da função judicante. Não importa que sejam mantidos por concessionárias de serviço público ou mesmo por empresas privadas. Ao juiz é dado o poder-dever de buscar a verdade onde quer que se encontre, pois o interesse público se coloca acima de qualquer sigilo ou restrição de acesso a dados.

O acesso poderá ser feito por qualquer meio tecnológico disponível. Dentre eles, a exibição e o envio eletrônico, o mais rápido e barato que existe. Naturalmente, outros meios poderão ser utilizados, se necessários.

Estes são os resumos do comentário do art. 13.

O art. 14, já nas disposições gerais e finais, afirma que os sistemas a serem desenvolvidos pelo Judiciário deverão usar:

a) programas com código aberto;

b) acessíveis ininterruptamente;

c) por meio da rede mundial de computadores;

d) priorizando sua padronização.

Já falamos anteriormente sobre estes tópicos.

Programas de código aberto (*open source*) têm a grande vantagem de não se submeterem a padrões fixos ou modelos rígidos. Estão permanentemente voltados para a contribuição dos usuários que trazem permanente colaboração para seu aperfeiçoamento.

Por estarem voltados para os interesses do usuário, não se deixam tomar pelos interesses políticos, do mercado ou das grandes empresas. É um programa em permanente evolução.

A acessibilidade constante é garantida pela rede universal de computadores, que não tem jornada de trabalho, hora de almoço, férias ou dias de descanso. Seu trabalho contínuo e incessante coincide com os interesses de cada pessoa, ao longo das 24 horas do dia.

Daí a grande vantagem desta norma programática do art. 14, que sem dúvida é um ponto alto da lei.

O parágrafo único é técnico: os sistemas devem buscar identificar os casos de ocorrência de prevenção, litispendência e coisa julgada.

Naturalmente todos os sistemas que o Judiciário instituir deverão estar em rede ou permitir fácil acesso de um para o outro.

Tendo acesso de inteiro teor aos casos ajuizados, será fácil ao juiz verificar a prevenção, a litispendência e a coisa julgada, o que facilitará seu trabalho de resolver o litígio.

Esta identificação poderá ser feita até mesmo automaticamente com a anexação de pequenos programas que identifiquem a proposição de ação pelas mesmas partes, com o mesmo objeto e causa de pedir.

Teremos o primeiro caso de uma sentença automática que o juiz terá apenas de encampar, já que os fatos virão em suas mãos já esclarecidos.

O art. 15 dispõe sobre a informação, na petição inicial de qualquer ação, do número de cadastro de pessoas físicas ou jurídicas, salvo impossibilidade que comprometa o acesso à Justiça.

É difícil antever que o número de cadastro de pessoas físicas e jurídicas possa dificultar o acesso à Justiça.

Trata-se de medida informativa, de natureza burocrática, que deve ser obedecida por quem requer.

O mesmo se diz em relação ao parágrafo único.

O art. 16 trata dos livros cartorários e outros repositórios dos órgãos do Poder Judiciário, os quais podem ser gerados e armazenados por meio totalmente eletrônico.

Esta medida tem significado porque torna os assentos judiciários acessíveis ao conhecimento público, além de poupar espaço nos já sobrecarregados arquivos de cartórios e secretarias.

O art. 18 trata de regulamentação da lei, atribuída ao PJ no âmbito de suas respectivas competências.

Este poder de regulamentação pelo Judiciário é um complemento natural à lei, tornando-se indispensável para seu sucesso e boa aplicação.

Como não há um sistema eletrônico único de processamento de ações judiciais, a regulação de cada um, perante cada órgão do PJ, é tarefa útil e oportuna.

Com esta delegação, a lei não retira do Poder Executivo a competência do art. 84, IV: "sancionar, promulgar e expedir decretos e regulamentos para sua fiel execução". Esta competência, por ter natureza constitucional, é irremovível.

Porém não fica excluída a competência de outro poder para regular leis que têm direta pertinência com seu funcionamento.

O fiel cumprimento das leis e sua execução eficiente são tarefas de todos os poderes que têm implicitamente a competência para atuar neste sentido. A lei, como comportamento coletivo, é do interesse geral. Reflete na sociedade e de sua obediência resulta o êxito de seus comandos.

Ao atribuir ao PJ a competência de regulamentação no "âmbito de suas respectivas competências" não há extrapolação, mas sim natural cuidado pela correta aplicação da norma.

Este fato pode ser verificado pelo exercício desta competência pelos tribunais superiores, que já expediram normas regulando aspectos da lei em seu âmbito de atuação.

Nestes regulamentos, que foram também expedidos por tribunais regionais e de Justiça, não houve qualquer excesso ou abuso, mas uma natural preocupação e esforço para levar os benefícios da lei até o cidadão.

Se o Poder Executivo achar que deva também regulá-la, poderá naturalmente fazê-lo, mas sem revogar os comandos já emitidos pelo PJ, em nome do equilíbrio e harmonia de Poderes.

O art. 19 convalidou os atos processuais até então praticados por meio eletrônico sob duas condições:

a) o ato deve ter atingido sua finalidade;

b) não tenha havido prejuízo às partes.

Com esta disposição, afastou-se a dúvida que doutrinariamente era levantada por alguns autores, se seria possível a prática de atos eletrônicos sem lei que os previsse.

Agora, a questão está definitivamente esclarecida.

Finalmente, o art. 20 traz uma série de modificações no CPC, para adaptá-lo aos preceitos da Lei n. 11.419/06.

Por já estarem estas modificações em vigência deste 2006 e serem do conhecimento de todos, não vemos necessidade de comentá-las.

7. A EXPERIÊNCIA DOS TRIBUNAIS

A Ministra *Ellen Gracie Northfleet*, em discurso na "Abertura do Ano Judiciário 2007", apresenta uma análise do Judiciário, apontando alguns de seus defeitos e fazendo propostas de melhoria. Entre elas, a informática se situa como ponto fundamental, para corrigir os males do processo.

Mais adiante foi afirmado que a informática corrigiria o que chamou de "tempo neutro do processo", "um tempo não criativo de mera rotina burocrática, que a praxe centenária, acriticamente reproduzida, fazia por alongar desmensuradamente".

Depois de apontar algumas causas de retardo, afirma que elas poderiam ser corrigidas pela chamada "informatização do processo".

Como já salientamos, a informática há de ser a última medida e não a primeira, como se vem praticando entre nós. Se insistirmos em transferir a correção de todos os erros do Judiciário para a solução de medidas informáticas, correremos o risco de informatizar um sistema envelhecido que, mesmo com recursos virtuais, será lento, tardio e anacrônico.

É isto que vamos demonstrar com base nos dois discursos de abertura dos anos judiciários de 2007/08.

Diz a Ministra que

É fato incontestee que a Administração... tantas vezes insiste em ignorar interpretação reiterada do STF, e com este proceder obriga o cidadão a intentar mais uma das milhares de causas idênticas que congestionam os serviços forenses. Este congestionamento lhes retira a agilidade necessária para o enfrentamento de questões novas e urgentes...[195]

---

(195) Ver p. 11 da Abertura.

Se a Administração Pública (AP) não segue decisões reiteradas do STF, o problema jamais será resolvido pela informática, que em tese pode apenas agilizar os julgamentos repetitivos, mas não impedi-los. Estamos procurando um caminho longo para resolver, com mais complicação, um problema menor.

Basta que o STF institua, em relação a estas decisões repetidas, súmulas vinculantes — art. 103-A da CF. E o problema estará imediatamente resolvido.

Submeter esta desobediência a uma solução informática é reverter os princípios que regem sua atividade. Em vez de procurarmos um sistema que seja funcional e evite repetições e desperdício de procedimento, vamos empregar um sistema defeituoso, cujas impropriedades já são previamente conhecidas.

A seguir, refere-se à estatística de 1992, baseada em processos arquivados na Justiça Federal, pela qual 70% do tempo neles gasto correspondia à repetição de juntadas, carimbos, certidões e movimentações físicas dos autos.

O diagnóstico está certo, mas o remédio proposto é equivocado.

O chamado "tempo neutro", que melhor seria designado por "tempo morto" do processo, pode ser realmente evitado, pelo menos parcialmente, por meio da informática, por procedimentos automáticos que emitam vistas, certificações, juntadas e outras movimentações físicas de autos.

Mas jamais ajudará o juiz a dar conta da carga desumana a que é submetido. Com ou sem "tempo neutro ou morto", jamais conseguirá julgar a pilha imensa de processos que as distribuições diárias despejam sobre sua mesa. Este é o verdadeiro motivo do acúmulo nos tribunais, do qual dá exemplo o próprio STF.

Ainda que tal "tempo morto" fosse removido, os processos desnecessários, o demandismo crônico que faz parte de nossa cultura, o acesso exagerado por "litigantes recalcitrantes que usam toda a cadeia de possibilidades recursais", como ela diz, continuarão pesando sobre o Judiciário, que permanecerá tardo em sua atuação.

E aqui, evidentemente, não se trata de tempo inerte, mas sim de erros crônicos do sistema, que não serão corrigidos por súmulas vinculantes nem por repercussão geral. Sobre eles não se disse palavra alguma.

A informática, como remédio para estes males, seria medicamento inócuo e tratamento inadequado.

Já na fala de abertura de 2008, a Ministra *Ellen Gracie Nothfleet* refere-se ao "uso parcimonioso das súmulas", salientando que "a prudência da Corte não permitirá sua vulgarização". [196]

Ora, vulgarização maior é a repetição de processos inúteis, submetendo a corte mais alta do País a julgamentos desnecessários, de resultados já previamente conhecidos, mas que exigem mobilização de sessões, servidores, burocracia e atos judiciais.

Não cremos que a parcimônia na sumulação seja ato de prudência. Se a repetição é grande, a ela deve corresponder o número necessário de súmulas. Não se vulgariza a corte que, com número grande de súmulas, põe fim ao demandismo desnecessário e estéril. [197]

---

(196) Relatório, p. 14.
(197) Até hoje, o STF produziu apenas 13 súmulas vinculantes, 3 em 2007 e 10 em 2008.

O julgamento repetido de processos é que vulgariza o Judiciário e provoca no povo desconfiança em sua credibilidade.

Numa época de cobrança da eficiência das instituições públicas, elevada inclusive a princípio constitucional — art. 37 da CF — não se compreende demora na prestação jurisdicional que impede o cidadão de ter a seu favor o cumprimento do princípio estabelecido no art. 5º, LXXVIII — a duração razoável do processo.

Trata-se de um mínimo que o Estado de Direito pode oferecer a seus jurisdicionados.

Segundo o relatório de atividades do STF, biênio 2006-2008, até o mês de abril foram distribuídos 37.774 AIs e a porcentagem deste recurso em relação aos feitos distribuídos foi de 56,5.

Foram distribuídos 21.525 recursos extraordinários — RE. A porcentagem em relação aos feitos distribuídos foi de 32,2.

Somando-se os dois quantitativos REs e AIs, temos um total de 59.299, cuja proporção, em relação aos processos distribuídos, é de 88,7.

Isto significa que o RE e o AI para destrancá-lo mobilizam a jurisdição do STF. Evidentemente, não será com informática que vamos resolver esta situação.

Ela salienta [198] que o STF já está apto a receber REs digitalizados dos tribunais que compõem um projeto piloto, que são: TST, TJs do Espírito Santo e Sergipe, aos quais se integrarão, depois de conferida a funcionalidade do projeto, os TJs de São Paulo, Minas, Rio Grande do Sul. Destes tribunais, em conjunto, provêm 63% dos REs.

Também aqui, absolutamente não cremos que a informatização do RE vai resolver o problema e livrar o STF da pesada carga que hoje pesa sobre seus ministros.

Segundo dados do jornal Folha de São Paulo de 20.12.08, Caderno A, p. 9, o STF recebeu, em 2007, 112.938 processos. Já em 2008, 65.880, tendo havido uma redução de 41,7%.

Esta redução não se deu pela informatização, mas por outras medidas que foram tomadas e que já tardavam, principalmente as súmulas vinculantes — art. 103-A, a reclamação — art. 102, I, f, e a repercussão geral, prevista no § 3º do item III do art.102 da CF, cuja aplicação transformou o STF efetivamente numa corte constitucional e não num órgão julgador de processos inúteis e recursos protelatórios que, aos montões, chegavam à sua jurisdição.

Segundo o jornal Diário do Comércio e da Indústria de 2.12.08, o Presidente do STF, *Gilmar Mendes*, afirmou que "as súmulas vinculantes e os temas de repercussão geral foram alternativas citadas para resolver o volume de processos no Poder Judiciário. Estas medidas é que foram responsáveis pela redução citada.

Portanto não se debita ainda à informatização o sucesso na diminuição dos processos no STF.

No TST criou-se o e-DOC: Sistema Integrado de Protocolização e Fluxo de Documentos Eletrônicos da Justiça do Trabalho.

---

(198) Ver p. 12 do relatório citado.

Vamos aguardar as estatísticas de 2008, para saber qual a influência do sistema em relação ao Recurso de Revista.

Obtivemos, junto aos órgãos competentes do TRT da 3ª Região, as seguintes informações:

a) em 2007, foram enviados ao TST 25.619 volumes de processos, cada um com 200 folhas em média. Totalizando 5 milhões de folhas por ano, para digitalização.

b) 2.160 recursos de revista, totalizando 6.617 volumes e 12.641 AIs.

c) em 2008, até setembro, foram enviados 18.707 volumes com 200 folhas em média, num total de três milhões e 700 mil folhas para digitalização.

O tempo para a digitalização de um volume de 200 folhas é de 1,20 h. (Dados aproximados).

Também, segundo informações, o TST tem exigido que se enviem os autos, juntamente com as peças digitalizadas.

A primeira medida da administração foi criar uma subsecretaria vinculada à Diretoria Judiciária, para realizar esse trabalho. Porém, a ideia foi descartada, pois importaria na mobilização de grande número de servidores. Cogitou-se então da terceirização desta atividade para uma empresa especializada.

Outro aspecto importante consiste no fato de que, mesmo quando o advogado interpõe o RR ou o AI, deve-se fazer a impressão, que será enviada ao TST.

Estes dados são impressionantes e demonstram que a informática judiciária, pelo menos por enquanto, está funcionando ao contrário. Se informática é a ciência pela qual se faz o processamento automático da informação [199], estamos longe ainda deste objetivo.

Pelo contrário, o que se viu, pela descrição acima, é a edificação de uma imensa burocracia para digitalizar os autos, a ponto de se pensar numa subsecretaria ou na terceirização dos serviços.

Isto mostra que a modelização dos problemas do Judiciário não está ainda corretamente construída e, ao introduzirmos a informática precipitadamente, vamos burocratizá-la ainda mais, em vez de trazer-lhe o automatismo e a imediatidade, próprias dos sistemas eficientemente informatizados.

A informatização presume o conhecimento preciso e a construção adequada do sistema em que se baseará, tomando-se a palavra sistema como um conjunto de objetos interligados, como define *Epstein*. [200]

Sem um estudo meticuloso e correto desta interligação, a informática não resolverá o problema. Pelo contrário, criaremos uma nova burocracia sobre a existente, que duplicará os gastos e dificultará ainda mais os julgamentos.

O exemplo maior está no fato da reduplicação do trabalho de enviar o recurso digitalizado e impresso. Então, para que serviu a informatização?

---

(199) EPSTEIN, Isaac. *Cibernética*. São Paulo: Ática, 1986. p. 83.
(200) *Op. cit.*, p. 21.

Todos estes fatos mostram que o sistema precisa de uma ampla regulagem antes de submeter-se à informatização. Se não houver esta mudança, a informatização funcionará negativamente e correremos o risco de criar uma ampla burocracia que mais emperrará do que ajudará na solução dos processos e, o que é pior, tudo a um custo insuportavelmente alto.

Qual seria esta reciclagem para os tribunais superiores? Nossa resposta é convictamente uma só: limitação do acesso, para que estes tribunais cumpram realmente sua missão de guardar a Constituição — STF — e uniformizar a lei federal e a jurisprudência — STJ, TST e TSE e STM.

O modo, pelo qual se faria esta limitação, é simples e provém da natureza das coisas. Chega a ser óbvio e evidente. E, mais do que isto, necessário.

Exatamente por serem tribunais de cúpula, só deveriam cumprir sua missão "extraordinária" de defesa da Constituição e unificação da lei e da jurisprudência. Nada mais teriam com o caso concreto, já ampla e democraticamente resolvido nas duas instâncias de fato e de direito anteriores, ou seja, o primeiro e o segundo graus.

Decidido o processo nestas duas instâncias, a matéria de fato deveria estar definitivamente solucionada. O Judiciário, com estas duas decisões, cumpriu o seu dever. Agora, surge outra questão, de interesse social e público, que consiste na guarda e unificação, que nada mais tem a haver com o caso concreto.

Os interesses aqui são maiores do que o das partes, pois a integridade da Constituição e da lei permite ao ordenamento jurídico o cumprimento de seu papel, por meio de uma atividade unitária, em que as partes são tratadas pela mesma medida em razão de estarem unificadas as questões interpretativas.

Aplica-se desta forma o mesmo critério para todos os julgamentos que estiverem sujeitos à mesma situação jurídica.

O processo se executaria definitivamente depois da decisão de segundo grau. As partes receberam a resposta do Judiciário. Bem ou mal, tiveram do Estado o que ele lhes prometeu: acesso ao órgão julgador e prestação em tempo razoável. O que se vai discutir agora nos tribunais superiores não lhes interessa mais. É questão que transcende seus interesses e supera o limite de seus objetivos.

As decisões destes tribunais deveriam ser vinculantes. A elas seria conferido o *Bindungswirkung* (efeito vinculante), que o Tribunal Constitucional alemão (*Bundesverfassungsgericht*) atribui a seus julgados. [201]

Não teríamos que esperar pela demorada edição das súmulas e orientações jurisprudenciais. O julgamento já seria em si mesmo vinculante e definitivo.

Só assim evitaríamos o acúmulo de processos nos tribunais superiores e faríamos a verdadeira reforma do Judiciário. Sem espaço para protelar, as partes perderiam o interesse de recorrer inutilmente. Os tribunais superiores cumpririam com calma e meticulosidade, suas funções. O povo ganharia e o Judiciário cresceria no exercício de sua missão de justiça.

---

(201) Sobre o tema, ver MARTINS, Leonardo. *Cinquenta anos de jurisprudência do tribunal constitucional alemão*. Montevidéu: Konrad Adenauer Stiftung, 2005. p. 117.

Não é evidentemente a informática que vai resolver o problema do resíduo de 250 mil processos que emperram o TST. Nem a demora de julgamento do STJ e do STF. Primeiro, o ajuste processual. Depois a informatização. Não se constroem casas duradouras, começando pelo telhado.

Termino lembrando uma passagem lida em algum livro de informática. Um fazendeiro de Minas, rico em posses mas parvo em sabedoria, resolveu comprar um possante Rolls Royce para encurtar o tempo de percurso entre sua propriedade e o arraial mais próximo.

A estrada estava cheia de buracos. Era irregular e maltratada. Ao partir em alta velocidade, caiu na primeira vala e danificou seriamente o veículo.

Diante do fato, consultou seus vizinhos e decidiram primeiramente consertar a estrada e asfaltá-la. Só depois comprariam carro novo e potente, para chegar rapidamente ao destino.

O que se passa com a informática e processo no Brasil é a mesma coisa. Não adianta revestir de maquiagem o defunto morto. Ela enfeita seu rosto, mas não lhe restitui a vida.

É isto que o Judiciário precisa fazer: uma reforma processual profunda e abrangente, que equivale a tampar os buracos da estrada, antes de pensar na informatização.

Se invertermos a ordem natural das coisas, a informática terá o mesmo fim das reformas que estamos fazendo a cada dia com esta pletora de leis novas, cujo resultado concreto até agora não se percebeu.

Bem disse *Charles Cahier*: "O homem frequentemente muda, mas raramente melhora". Não só o homem, diríamos nós. Mas também as coisas.

8. CONCLUSÃO

A informática, como ciência, ocasionou uma das maiores revoluções que a humanidade até hoje sofreu. A revolução da agricultura, pela qual o homem, tornando-se sedentário, produziu sistematicamente alimentos para sua sobrevivência e a Revolução Industrial, pela qual o homem passou a produzir em série e por quantidades indefinidas, por meio do maquinismo que substituiu, com muito mais proveito e eficiência, a força física pela força mecânica, permitiram uma grande acumulação de fatos e conhecimentos.

Este acúmulo cultural foi revolucionado pela Informática, que facilitou a reunião, a organização e o acesso às fontes destes dados, que se tornaram facilmente obteníveis e divulgados.

A informação torna-se assim um bem coletivo, acessível pela maioria das pessoas, capaz de fornecer dados muitas vezes ocultos ou de difícil captação.

A Informática não cria, como o industrialismo e o maquinismo. Não produz diretamente produtos, no sentido de conceber um bem e dar-lhe forma concreta e material. Mas permite a coordenação e o gerenciamento de informações, dados, pesquisas, resultados que, obtidos por um produtor qualquer, dá-lhe condições de criação material de bens com mais facilidade, rentabilidade e perfeição técnica.

Toda informação é finalística. Aumenta o conhecimento que, embora concebido em plano teórico, terá, cedo ou tarde, seu momento de aplicação na realidade. Recriam-se sistemas, renovam-se concepções e projetos.

A nova visão do mundo, descortinada por *Oswald Splenger,* no sentido de que a técnica não é a coisa em si mas o processo de sua criação e o fim a que servirá [202] tem aplicação plena ao mundo de hoje.

Lembra ele que todas as realizações humanas nasceram da necessidade e do desejo de realizar fins: para transpor rios, criaram-se as embarcações. Para o deslocamento humano, fizeram-se estradas, automóveis e aviões. Para divulgar a cultura, instituíram-se escolas e universidades. E assim por diante.

O homem é um animal realizador. Ao *homo rationalis,* segue-se o *homo faber,* ou seja, ao homem que pensa associa-se o homem que faz. A identificação é natural, histórica e imediata. Para agir, o homem tem que pensar. E, uma vez pensado o objetivo, o homem vai naturalmente à ação. *Homo loquens* e *homo faber* são sinônimos, embora em momentos diferentes. A linguagem concebe, a mão executa. Mas não existe execução ou concepção, nem concepção ou execução sem linguagem. [203]

Quando as novas conquistas técnicas superam o conhecimento estabilizado, rompe-se o equilíbrio de forças que o sustentava. O sistema se torna desarmônico. As conexões se desarticulam e o ambiente fica caótico.

Este ambiente é que favorece a introdução de novos elementos, antes barrados na solidez e autossuficiência do sistema anteriormente construído.

Depois, assenta-se a composição natural de forças, já agora dispostas em novos parâmetros e organizadas em diferentes conteúdos. Nasce um novo estágio da técnica que, por sua vez, cederá lugar a outro, quando novos conhecimentos foram gerados.

É este o novo momento que presenciamos com a informática.

Como nota *Pierre Levy*, "Vivemos um destes raros momentos em que, a partir de uma nova configuração técnica, quer dizer, de uma nova relação com o cosmos, um novo estilo de humanidade é inventado".[204]

Quando as inovações se mostram tão marcantes que desestruturam não uma área ou setor, mas todo o conjunto estrutural do conhecimento de uma época, estamos diante do que se chama propriamente de revolução, ou seja, um revolvimento do conhecimento humano desde suas bases.

A informática revolucionou a ciência atual pois permitiu a redefinição de conceitos e refinou os existentes, aperfeiçoando-os e devolvendo-lhes novas finalidades. Como já foi salientado,

> *In its attempts do account for phenomena, science progresses by defining, developing, criticizing and refining new concepts. Informatics is developing its own fundamental*

---

(202) SPENGLER, Oswald. *O homem e a técnica.* Porto Alegre: Meridiano, 1941. p. 27.
(203) "O *hom faber,* apenas e só, seria um absurdo sem sua outra dimensão: o *homo loquens.* O ato da mão só adquire sentido com a linguagem. O homem só veio a ser homem com a gênese da mão, essa arma ímpar no mundo da vida móvel, surgindo com ela a marcha, a postulação ereta e o instrumento, pois a mão inerme, por si só, não tem utilidade". VITA, Luís Washington. Prefácio ao livro de Ortega y Gasset: *Meditação da Técnica.* Rio de Janeiro: Livro Iberoamericano, 1963. p. XIX.
(204) LEVY, Pierre. *As tecnologias da inteligência* — o futuro do pensamento na era da informática. Rio de Janeiro: Editora 34, 1993. p.17.

concepts of communication, knowledge, data, interaction and information, and relating them to such phenomena as computation, thought and language. [205]

Ou seja, ao cuidar do progresso da ciência, definindo, desenvolvendo e criticando e redefinindo novos conceitos, a informática desenvolve também seu próprio conceito de comunicação, conhecimento, dados, interação e informação, relacionando-os a fenômenos tais como computação, ideias e linguagem.

Esta é exatamente a função da informática: recriar, redefinir, interrelacionar, rever o conhecimento humano, relacionando com a linguagem e o pensamento.

O Direito, enquanto ciência, não poderia ficar fora destes novos caminhos do conhecimento humano, sob pena de se colocar à margem da história e da modernidade.

Já mostramos, no decorrer desta exposição, que, em vários aspectos, os recursos informáticos já se tornaram um cotidiano da vida jurídica.

A manipulação de dados, o acompanhamento de processos, os *sites* dos tribunais superiores e dos tribunais intermediários exibem dados de fácil acesso. O banco legislativo, antes obtido com pena e demora, agora se torna, mediante leve toque, ao alcance do pesquisar.

Os advogados podem acompanhar diretamente o andamento dos processos sob seu patrocínio, vendo-lhes o desenvolvimento e acompanhando os detalhes de seu progresso.

Quem conhece língua estrangeira pode navegar por *sites* europeus e americanos, nos quais o pesquisador obtém as indicações básicas de qualquer assunto, tais como organização do Judiciário no mundo e os aspectos modernos de qualquer instituto jurídico.

Alexandre Hohagen, diretor-geral do *site* de busca Google no Brasil, afirma que ele contém 1,3 bilhões de páginas na Internet,[206] um volume fabuloso de informação, de fácil acesso e uso pelo pesquisador, no qual se acumula, de modo organizado e manipulável, o fundamento de todo o conhecimento humano que vai, desde os clássicos latinos, até as mais modernas teorias da matemática e da física.

O Brasil, com a Lei n.11.419/06, dá um resoluto passo à frente, ingressando na informatização do processo, que é a área mais carente da informática, mas também a que oferece maiores dificuldades para sua implementação.

A informatização plena de todos os processos, em todas as instâncias, é um ato trabalhoso, que precisa de uma conjugação de fatores humanos e técnicos. Não se sabe quando se tornará realidade plena.

O advogado, o juiz e o servidor deverão ter domínio dos procedimenos informáticos. Quando se trata de questão complicada, que exige ampla documentação, a sua transformação em matéria virtual importará em trabalho e dispêndio. Quanto tempo durará? Teremos os meios necessários? Quem vai arcar com este ônus?

A transposição de dados de uma instância para outra exigirá uma técnica própria, de tal maneira que, mediante recurso, o processo "suba" automaticamente, por simples despacho, ao computador da instância *ad quem*.

---

(205) Disponível em: < htttp:///www.inf.ed.ac.uk/about/vision.html>.
(206) *Estado de Minas* , 1.5.08, Caderno de informática, p. 4.

Sabemos, por experiência própria, que a automação dos processos em segundo grau, pelo menos na 3ª Região, não foi fator, em si mesmo, de agilização. O tempo de duração é pequeno, porque os juízes se empenham no trabalho de julgar.

Reconhece-se que os autos, em condição virtual, facilitam o acesso e o acompanhamento do advogado, mas isto se pode fazer também por protocolos integrados.

O fluxo constante de dados exige um perfeito funcionamento, tanto do *software*, quanto do *hardware*. Uma pane no sistema de um ou de outro pode inviabilizar toda a pauta de um tribunal, atrasando os julgamentos e sobrecarregando as pautas seguintes.

Os "apagões", frequentes em nossa realidade, podem também ocasionar um colapso do sistema. E jogar por terra, com um só golpe, todo o tecnicismo que se criou. Isto sem falar em *hackers*, e vírus. Estamos suficientemente preparados para nos defender destes invasores?

A racionalização, a organização e o acesso de dados podem ser muito facilitados em pesquisa em material já armazenado. Mas muitos dados são mais facilmente colhidos à mão.

A leitura em tela de um processo de mil páginas se torna extremante penosa, pois exige uma posição única do juiz em frente ao monitor, o que lhe ocasionará problemas de saúde, na coluna e na visão.

Além do mais, o manuseamento do processo permite uma visão de conjunto bem melhor do que a do processo em tela, facilitando a seleção mais rápida dos elementos necessários para o julgamento e o desprezo do material desnecessário.

Também aqui entram os problemas de travamento do sistema, dificuldade de acesso, sobrecarga de dados, etc. Temos que contar também com as dificuldades de lentidão, ineficiência e retardo do funcionamento do *soft*, natural em computadores.

Todos estes fatos advertem-nos da necessidade de ver com cautela o progresso que, à semelhança da História, *non facit per saltus*, não se faz por saltos, pois é um ato de contínua progressão e assimilação de conhecimentos anteriores que funcionam como causa e impulso para os conhecimentos posteriores.

Veem-se um evidente exagero e uma falsa ambição nos propósitos da informática em relação ao processo. Nada ou muito pouco conseguiremos no estágio atual em que se encontram os mecanismos processuais brasileiros de resolver conflitos.

Se não atualizarmos nosso Código de Processo Civil, por meio de uma reforma profunda que importa na redução de procedimentos, recursos e instâncias, a nada chegaremos. Estaremos revestindo o velho com roupa nova.

É hora de desmascarar a frequente afirmativa de que recursos excessivos melhoram a prestação jurisdicional e que o acesso a três instâncias superiores garante a justiça que as partes pedem.

O acúmulo do STF, a demora dos tribunais superiores, o demandismo desnecessário que transforma cada conflito numa ação, como salienta Gilmar Mendes, impedem o funcionamento do sistema. Não há informática que ofereça solução para a pletora de ações que sobrecarrega os tribunais brasileiros com 43 milhões de processos. [207]

---

(207) *O Estado de S. Paulo*, 2008, informação prestada por Asfor Rocha. Porém, a *Folha de S. Paulo* de 21.1.08 afirma que este número já subiu para 68,2 processos, ou seja, um para cada três habitantes do país.

Seremos capazes de decidir, ou melhor, de, pelo menos, digitalizar todos estes autos?

Será que vamos mesmo reduzir em 70% o tal "tempo morto", que a Ministra *Ellen Gracie* supõe existir?

Temos que tomar cuidado nas afirmativas. Se não houver a reforma prévia do processo, a informática será apenas uma maquiagem em rosto de cadáver: dará boa aparência ao morto, mas não lhe restituirá a vida.

Termino lembrando a história já contada do fazendeiro, o carro novo e a estrada esburacada.

Assim é a informática e o processo civil brasileiro. Enquanto este não for mudado, nos perderemos pelos buracos e fendas das imperfeições formais, que impedirão o fluxo normal do procedimento, seja ele informatizado ou não.

Não bastam as palavras irrealistas, embora bem-intencionadas, da Ministra Ellen Gracie nem de muitos outros que lhe fazem coro fácil e ensaiado.

Precisamos estabelecer novamente a ordem natural das coisas, para prosseguirmos na caminhada. Primeiro, a reforma do processo depois a informatização.

A informática pode fazer tudo. Mas jamais substituirá a razão e o bom-senso do homem. Embora seja um bom remédio, não se pode atribuir-lhe efeitos miraculosos que não tem. A verdade é filha do tempo e da experiência e só se obtém pelo continuado esforço do exercício da razão: *Veritas, filia temporis, habetur per rationem.*[208]

Espera-se que nossos reformadores, juízes e legisladores compreendam esta realidade e se compenetrem desta verdade.

---

(208) A verdade é filha do tempo. A verdade se obtém pela razão.

JUS POSTULANDI
Um bem ou um mal?

O art. 791 da CLT permitiu ao reclamante e reclamado propor pessoalmente a ação trabalhista e acompanhá-la até o final.

Este dispositivo, dentro de seu contexto histórico, foi, juntamente com a CLT, uma grande conquista da cidadania.

O Estado, em qualquer regime democrático, garante o acesso ao Judiciário. Se o cidadão é lesado, tem o direito de pedir a reparação. A CF o acolheu expressamente no art. 5º, XXXV. E ainda foi além: não só a lesão, mas também a ameaça.

Isto significa que o juiz deve reparar o prevenir.

A este princípio, a EC n. 45 somou outro que o complementou. O art. 5º, LXXVIII, garantiu a razoável duração do processo e os meios que a efetivem. Ou seja, firmou o princípio do acesso e prescreveu os modos de instrumentalizá-lo.

Acessar o Judiciário e ter a solução em tempo razoável são dois princípios que se integram para a realização do ideal de Justiça. Conjuntamente vistos, constituem meio e ferramenta hábeis para a eficácia de outros direitos fundamentais que, por meio do Judiciário, se venham positivar. Formam o princípio da aplicação de outros princípios ou, em palavras diversificadas, o direito fundamental de aplicação de outros direitos fundamentais. [209]

Este fatos já são suficientes para demonstrar e provar que os modernos Direito Constitucional e Processual tendem a um ponto comum de convergência; o acesso rápido, descomplicado e eficiente do cidadão ao Judiciário e os meios que o legislador deverá disponibilizar para que este ideal seja cumprido.

Ao acolher estes direitos fundamentais, a Constituição brasileira ombreia-se com as mais modernas do mundo e coloca-se em paridade com o Tratado da União Europeia que incorporou o princípio em seu art. 242.

A CLT, precursoramente andou à frente dos tempos e, já em 1943, firmou o princípio da tempestividade da prestação jurisdicional (os juízes e tribunais do trabalho terão ampla liberdade na direção do processo e velarão pelo andamento rápido das causas), bem como a facilidade de acesso, possibilitando à parte ingressar diretamente no Judiciário — art. 791.

Esta virtude processual demonstra a fina sensibilidade do legislador trabalhista, que andou quase meio século à frente de seu tempo, acolhendo princípios em 1943 que a Constituição brasileira viria consagrar 45 anos depois.

---

(209) CANOTILHO, J.J. Gomes; MOREIRA, Vital. *Constituição da República portuguesa anotada*. Coimbra: Coimbra Editora, 2007. p. 408.

Bastam estas considerações para se concluir que a conquista do legislador ordinário brasileiro deve ser mantida e preservada pela doutrina e pela organização dos tribunais.

O certo é ampliá-la e não revogá-la. Nossos serviços de atermação são executados por servidores gabaritados e capazes. Cumprem todos eles relevante papel social, pois fazem a intermediação entre a parte e o juiz e dão concretitude ao mandamento constitucional. São operadores do Direito, no mais límpido significado da expressão.

O reclamante pede crédito alimentar. Para obtê-lo tem que acessar o Judiciário porque o empregador não lhe pagou o que tem direito. A contratação de advogado exige, como é natural, o pagamento de honorários. Então temos a seguinte sucessão: o empregado já trabalhou. Seu trabalho foi aproveitado pelo empregador que o transformou em resultado econômico e em lucro. Perfez-se o ciclo econômico com sucesso.

Porém, do lado do empregado, há o tortuoso caminho de ingressar no Judiciário, pagar honorários e, conforme o caso, esperar anos para que o crédito de um trabalho já prestado lhe seja efetivamente restituído.

O legislador constitucional brasileiro protegeu e valorizou explicitamente o bem jurídico "trabalho",em três dispositivos específicos, colocando como fundamento da República os valores sociais do trabalho e da livre iniciativa "art. 1º, item IV, bem como da ordem econômica "fundada na valorização do trabalho humano e na livre iniciativa" — art. 170 — e, finalmente, destacando-o na ordem social "que tem como base o primado do trabalho e como objetivo o bem-estar social" — art. 193.

Onde está a efetividade destes princípios, se o reclamante tem que dispor de suas limitadas economias para obter o crédito de natureza alimentar, que a Constituição tanto estimou e prezou?

A reclamação pessoal minora esta situação. O Estado promete o acesso e dá os meios por intermédio de servidores treinados e competentes para realizá-los. Se a parte, voluntariamente, quiser advogado, ninguém pode impedi-la de contratá-lo. Mas, se preferir ingressar diretamente no Judiciário, também esta opção deve ser respeitada pelo ordenamento jurídico.

Sempre achei, pessoalmente, que o acesso direto e o serviço de atermação deveriam existir, não só na Justiça do Trabalho, mas em todos os ramos do Judiciário. Se um cidadão bate às portas da Justiça Comum e alega rescisão de um contrato, prejuízo por ato ilícito e a guarda de um filho, é obrigação do Estado atendê-lo, caso não opte pela contratação de advogado nem procure a Defensoria Pública.[210]

A prestação jurisdicional no Brasil é um monopólio fechado e intransponível entre juiz, promotor e advogado. O primeiro é encarregado de decidir a controvérsia. O segundo cuida da defesa da ordem jurídica, do regime democrático e dos direitos individuais indisponíveis. Finalmente, o advogado cuida da postulação em nome da parte. É este o tripé que impulsiona o processo e movimenta sua estrutura.[211]

---

(210) A afirmativa não significa desvalorização dos serviços da Defensoria Pública. A ela cabe constitucionalmente a orientação jurídica e a defesa, em todos os graus, dos necessitados. Este ideal jamais será plenamente executado, tendo-se em vista que há para julgamento 60 milhões de processos. Se pensarmos que, em 1995, foram recebidos mais 20 milhões (*O Estado de Minas*, 17.2.07, p. 2), há uma montanha de 80 milhões de processos, quase a metade da população brasileira em juízo. Não se há de esperar nem que o Estado os julgue todos e, muito menos, que a Defensoria Pública preste assistência em todos eles.
(211) SOUZA E SILVA, Fernando Antônio. *O direito de litigar sem advogado*. Rio de Janeiro: Renovar, 2007. p. 4.

A parte, que é detentora do direito, enquanto autora, ou que vai se responsabilizar pela condenação como ré, apenas assiste de longe o desenrolar da batalha. Não pode intervir diretamente. Tem limitada a ação direta para defender seus direitos. Fica excluída da cena processual, de que se transformara em mera assistente. Fica, portanto, limitada no direito de defender o que lhe pertence.

O processo se transforma num debate fechado entre pessoas especializadas, manejando um falso tecnicismo baseado em rituais e formas, desconhecido do cidadão que, não obstante, na vida comum, tem acesso a toda a tecnologia que o mundo contemporâneo coloca ao alcance de suas mãos. Maneja computadores, fala em celulares de última geração, dirige automóveis. Enfim, tem participação direta em tudo que diz respeito a seu interesse e que tenha influência direta em sua vida.

Entretanto, no processo judicial em que é parte, é excluída em nome de um falso monopólio que, sob o pretexto de uma aparente complicação, reduz-lhe o exercício da própria cidadania. Dirige-se ao juiz por meio de intérprete [212] (advogados, promotores, serventuários e auxiliares do juízo), como se tivesse num mundo estranho à sua capacidade de expressão e inacessível a seu entendimento linguístico.

O costumeiro argumento de que o processo é complexo e, por isso, não é acessível aos não especialistas é ilógico e insustentável. Se é verdade a afirmativa, então o que devemos fazer é simplificar o processo e não transferir o ônus de sua complexidade para as partes, prejudicando 80 milhões de pessoas.

Karl Larenz dizia que só há duas regras para a existência de um processo justo: juiz imparcial para decidir o caso e o direito de defesa. O resto é histórico e contingente, variando de povo para povo, segundo seus condicionamentos históricos. [213]

Quantas instâncias deve haver? Quantos recursos? Como é o acesso aos tribunais? Como fica a execução, pendente o recurso de revista? Deve haver ou não uma Justiça especializada para as controvérsias trabalhistas? Tudo isto é contingente e depende da concepção política, econômica e social de cada povo.

A chamada "complexidade processual" é aparente. Por existir procedimentos em excesso — vistas, recursos, manifestações, prazos — e a presunção de que, não havendo pronunciamento, há concordância com o que lhe foi indagado, muitos afirmam que é impossível à parte conduzir sozinha o processo.

Ora, tais aparentes dificuldades podem ser supridas com presunções iguais e em sentido contrário pelo legislador, quando não houver advogado. Basta que se cumpra a justa e correta proatividade do juiz permitida no art. 765, que tem o poder de conduzir o processo e velar por seu rápido andamento, determinando, quando a parte pessoalmente não o fizer, todas as providências necessárias ao esclarecimento dos fatos.

Isto, longe de retirar-lhe a imparcialidade, reforça-a, pois uma sentença só pode ser justa se se basear em fatos corretamente apurados. Acertar a matéria controversa não significa beneficiar ou prejudicar as partes, mas simplesmente verificar o que concretamente aconteceu.

---

(212) SOUZA E SILVA, Fernando Antônio de. *Op. cit.*, p. 7.
(213) LARENZ, Karl. *Richtiges Recht- Grundzüge einer Rechtsethik*. München: C.H.Beck, 1979. p. 169.

As providências que o juiz toma neste caso não são em favor ou em prejuízo das partes, mas exclusivamente em prol da verdade fática, de que ele precisa para bem sentenciar.

Por isso se exige que as sentenças sejam simples, rápidas e legíveis, pois são o meio de contato do Estado com as partes. O Estado tem que falar de modo claro e ordenar de maneira compreensível, para que o cidadão possa corretamente entender e cumprir o que lhe foi determinado.

A audiência una, o pequeno valor e as questões menores e repetidas, que se discutem no processo do trabalho, não oferecem dificuldade do ponto de vista material. Resta ao juiz apenas conduzir o processo com segurança, evitando-se o inútil e provendo o necessário. E tudo chegará logo a bom termo, com ou sem advogado.

Se o cidadão vai ao Juiz e lhe relata o fato, tem este a obrigação de dar-lhe forma e conteúdo jurídico, atendendo-o na pretensão de Justiça. Vem desde os romanos a velha parêmia que resistiu ao tempo e foi confirmada pelos séculos: *da mihi factum, dabo tibi jus*. Isto significa que o fato é da parte, mas o direito a ele correlato é do Juiz. *Jus novit curia*.

O juiz não pode conhecer os fatos, porque não é onipresente. É preciso que alguém os narre ao tribunal. Mas conhece a lei, porque esta é geral e abstrata, constituindo uma previsão anterior a qualquer fato concreto. Dando-se-lhe o fato, tem ele condições de agir no sentido da aplicação da norma. Aliás, é esta sua função primordial.

Os aplicadores da lei — juízes, advogados, ministério público, defensoria pública e servidores — são cientistas do Direito e, como tais, têm na norma o objeto da ciência que professam. Por isto, seu conhecimento é-lhes presumido.

Já quanto aos fatos a presunção é impossível porque, sendo fenômenos, acontecem com a variabilidade da própria vida e têm que ser apurados e distinguidos, para que possam ser afirmados ou negados como objeto da lei que pretende regulá-los.

Em caso de recurso, costuma-se também afirmar que a parte não tem condições técnicas de recorrer. Também aqui o argumento é insuficiente e falso.

A própria lei — Decreto-lei n. 779 — deu aos órgãos públicos que não explorem atividade econômica o "privilégio" de terem automaticamente recorridas as sentenças que lhes são desfavoráveis – art. 1º, V. Um absurdo inconcebível dentro da moderna técnica processual, pois quebra a *par condicio partis*, a igualdade das partes no processo, criando um privilégio injustificável justamente ao Estado que, por natureza, já é mais forte no processo.

O Estado não é pessoa física e presume-se sempre solvente — *fiscus semper idoneus sucessor sit et solvendo*.[214] O fisco é sempre um sucessor idôneo que se presume sempre solvente. Tem dinheiro em permanente disponibilidade. Pode suportar a duração das demandas sem afligir-se economicamente.

Por isto, não precisa do "privilégio" que lhe foi dado.

Bem diversa é a situação do empregado. Ganha pouco. Precisa com urgência do salário, único meio de prover seu sustento. É por esta evidente razão que a CF considerou o salário crédito de natureza alimentar: art. 100, § 1º-A.

---

(214) ASSIS, Araken de. *Manual de execução*. 11. ed. São Paulo: RT, 2007. p. 950.

Por que tal "privilégio" não se estende também ao trabalhador que reclama pessoalmente? Aqui, sim, seria justa a medida porque o ordenamento jurídico estabelece a igualdade entre as pessoas por meio de vantagens jurídicas compensatórias, que reforçam a posição de uma em relação à outra. Se o legislador fortalece o Estado, desigualam-se as partes. Se fortalece o empregado, promove exatamente a igualdade entre elas.

Por meio de desigualdades é que se obtém a igualdade verdadeira. Desiguala-se para igualar.

Se o reclamante sucumbiu, nada mais justo e normal do que submeter ao duplo grau de jurisdição o caso, para que a instância superior o examine novamente. Aqui teria efetivamente sentido o duplo grau obrigatório.

Para as instâncias superiores de terceiro grau, também há meios fáceis de garantir a recorribilidade, superando-se o argumento de que o recurso de revista é complexo e exige conhecimentos especializados.

Quando a parte reclamar pessoalmente, a lei deveria facultar ao desembargador que julga o caso, prever o recurso de revista, se entender que o caso decidido se submete aos requisitos do art. 896.

Esta medida não tem nada de novo e é prevista na Lei de Processo do Trabalho alemã para todos os casos. O juiz, no próprio acórdão, é que diz se o caso se sujeitará a recurso de matéria jurídica ao Tribunal Superior do Trabalho daquele País. [215]

Atrás desta disposição legal, está um fundamento filosófico de grande alcance: se o recurso de revista, o especial e o extraordinário tratam de matéria exclusivamente jurídica de interesse público e não têm mais pertinência com o direito das partes, não cabe mais a elas a iniciativa do recurso, mas ao próprio Estado, por intermédio do Juiz.

A doutrina é unânime em afirmar que os chamados "recursos especiais" são de natureza jurídica explícita. Existem em função da ordem jurídica e não do interesse material das partes. Entretanto, professamos o princípio mas não queremos atribuir--lhe as necessárias consequências.

Se o recurso tem a ver com o interesse público, basta que se deem poderes ao juiz ou ao MP e ainda à Defensoria Pública para recorrer. Porém a execução provisória com prestação definitiva seria garantida depois da decisão de segundo grau.[216]

O que não se pode admitir é que se dê o encargo de recorrer a uma pessoa física, não versada em formalidades legais, que só tem interesse subjetivo no processo, quando instituições existem exatamente para zelar pelo interesse público em casos como este. A elas caberia o ônus de recorrer, quando fosse o caso.

Mesmo que não haja a interposição de recurso algum pelo reclamante, a sentença de primeiro grau é mantida, quando ele tem razão, nas instâncias superiores.

---

(215) Arbeitsgerichtsgesetz de 1953, § 72.
(216) A rigor, a execução provisória com prestação definitiva pode ser promovida desde o primeiro. O juiz de Vara recebe o recurso ordinário no efeito devolutivo, que é, aliás, o efeito de todo recurso trabalhista — art. 899 da CLT, permitindo o levantamento sem caução do crédito alimentar que constitui o objeto da reclamação até o valor de 60 salários mínimos — art. 475-O, § 2º, I, do CPC. Sobre o tema ver ÁLVARES DA SILVA, Antônio. *Execução provisória trabalhista depois da reforma do CPC*. São Paulo: LTr, 2007, que trata exclusivamente desta problemática.

Quem perde é o empregador e é ele que normalmente recorre. Portanto, concretamente, são raros os prejuízos ao reclamante pela ausência de recurso de revista e de recursos em geral.

Saliente-se, por fim, que o acesso direto das partes ao Judiciário é uma tendência universal.

O Tribunal Constitucional alemão, por meio da lei que regulou sua competência e o exercício de sua jurisdição, previu, no § 90, a figura da "queixa constitucional" (*Verfassungsbeschwerde*). Qualquer cidadão, que tiver um direito fundamental violado por ato de qualquer dos três poderes, inclusive por sentença judicial, pode reclamar direta e pessoalmente ao Tribunal Constitucional, obedecidas as condições recursais.

Entre elas está a de haver esgotado os meios jurídicos disponíveis da jurisdição comum.

Para a interposição da queixa constitucional não se exige a intermediação de advogado. A parte tem o *jus postulandi*. O fundamento está no fato de que a Constituição é bem do povo e por isso ele pode evocá-la diretamente ao Tribunal Constitucional.

Se o Tribunal Constitucional entender que houve a violação, mesmo que não a tenham reconhecido os tribunais da jurisdição comum, tomará conhecimento da queixa e julgará a questão.[217]

O parágrafo 11 da Lei Alemã de Processo do Trabalho permite a condução pessoal do processo pela própria parte, facultando-lhe ainda a representação por sindicato de empregado e empregador ou por instituições formadas da junção delas, mediante previsão em estatuto ou procuração específica para este fim.[218]

O Código de Processo do Trabalho Português, nos arts. 2 e 3, também permite a reclamação pessoal.

Do mesmo modo a Ley de Procedimiento Laboral da Espanha:

CAPÍTULO II

De la representación y defensa procesales
   Artículo 18.

1. Las partes podrán comparecer por sí mismas o conferir su representación a Procurador, Graduado Social colegiado o a cualquier persona que se encuentre en el pleno ejercicio de sus derechos civiles. La representación podrá conferirse mediante poder otorgado por comparecencia ante Secretario judicial o por escritura pública.

2. En el caso de otorgarse la representación a Abogado deberán seguirse los trámites previstos en el artículo 21.3 de esta Ley.

---

(217) Sobre o tema, ver SCHWABE, Jürgen. *Cinqüenta anos de jurisprudência do Tribunal Constitucional Federal alemão*. Uruguay: Konrad Adenauer, 2005. p. 59.
(218) § 11 *Prozeßvertretung*.
(1) *1. Die Parteien können vor den Arbeitsgerichten den Rechtsstreit selbst führen oder sich vertreten lassen. 2. Eine Vertretung durch Vertreter von Gewerkschaften oder von Vereinigungen von Arbeitgebern oder von Zusammenschlüssen solcher Verbände ist zulässig, wenn diese Personen kraft Satzung oder Vollmacht zur Vertretung befugt sind und der Zusammenschluß, der Verband oder deren Mitglieder Partei sind.*

Na França, perante a jurisdição dos *Conseil des Prud'hommes*, as partes podem fazer-se representar por empregados ou empregadores da mesma categoria profissional ou econômica, por delegados das organizações sindicais e, ainda, voluntariamente por advogado.[219]

No livro *European Labour Courts: Current Issues*[220], em que se examinam aspectos processuais e técnicos das ações sobre dispensa de empregados em sete países (Dinamarca, Finlândia, Alemanha, Israel, Noruega, Espanha, Suécia e Reino Unido), vê-se que as partes reclamam pessoalmente ou são representadas por organizações sindicais. Em nenhuma se menciona a necessidade obrigatória do advogado.

A Ley Federal del Trabajo mexicana diz, em seu artigo 375 que *Los sindicatos representan a sus miembros en la defensa los derechos individuales que les correspondan, sin perjuicio del derecho de los trabajadores para obrar o intervenir directamente, cesando entonces, a petición del trabajador, la intervención del sindicato.*[221]

O Código de Processo Civil português lista os casos em que é necessária a presença de advogado e, depois, no art. 34, afirma:

> (Representação nas causas em que não é obrigatória a constituição de advogado)
>
> Nas causas em que não seja obrigatória a constituição de advogado podem as próprias partes pleitear por si ou ser representadas por advogados-estagiários ou por solicitadores.

Esta visão do Direito moderno é apenas um desdobramento do que aconteceu na antiguidade clássica, em que nunca foi obrigatória a presença do advogado.

Do ponto de vista histórico, o *jus postulandi* sempre existiu, independentemente da representação por jurista especializado.

O Direito, nos impérios orientais, era constituído pelas próprias comunidades, que estabeleciam as regras de sua autogovernança. Era a chamada "justiça do cádi", designando a justiça local, criada pelas necessidades da comunidade. As controvérsias eram julgadas por "conselho de anciãos", que simbolizava a experiência acumulada da vivência coletiva.

Só depois, com a evolução, este mundo de comunidades e rebanhos se organizou em cidades, em que as pessoas se reuniram e tornaram formalmente coletivas e fixas suas relações sociais e jurídicas. Então nasce a Justiça burocratizada, por intermédio do rei e sua corte.[222]

Em Atenas, no período clássico, não havia burocracia institucionalizada. Os juízes eram leigos e as decisões se praticavam coletivamente como num júri popular, composto de pessoas de diferentes classes sociais. Uma assembléia — a Eclésia — elegia o areópago, que julgava os crimes contra a Constituição.

---

(219) LABBÉE, Pascal. *Introduction au droit processuel*. Lille: Presses Universitaires,1955. p.103.
(220) BLENK, Werner. *European labour courts:* current issues. Geneva: International Labour Office, 1989. p. 53.
(221) DE BUEN, Nestor. *Derecho procesal del trabajo*. México: Porrúa, 1994. p. 230.
(222) LOPES, José Reinaldo de Lima. *O Direito na história*. 2. ed. Rio de Janeiro: Max Limonad, 2002. p. 31.

Para os conflitos de menor gravidade, havia um juiz singular, mas o apelo de sua decisão era dirigida a um órgão coletivo — os Heliastas, que funcionava em grupos.

O cidadão podia comparecer a estes tribunais para defender pessoalmente seus direitos. Considerando a complexidade das leis e normas da época e sua dispersão, o cidadão precisava provar a existência do direito e do fato. Por isto, desenvolveu-se a profissão do "logógrafo", literalmente "escritor da palavra", que redigia as peças judiciais.

Porém, em nenhum momento se transferiu para algum tipo de representante a prerrogativa da representação. Não havia ainda o advogado que, como profissão organizada, só viria a aparecer no século XII.[223]

Em Roma, grandes oradores como Cícero, Catão, Escévolo e tantos outros se dirigiam ao povo, não só no foro, para convencer os árbitros, que decidiam a causa por delegação do pretor, como também nos comícios, para propor e defender a promulgação de leis, e no Senado, para defender ou acusar alguém.

No período formulário, em que o processo se dividiu em duas fases: *in iure* e *in iudicio*, a primeira perante o pretor e a segunda perante o árbitro, nem um nem outro eram juristas.

O pretor, como magistrado, compunha a lide. Chamava o réu, dava-lhe conhecimento das alegações, ouvia a defesa e enquadrava a controvérsia num dos tipos de ação, que apresentava previamente em seu "álbum".[224]

Somente no baixo império, a profissão foi regulamentada por Justiniano, reunindo os advogados numa instituição coletiva a que deu o nome de *ordo*.

Porém os juristas romanos não se assemelhavam aos advogados de hoje. Não praticavam diretamente o discurso forense, a não ser em casos excepcionais. Eram de fato conselheiros jurídicos, inclusive dos imperadores, perante os quais sua palavra tinha decisiva influência.

Exerciam um cargo de reconhecida autoridade pública e não cobravam pelo que faziam. Outra categoria era a dos *advocati*, chamados para prestar assistência a uma pessoa em questões jurídicas e negociais de um modo geral. Este é que cuidava diretamente da questão forense e usava da palavra perante os árbitros, por ocasião das decisões. A contraprestação de seu trabalho, para distinguir do trabalhador comum, era chamada de *honorarium*, profissão superior, exercida com honra e dignidade.

Ora eram contratados em caso de interesses privados, ora usavam a palavra em nome do interesse público. Não havia obrigatoriedade de sua presença.

Na Espanha, por exemplo, o *Fuero Real* regulamentou a profissão de advogado, também referida nas *Partidas* e nas *Leyes de Indias*. Porém o *Fuero Juzgo* mandava

---

(223) LOPES, José Reinaldo de Lima, *op. cit.*, p. 38, de onde tiramos grande parte da informação desta parte histórica.
(224) O álbum era uma espécie de *vade-mecum* na antiga Roma, em que se colecionam as leis e os decretos — editos. Chama-se assim porque as letras eram brancas no corpo do texto. Nela o pretor escrevia e publicava as ações e interditos que os cidadãos poderiam usar em caso de controvérsias. Era dependurada em lugar público para conhecimento geral e, se fosse violada por alguém (*si raserit, corruperit, mutaverit*), havia a cominação de severa pena.

flagelar com chibatadas quem interpretasse as leis, mesmo desinteressadamente, por razões apenas científicas e proibia a presença em juízo da parte acompanhada de outra pessoa. [225]

Nos tempos modernos predominou o colegiamento da profissão, que se organizou em instituições com poderes de coesão, disciplina e organização da categoria.

Estas *ordines*, termo usado desde Justiniano, exercem hoje papel preponderante nas democracias modernas que, baseando-se no Estado Democrático de Direito, precisa de operadores para requerer, julgar, defender e patrocinar. Daí a existência dos quatro pilares a que já nos referimos, indispensáveis à dinâmica dos ordenamentos jurídicos modernos: juiz, promotor, advogado e defensoria pública.

Porém, a organização dos advogados em instituições sólidas e de prestígio social não pode estabelecer o exclusivismo da representação jurídica, excluindo a participação do próprio cidadão.

Não podemos nos esquecer de que o titular dos fatos sociais é o cidadão que vive em comunidade. É ele que se emprega, casa-se, compra e vende, anda no trânsito, registra imóveis e assim por diante. Portanto sabe e vive os fatos do quotidiano de sua vida.

Por mais complexa que seja a versão jurídica destes fenômenos, ela não pode se tornar ininteligível ao cidadão, a ponto de excluí-lo do conhecimento jurídico das ações que pratica. Isto seria a alienação do homem em sociedade.

A alta complexidade da ciência moderna faz uma ponte útil de comunicação com o usuário, de forma que ele possa utilizá-la de maneira rápida, positiva e eficiente. Para isto, a informática cunhou a expressão *usability* ou *user friendly,* para mostrar uma interação de sucesso entre o utilitário e o programa de computação.

Conforme *Gaston Bachelard*, [226] toda ciência tem um componente subjetivo e um objetivo. Primeiramente nasce no homem, que é o criador de todas as ciências, pela razão e inteligência de que é dotado. Há, pois, nela necessariamente um fator subjetivo: a concepção da ciência, seu desenvolvimento, seus princípios, centrados na pessoa do cientista.

Depois, há um elemento objetivo: ela se destina ao mundo, para transformá-lo. Não existe ciência sem aplicação. A incidência sobre a vida e o resultado desta simbiose é que provam o êxito do princípio científico antes formulado. Enquanto concepção, a ciência é espírito. Enquanto realidade, é razão.

Espírito e razão se fundem no anseio do homem em entender, dominar e escravizar todas as forças da natureza e colocá-la a seu serviço, para multiplicar suas próprias forças. [227]

Como, em última análise, toda ciência é linguagem porque é na comunicação que ela se estabelece de forma definitiva e compreensível, surge aqui o velho problema: é possível simplificar a linguagem para que a ciência se torne uma conquista popular,

---

(225) VÉSCOVI, *op. cit.*, p. 200.
(226) BACHELARD, G. *O novo espírito científico*. Rio de Janeiro: Tempo Brasileiro, 1968. p. 11.
(227) SPENGLER, Oswald. *O homem e a técnica. Uma contribuição à filosofia da vida*. Porto Alegre: Edições Meridiano, 1941. p. 116.

ou não é possível transformar o complexo em algo simplificado, sem que o conhecimento perca a a majestade de sua precisão e o teor de sua verdade?

A primeira parte da ciência, ou seja, a primeira hipótese e a realização da pesquisa, o acerto e erro, os métodos, as experiências de laboratório, a causalidade do conhecimento atual com o passado (quem estuda um problema de física ou medicina aplica a toda a física e a medicina para chegar a uma conclusão), o esforço conjunto, a divisão da pesquisa com colegas etc., tudo isto constitui matéria estritamente técnica, por natureza, inacessível ao grande público.

Depois vem a segunda parte, a realização e a transformação pois, segundo Spengler, "o que importa não é como fabricamos as coisas, mas o que fazemos com elas." [228]

Da concepção meramente fáustica da técnica, cresce-se para a aplicação da ciência em sua atividade transformadora. E é aqui que surge o problema de saber até que ponto pode o usuário dela utilizar-se e, dando um propósito à ação, como é próprio da ética humana, qual o fim que se atingirá por meio dela.

Toda ciência é transformadora da realidade e toda conquista científica é para o bem da humanidade. O homem, como salienta Spengler, "arrebatou da Natureza o privilégio da criação".[229]

No instante em que cria, poupa-se de esforço para lutar por suas necessidades. Forja instrumentos e processos para emancipar-se da tirania da natureza. Procura na técnica a independência. Toda ciência é um conjunto de ações destinadas à emancipação e liberdade do homem. A ciência é um bem e um benefício de todos.

Enquanto ato criativo, submete-se a complexos processos de descoberta, privativos dos cientistas. Mas, uma vez descoberta a causalidade e fixado claramente o objeto, a ciência se instrumentaliza. Torna-se "amigável" e útil. Racionaliza-se em seu processo de manifestação e passa a ser um bem de que todos podem dispor.

Pelo simples apertar de um botão, acende-se o computar que se coloca, com toda a tecnologia que nele se contém, à disposição do homem. Assim é com tudo: o uso da água, da eletricidade, do automóvel, da energia atômica. Toda a complexa ciência necessária ao domínio destes elementos se transforma em processos simplificados para uso de todos.

Ninguém jamais pensou em transformar o cidadão em cientista atômico para entender e usar a energia nuclear ou em médico biologista para tomar um remédio e saber-lhe os efeitos.

É dentro desta perspectiva que se deve examinar o acesso à Ciência do Direito.

Será o Direito, enquanto norma da conduta humana, expressa em linguagem normativa, prevendo uma ação/omissão e uma consequência, obra exclusivamente de juristas? Ou pode ser ensinada e estendida ao povo de modo simplificado?

A linguagem normativa, embora de segundo grau em relação à linguagem comum, por causa da especialização que lhe é inerente, mantém, pelo menos, um limite de compreensão mínima, passível de ser captada pelo cidadão.

---

(228) Op. cit., p. 26.
(229) Op. cit., p. 69.

Por mais complexa que seja a normatividade da conduta, ela jamais se distanciará de modo absoluto da conduta em si mesma. E quem vive a conduta e participa dos fatos sociais é o homem e não a norma. Logo, não pode ser totalmente estranha ao homem a norma que regula sua conduta.

Este fato está comprovado pela proporção dos litígios entre os que "aplicam" espontaneamente a lei — a grande maioria — e os que dela levantam dúvida para transformar seu texto em comunicação insegura e, portanto, precisar do auxílio do intérprete para reconstruí-lo.

Por outro lado, a grande maioria das pessoas passa a vida inteira sem participar de controvérsias que precisam, para serem resolvidas, dos aplicadores da lei. Orientam-se pela própria interpretação que fazem do texto, pelo conselho de entendidos no plano extrajudicial, pela conduta das demais pessoas em relação ao fato descrito na norma.

Por isto é que, nas sociedades humanas, a aceitação espontânea da lei e auto-interpretação pelos destinatários constituem a regra e são sempre em maior número do que controvérsias judiciais, sempre caras, demoradas e plenas de ansiedades e amolações.

A interpretação, extensão e integração da norma se faz pela própria sociedade, por meio do recurso à comunicação linguística do texto. Segundo a lição de *Ernst Kassirer,*

> A linguagem é que, dentro da massa de expressões individuais equivalentes, aos poucos produz uma expressão, que logo estende seu domínio sobre um número sempre crescente de casos, até que, por fim, se presta a abranger todos eles e pode tornar-se conceito genérico.[230]

Como o número das controvérsias judiciais é sempre menor do que os destinatários da norma, conclui-se que esta "massa de expressões individuais equivalentes", que constitui o comportamento coletivo de qualquer sociedade organizada, é permanentemente aberta e extensiva. Abrange um número cada vez maior de casos até que se torna uma noção amplamente aceita por todos.

E esta aliás a função generalizadora do comportamento humano, obtido no plano abstrato pela linguagem. Para se comportar igualmente a outra pessoa ou ao grupo de que faz parte, o homem não precisa viver concretamente a conduta. Basta que dela tome conhecimento pela linguagem e siga o que lhe foi transmitido pela mensagem nela contida.

Esta função generalizadora da conduta obtém-se, nas ciências do comportamento humano, principalmente na Ética e no Direito, pelo entendimento comunitário da linguagem e é ato coletivo da sociedade sem a intervenção de agentes, representantes ou intérpretes.

O Direito formata e é parte integrante de todas as instituições humanas. Dá--lhes a finalidade e estabelece o relacionamento recíproco de seus membros para realizá-la. Porém, como salienta *Karl Popper* "As instituições não agem. Ao invés,

---

[230] KASSIERER, Ernst. *Linguagem e mito.* 4. ed. São Paulo: Perspectiva, 2006. p. 29.

só os indivíduos agem, dentro ou para ou através das instituições. A lógica situacional geral destas ações será a teoria das quase-ações das instituições".⁽²³¹⁾

Conforme a precisa formulação de *Javier*, "As leis organizam e estruturam a sociedade, de modo que pode dizer que a sociedade será o que suas leis forem".⁽²³²⁾

Seria impensável que os indivíduos, para agirem nas instituições, dentro das instituições ou para as instituições, tivessem que esperar a interpretação das normas feitas por delegação aos tribunais. Haveria paralisia e falta de dinâmica social. A linguagem seria uma comunicação imperfeita que precisaria sempre de alguém que lhe buscasse sentido para então entregá-lo à sociedade. Mas quem garantiria que aquela interpretação fosse a verdadeira e única possível?

Lembre-se ainda que a interpretação da lei pelos tribunais é especializada e restrita. Destina-se especificamente à solução de controvérsias.

Uma decisão sobre controvérsia jurídica a respeito de uma norma precisa-lhe o sentido mas também paralisa-lhe o uso e restringe-lhe a extensão. A abertura linguística da norma fica condicionada ao caso que se levou ao tribunal, mas pela generalização acaba sendo aceita como única e verdadeira. Então se perdem as outras possibilidades de interpretação e se realiza definitivamente a mutilação.

Portanto, a interpretação judicial da lei tem duas facetas. Uma, positiva, que dirime a incerteza e dirige o foco linguístico para a descrição do problema. A outra, negativa, porque lhe fecha a extensão. Exclui outros caminhos que, em outra situação, poderiam ser seguidos. Seca-lhe o conteúdo universalista.

Toda lei pretende ser ordenadora. Governa a conduta, mas em diferentes sentidos, que podem ser construídos pelas necessidades dos fatos e pela interação social.

Numa sociedade politizada, cabe às instituições dimencionar estes sentidos e utilizá-los para os fins múltiplos da lei. Qualquer intervenção intermediada e obrigatória pode ser um mal.

Quando o conflito envolve interesses excludentes e não há entendimento entre os envolvidos, a solução judiciária se torna uma necessidade. Então o juiz, em nome da segurança das partes, dirá o "direito" aplicável que resolverá a controvérsia em nome da segurança, mas limitará o objeto da lei.

Lembre-se ainda que, quando surge uma controvérsia, os dois lados têm razoáveis argumentos para a defesa de seus interesses. E não há nenhuma certeza de que a solução apontada pelo juiz seja a melhor. Significa tão só solução obrigatória do conflito.

As controvérsias estão na sociedade. A lei é feita pelo Congresso. Ao Judiciário cabe apenas um lado da aplicação da lei, por ocasião de divergências inconciliáveis.

O monopólio da interpretação das leis não pode, pois, ser relegado apenas ao Estado, em nome de uma pseudocomplicação, que exige uma classe especializada para formular a controvérsia — os advogados — e outra para decidi-la — os juízes.

---

(231) POPPER, Kart. *Lógica das ciências sociais*. Rio de Janeiro: Tempo Universitário, 1978. p. 33.
(232) HERVADA, Javier. *O que é o direito? A moderna resposta do realismo jurídico*. São Paulo: Martins Fontes, 1996. p. 122.

Se esta "complicação" de fato existe, cumpre ao Estado desfazê-la e abrir o acesso aos tribunais.

Ao garantir ao cidadão o acesso ao Judiciário e a duração razoável do processo — art. 5º, LXXVIII, a Constituição acrescentou também um chamado ao legislador e ao juiz, exigindo-lhes que garantam a celeridade da tramitação. Ou seja, fixou o princípio e garantiu os meios.

Entre estes meios, está naturalmente a simplificação dos procedimentos e a descomplicação do processo, sem os quais jamais se atingirá o ideal da duração razoável.

Não se há de seguir o caminho inverso, ou seja, se o processo está cheio de formalidades, então vamos afastá-lo do povo e entregá-lo a especialistas, tal como aconteceu no Direito Romano, no período das *legis actiones*, em que o conhecimento e a aplicação das leis eram tarefas de sacerdotes a quem se atribuía o conhecimento humano e divino das normas e sua reta aplicação?

No fundo, o que se pretendia com a reserva era afastar o cidadão das leis que regiam sua conduta e manter a diferença entre as classes sociais e o domínio das castas dominantes. Só com a Lei das Doze Tábuas é que se estabeleceu o comportamento escrito, portanto certo e do conhecimento de todos, promovendo um equilíbrio entre patrícios e plebeus.[233]

Pretender no mundo atual ressuscitar este privilégio é uma contradição insuportável. A ciência progrediu incansavelmente. A comunicação entre as pessoas e países cresceu assustadoramente. A capacidade de compreensão e a cultura coletiva também evoluíram. Por que então fechar ao cidadão o acesso e a conquista dos tribunais?

Embora o art. 5º, XXXV, garanta ao cidadão o acesso ao Judiciário, não previu explicitamente os instrumentos. A doutrina, entretanto, pode colocá-los em ação, para tornar possível o fim proposto pela Constituição.

Esta via só pode ser a da facilidade e da simplificação pois o direito fundamental do acesso é incondicionado. Não foi garantido por intermediação. Não se previram interposições.

O caminho seguido pela legislação processual deve ser no sentido da vontade do legislador constitucional, cujo explícito desejo foi permitir o acesso do cidadão aos tribunais ou, vistas as coisas por outro lado, a descida da Justiça ao povo.

Todos estes fatos mostram que o acesso pessoal aos tribunais é uma conquista democrática irrenunciável e deve ser desenvolvida e não extinta por todos os Tribunais Regionais.

Se há algo a mudar, devem ser as formalidades processuais, os procedimentos exacerbados e inúteis, os recursos protelatórios e a burocracia das instâncias.

O art. 133 da CF, que garante a indispensabilidade do advogado à administração da Justiça, não revogou o art. 791 da CLT.

---

(233) "Os pontífices constituem um órgão coletivo de origem e composição patrícia (só em 300 a.C. foram admitidos plebeus. O sacerdócio pontifical e as magistraturas conjugam-se frequentemente nas mesmas pessoas." BRETONE, Mario. *História do direito romano*. Lisboa: Estampa, 1990. p. 89.

Que o advogado é indispensável à administração da Justiça, todos sabem. Num Estado Democrático de Direito, o ordenamento jurídico precisa de operadores. É indispensável a existência de quem julga, de quem defenda em nome do Estado a ordem jurídica, o regime democrático e os interesses individuais e sociais indisponíveis e de quem atue na dinâmica da lei em suas múltiplas funções sociais, requerendo, pedindo, interpretando.

Juízes, advogados e membros do Ministério Público formam a trilogia básica para esta finalidade, à qual se soma ainda a Defensoria Pública para a orientação jurídica e defesa em todos os graus de jurisdição dos necessitados. Como salienta *Fernando Antônio de Souza e Silva,*

> A essencialidade e a indispensabilidade da Advocacia, do Ministério Público residem na necessidade inafastável de suas existências, como instrumentos permanentes do cidadão e da sociedade para alcance do objetivo da justiça, através do processo judicial. [234]

De fato, neste sentido é que reside a imprescindibilidade destas instituições. Não significa, de forma alguma, que em todo processo deva figurar um advogado ou um promotor. Tal situação seria insustentável e burocratizaria definitivamente o processo e anularia totalmente sua instrumentalidade.

A exclusividade da representação por advogado só pode significar que cabe a ele, enquanto categoria, e não a nenhuma outra profissão, representar a parte em juízo. Mas não quer dizer, de forma nenhuma, que a representação individual abrange toda e qualquer ação.

Há certas situações em que se prescinde até mesmo do juiz, como nas hipóteses de arbitragem. Do Ministério Público não se necessita quando o processo não justificar sua intervenção, na forma do art. 127 da CF. A defensoria pública jamais se fará onipresente na defesa do necessitado em todas as instâncias: o custo seria insustentável e o número de defensores transporia o limite do razoável.

Estas três instituições são indispensáveis à plenitude do Estado Democrático de Direito, mas não significa que devam figurar infalivelmente em todos os processos.

A Lei n. 8.906/94, art. 1º, ao tornar privativa do advogado "a postulação a qualquer órgão do Poder Judiciário e aos juizados especiais" exagerou. O advogado é indispensável à administração da Justiça, como já se salientou. Mas isto não significa sua presença necessária em todos os processos. Antes da representação por advogado, está o direito de defesa e de ação da parte, direito também indispensável e conformador da ordem jurídica e do Estado Democrático de Direito.

Excluir a parte do direito de ação e defesa de seus próprios direitos é reduzi-la a um estado de tutela, por incapacidade presumida, gerando um paradoxo insustentável: em nome do direito de defesa, impede-se a parte exatamente de defender-se. Os casos complexos atrairão naturalmente a atuação do advogado. Também os simples, mas desde que por vontade da parte.

Não é ético nem aconselhável retirar do cidadão a faculdade de defender sozinho seus direitos. Se o processo é difícil, e sua condução complexa, quem cabe dizer é a própria parte. Por mais protetor que seja o Estado, não pode ele tomar nos braços

---

(234) *Op. cit.*, p. 15.

o cidadão e protegê-lo de maneira absoluta a ponto de reduzi-lo ao estado de incapacidade. O Estado não é, nem pode ser, tutor da cidadania. Proteger não significa presumir a incapacidade das pessoas.

O próprio legislador vem sucessivamente flexibilizando a rigidez da Lei n. 8.906/94. A Lei n. 9.099/95 estabelece, no art. 9º, que, nas causas de valor até 20 salários mínimos, as partes comparecerão pessoalmente, podendo ser assistidas por advogados. A Lei n. 10.259/91, que instituiu os juizados especiais federais, dispôs, no art. 10, que as partes poderão designar, por escrito, representantes para a causa, advogados ou não. A Lei n. 8.906/94, no art.1º, § 1º diz que não se inclui na atividade privativa de advocacia a impetração de *habeas corpus* em qualquer instância ou tribunal. O CPP também prevê o *jus postulandi* para a revisão criminal.

A revisão criminal é ação autônoma, pela qual se pretende atacar processos criminais findos, em três hipóteses expressas no art. 621 do Código de Processo Penal — CPP:

> I — quando a sentença condenatória for contrária ao texto expresso da lei penal ou à evidência dos autos;
>
> II — quando a sentença condenatória se fundar em depoimentos, exames ou documentos comprovadamente falsos;
>
> III — quando, após a sentença, se descobrirem novas provas de inocência do condenado ou de circunstância que determine ou autorize diminuição especial da pena.

Trata-se de uma autêntica ação rescisória criminal, envolvendo questões de alta complexidade teórica, como contrariedade a "texto expresso de lei penal" ou à "evidência dos autos", que demandam operações especializadas de hermenêutica jurídica, ao alcance somente de especialistas.

O segundo requisito exige reavaliação da prova dos autos, para deduzir-lhe a falsidade. Também aqui, o discurso argumentativo há de ser técnico e os autos terão de ser cuidadosamente estudados.

O terceiro, o mais simples dos requisitos, ainda assim exige a reunião e organização de dados, que só podem ser dispostos convincentemente por especialistas.

Estes requisitos, se ampliados exageradamente, podem constituir uma "ação penal invertida", do réu contra a sociedade. [235]

Se, em institutos de alta complexidade como a revisão criminal, a lei previu o *jus postulandi*, isto significa que também deu ao juiz um certo grau de proatividade, no exame da prova ou na determinação de sua produção.

---

(235) OLIVEIRA, Eugênio Pacelli de. *Curso de processo penal*. 3. ed. Belo Horizonte: Del Rey, 2004. p. 890. Este consagrado autor, que trata do tema com objetividade e clareza próprias de sua obra, sugere até que a legitimidade seja estendida também ao MP para a proposição da ação de revisão, por causa da complexidade dos requisitos e condições legais. Lembra ele que o relator poderá inclusive sugerir a produção de novas provas, ouvir testemunhas, requisitar documentos, pois está em jogo a liberdade humana (*Op. cit.*, p. 895). Ampliando o raciocínio, podemos dizer o mesmo na área civil, ou seja, do direito público e privado não penal. Aqui também há fatos tão importantes quanto a liberdade humana. Quando MP do Trabalho ou um sindicato propõe ação civil pública para garantir condições de trabalho higiênicas, saudáveis e seguras, lida com o que há de mais precioso no ser humano — a saúde, que se correlaciona diretamente com o direito à vida, principalmente no que tange a acidentes de trabalho.

Nestes casos, o MP e a Defensoria poderiam ser convocados para que se cumpra a vontade do legislador.

Se, em nome da liberdade, abriu-se mão da representação por advogado, pela mesma razão dela também se abdicará quando se tratar de crédito alimentar pleiteado na Justiça do Trabalho, que até precede em prioridade a qualquer outro direito pois, sem alimento não há vida e, não havendo vida, não há falar-se em direito.

O art. 36 é outro exemplo. Depois de salientar que a parte será representada em juízo por advogado legalmente habilitado, diz: "Ser-lhe-á lícito, no entanto, postular em causa própria, quando tiver habilitação legal ou, não a tendo, no caso de falta de advogado no lugar ou recusa ou impedimento dos que houver."

Se o advogado é parte ou se a parte é advogado, coincidem na mesma pessoa as duas figuras. A representação está, portanto, satisfeita.

Já na segunda parte, quando faltar advogado ou os que houver no local se derem por impedidos ou recusarem a causa, pode a parte postular em causa própria.

O legislador teve que ceder ao peso dos fatos. Se não é possível a representação, nem por isto há de perecer o direito da parte. A representação tem limites e, no fundo, o que existe é o direito do cidadão ao acesso aos tribunais. Ainda bem que não sacrificamos um direito fundamental por razões formais. Isto está claro desde Ulpiano: *"Postulare autem est desiderium suum vel amici sui in iure apud eum, que jurisdictioni praeest, exponere: vel alterius desiderio contradicere."* [236] Postular é direito da própria parte ou de amigo seu de expor perante quem detenha a jurisdição. Ou então contradizer o direito.

Aqui se vê mais uma vez que é preciso bom senso. A presença do advogado, em tais casos, é aconselhável. Mas a lei não a fez obrigatória. Então há que se procurar outros meios para a obtenção do fim.

Aqui se vê claramente o sentido da política legislativa em relação à presença do advogado. A obrigatoriedade em todos os casos é impossível. O legislador abriu exceções. A ausência plena também há que ser rejeitada. A indispensabilidade do advogado para o funcionamento e aplicação do ordenamento jurídico como um todo é um fato que se pode verificar em todos os ordenamentos jurídicos dos povos civilizados.

Porém, o outro lado da medalha é também um exagero. A presença do advogado em todos os processos é um monopólio condenável, porque reduz o cidadão à condição de incapaz e impede o diálogo direto entre ele e os tribunais, que existem exatamente para servi-lo.

A lei, para atuar, precisa de interpretação e esta se faz muito mais fora do que dentro dos tribunais. Todos os cidadãos interpretam a lei, porque têm acesso a seu texto vazado no idioma pátrio.

Toda a administração pública tem como fundo a legalidade — art. 37. Mais do que isto, serve-lhe de pilastra não só a lei, mas além dela o Direito, que é a lei acrescida da doutrina, da experiência das decisões, dos costumes e dos princípios jurídicos.

---

(236) Digesto, 3,1,1,2 e 3,1,6. Ver SOUZA E SILVA, Fernando Antônio. *Op. cit.*, p. 32.

Todas as repartições, ministérios e atividades administrativas operam dentro do princípio da legalidade, cujos parâmetros e definições constituem atos de exegese próprios da interpretação. Portanto, a realização do Direito, em sua grande maioria, se pratica fora dos tribunais e esta ampla atividade compete ao jurista e não apenas ao juiz.

Para a interpretação do ordenamento jurídico e sua aplicação a toda a sociedade, a presença do jurista é relevante e indispensável, pois esta atividade exige conhecimento especializado e técnico.

Porém, este conhecimento não se desfaz quando se prevê o acesso pessoal do povo aos tribunais. Continua na pessoa do Juiz, do Promotor, do Defensor e do próprio advogado, se chamado a intervir no processo por vontade da parte.

O que se faz é simplesmente uma ponte simplificadora entre o cidadão e os tribunais, para que neles possa entrar.

A realização do Direito pelos tribunais é apenas a face visível e externa da função da lei, quando em nome dela se estabelece uma controvérsia que as partes não puderam resolver. Chama-se então o juiz que a resolve.

Mas, antes e depois desta controvérsia, que assume a feição processual, há a outra que é a aplicação da lei a todos os fenômenos que surgem da relação do homem com o próprio homem. Esta atividade, muito mais ampla do que o caso judicial, é ilimitada, pois é impossível determinar numericamente os destinatários de uma lei. O Direito pertence à vida e não apenas aos tribunais.

Ao jurista, portanto, cabe uma função muito maior do que a de procurar em juízo, porque o Direito não se limita aos casos ali discutidos.

Uma lei especial, como é o caso da CLT, que faculta, mas não obriga, à parte o acesso direto ao tribunal do trabalho não tem nada de inconstitucional. Não viola a indispensabilidade do advogado, nem o relega a uma função secundária na Justiça do Trabalho. Pelo contrário. Nos casos difíceis, que exigem aprofundamentos e raciocínios complexos, sua presença é indescartável e é isto que acontece na prática.

Tal fato, todavia, não se confunde com a presença obrigatória e constante do advogado em todas as ações trabalhistas. Nem muito menos que, mesmo num caso complexo, o juiz não possa atender ao requerimento pessoal da parte.

Este monopólio não é aconselhável nem útil à sociedade. Nos casos de menor monta, é justo que o trabalhador receba seu crédito integralmente e a ajuda do Estado é louvável e necessária para conseguir este objetivo.

Hoje, nas regiões econômicas e sociais, como é o caso da União Europeia e do Mercosul, a atividade jurídica é exercida muito mais por instituições, escritórios e associações de advogados do que por meio de tribunais que para o Mercosul sequer existem. Para a solução de controvérsias, usa-se a arbitragem. Como salienta *Enrique Véscovi,*

> *Fuera de la asistencia (patrocinio) en juicio, la tarea del abogado, más importante cada vez en la época moderna, es la función preventiva y de asesoramiento general que desarrolla, ya sea para los particulares o las personas jurídicas (empresas, etc.) o para los propios colegas mediante la consulta.*[237]

---

(237) VÉSCOVI, Enrique. *Teoria general del proceso.* Colômbia: Temis, 1999. p. 201.

Está, assim, reconhecida, por um dos maiores processualistas latino-americanos, que a principal atividade do moderno advogado é a função preventiva e de assessoramento, o que mostra nova e mais importante perspectiva para a categoria do que a mera procuração judicial.

Mais uma vez se vê que é crescente e constante a expansão da atividade judiciária fora dos tribunais. Restringir o advogado a procurador judicial é limitar a grandeza de sua função social, é diminuir a importância de seu papel na sociedade contemporânea.

Por isto é que a Lei n. 8.906/94 estabeleceu que, além da postulação, estão ao encargo do advogado as atividades de consultoria, assessoria e direção jurídicas. Art. 1º, II.

A disposição do art. 1º, I, que estabelece como privativa do advogado a postulação junto a qualquer órgão do Poder Judiciário, inclusive os juizados especiais, não tem o condão de revogar a disposição especial da CLT, consubstanciada no art. 791.

O que há é o direito de contratar advogado, mas esta faculdade não se pode transformar em obrigação. O *jus postulandi* é conquista do trabalhador brasileiro, faz parte de nosso universo jurídico e, como exceção à regra, deve permanecer.

Meu ponto de vista é que nosso Tribunal Regional e, com ele, todos os demais do País, organizem serviço de atermação com servidores eficientes e capazes de intermediar, com imediatidade e sem protocolos ou formalidades, o acesso do cidadão a seu juiz natural.

Este serviço deveria estender-se aos tribunais comuns, para igualmente levar o cidadão ao Juiz e trazer a Justiça ao povo.

Esta pretensão não exclui a presença do advogado nem do defensor. Ambos continuarão cumprindo sua missão. Ninguém deixará de procurar um advogado para os casos em que haja realmente necessidade. Porém não se justifica que sua presença seja imposta pela lei, em casos nos quais dele não precise ou nos quais a parte não o deseje.

Também será impossível que haja defensores em número suficiente para atender ao art. 134 da CF. A orientação jurídica e a defesa dos necessitados são essenciais à administração da Justiça, mas nada impede que o próprio cidadão se defenda ou se oriente.

A atividade da Defensoria há de ser necessariamente seletiva e complementar para os mais necessitados.

Não podemos sacrificar, por causa das tortuosas linhas que caracterizam a Ciência do Processo, a qual tomou um fim em si mesma, esquecendo sua instrumentalidade, ou seja, o fim essencial a que deve servir. Este não pode ser outro a não ser o de constituir um meio idôneo de aplicar o Direito aos casos concretos que a inevitável litigiosidade da convivência humana gera.

Já afirmamos em outro livro: [238] "O processo serve ao Direito. O Direito serve à Justiça. Direito, Processo e Justiça servem à vida."

---

(238) *Reforma do Judiciário*. Belo Horizonte: Del Rey, 2004. Introdução.

Se o processo não serve ao Direito, ele não tem aplicação. Portanto perde seu objetivo de servir à vida.

Temos que instrumentalizar todas as formas de uma Justiça rápida e eficiente e abrir, por meios idôneos, o acesso dos tribunais ao povo. Não ter o Direito ou tê-lo sem aplicação é a mesma coisa. Se o cidadão, principalmente o mais humilde, precisa de Justiça, deve ter os meios de usá-la sem intermediação. É preciso que encontre aberta a porta de um tribunal que o atenda.

O *jus postulandi* na Justiça do Trabalho é uma experiência democrática e vitoriosa. Não se pode excluí-la com a evocação de falsos princípios, nem muito menos à custa de um suposto benefício em favor dos necessitados, quando de fato o que se faz é prejudicá-lo.

Em Minas Gerais, sempre foi um meio eficiente e uma ferramenta adequada para garantir o acesso à Justiça. Se em outros Estados falhou ou foi mal conduzida, o erro reside no ser humano e não na instituição que, jurídica e filosoficamente, deve ser mantida.

Um exemplo da força contemporânea do *jus postulandi* está no Direito norte--americano. Considerando que a acesso do cidadão aos tribunais é um direito que repousa no cerne dos países democráticos, os americanos vêm dando impulso e racionalidade cada vez maior ao que se chama: *Pro se litigation*, ou seja, litigação para si próprio ou em causa própria.

A matriz se sedimenta na Sexta Emenda, cujo texto é o seguinte:

In all criminal prosecutions, the accused shall enjoy the right to a speedy and public trial, by an impartial jury of the State and district wherein the crime shall have been committed, which district shall have been previously ascertained by law, and to be informed of the nature and cause of the accusation; to be confronted with the witnesses against him; to have compulsory process for obtaining witnesses in his favor, and to have the Assistance of Counsel for his defence.

Nesta emenda estão os fundamentos da ampla defesa. Ela foi pensada para o Direito Penal, mas generalizou-se. Não havia motivo para recusar sua amplitude a toda e qualquer situação, pois os fatos são os mesmos. O que muda é a sua classificação.

1 — O direito a um julgamento rápido e público. Esta exigência se deveu à circunstância de que, na Inglaterra, alguns processos se arrastaram por anos e o julgamento, posteriormente, não foi público.[239] O direito a um julgamento em tempo razoável faz parte dos direitos e garantias individuais da CF — art. 5º, LXXXIII.

2 — Júri imparcial, em razão do julgamento coletivo isento. A isenção do julgador, individual ou coletivo, hoje, é requisito para a formação válida do processo.

3 — Julgamento no território em que o crime foi cometido. Generalizou-se em função da competência em razão do lugar.

4 — A informação da natureza e da causa da acusação. Hoje, é a delimitação dos fatos, para todo processo. Para que se defenda, é preciso saber de que natureza é a acusação.

---

(239) NUNES, Rogério. *Constituição dos EUA anotada.* Lisboa,1993, p. 63.

5 — Acareação com testemunhas de acusação. Generalizou-se por meio de mecanismos probatórios eficazes. Também no processo civil é possível a acareação de testemunhas.

6 — nomeação de testemunhas. Tornou-se como regra geral.

7 — Direito à assistência de advogado.

Este quadro, com pequenos retoques e adaptações, apresenta o elenco dos requisitos para a chamada "ampla defesa", hoje apresentada como direito fundamental em todas as Constituições modernas.

E note-se que tal assistência por advogado é apresentada como um direito — *right* — e não dever ou obrigação — *duty*. [240]

Isto significa que, em todos os países desenvolvidos e politizados, a assistência por advogado é um direito do cidadão, mas nunca uma obrigação imposta pelo legislador.

A presença compulsória do advogado, em vez de garantir, fere o direito de defesa, pois impede o cidadão emancipado e independente de decidir sobre seus próprios interesses, anulando-lhe a liberdade de preferência, opção e escolha.

Na Califórnia, o advogado é proibido, a não ser quando advogue em causa própria ou é advogado de partido. E ninguém vê esta proibição como uma diminuição do direito de classe e uma restrição ao exercício da profissão.[241]

Ao contrário, de acordo com o pragmatismo que caracteriza as soluções do Judiciário nos Estados Unidos, os advogados concordam que, na maioria destes pequenos casos, (o limite na Califórnia é de cinco mil dólares) não há complicação jurídica que demande a presença de um profissional que cobra por hora de duzentos a trezentos dólares.

As audiências são marcadas, de regra, um ou dois meses depois do ajuizamento e duram em torno de quinze minutos.

Lembra *Ralph Werner* que se abdica de todo o palavrório desnecessário e a linguagem objetiva e normal, despida do tecnicismo do processo, assume a função comunicativa. [242]

---

(240) SILVA, Antônio Fernando de Souza e, *op. cit.*, p. 41. Este autor lembra que a jurisprudência da maioria dos estados norte-americanos permite à parte representar-se a si mesma em processos criminais e a legislação de 36 Estados é expressa a respeito — p. 42. Na Inglaterra, a situação é a mesma. A partir daí, a exigência não mais existiu — p. 48. Cita o autor o caso Faretta x Califórnia (p. 49), "We confront here a nearly universal conviction, on the part of our people as well as our courts, that forcing a lawyer upon an unwilling defendant is contrary to his basic right to defend himself if he truly wants do so. ("Confrontamos aqui uma convicção praticamente universal em relação a nosso povo e nossas cortes de que forçar um advogado a defender um réu contraria o direito de autodefesa, se ele coerentemente assim deseja agir). Na p. 68, arrola os principais tratados e convenções internacionais, para provar que, em todos eles, o que se prevê é o direito de constituir advogado, nunca a obrigação. Não se exclui o cidadão do acesso ao Judiciário, porque não tem, não conseguiu ou não quer advogado.
(241) WARNER, Ralph. *Small claims court*. Berkely: Nolo Press, 1994.
(242) Este autor, *op. cit.*, p. 2, usa um termo irônico e radical para a linguagem jurídica: *gobbledygook,* ou seja, o grulhar de um peru. O exagero é evidente, porque toda ciência não pode abrir mão de um mínimo de tecnicismo de linguagem, exatamente para garantir certeza na comunicação. Não existe ciência sem linguagem técnica. Mas, quando há excesso, vem a crítica, como no caso concreto.

Os recursos são informais e basta que a parte declare esta intenção. Em tudo é auxiliado pelo *clerk*, uma espécie de secretário de Vara, responsável pela parte administrativa.

As estatísticas são impressionantes. De 1991 a 1993, o número de apelações por litigantes sem advogado foi de 37%. Na jurisdição criminal federal, este índice atingiu 88%. Nas apelações sobre direitos fundamentais — *civil rights* — o número atingiu 41%.

Na Justiça Estadual, o ritmo é o mesmo. Em 1988, 52% dos processos na Califórnia, envolvendo questões de Direito de Família, tinham pelo menos uma parte não representada e, nas questões de alimentos, 63% dos litigantes não tinham advogado. Em 88% dos divórcios na cidade de Phoenix, Arizona, pelo menos uma parte se autorrepresentava. Em Washington, a proporção era de quase 90%.[243]

Por ser o *jus postulandi* uma realidade integrada à vida dos tribunais norte-americanos, montou-se uma estrutura especial para acolher as partes, facilitando-lhes, não só o acesso, mas também a presença física nas cortes. Estes serviços consistem em mapas e indicações para facilitar o movimento interno, pautas noturnas para os que trabalham durante o dia, ouvidorias para recolher queixas e sugestões, que podem também ser depositadas em caixas receptoras, salões próprios para idosos e pessoas com dificuldade de locomoção, assistência prestada por especialistas, etc.[244]

Em vez de aceitarmos, sem a crítica necessária, o argumento de que a parte não pode conduzir com êxito no Brasil um processo sem representação de advogado, o que é sem dúvida falso, o que deveríamos fazer (ou melhor, o que já devíamos ter feito) é adaptar nossos tribunais a esta realidade, abrindo-lhes as portas para o povo.

Estas medidas seriam de duas espécies: uma, interna, à semelhança dos tribunais americanos, com adaptações processuais para facilitar o acesso dos que quisessem litigar sem representação, seguidas do arranjo material das instalações, inaugurando-se também as pautas noturnas.

A segunda medida seria de ordem processual. A Lei n. 9.099/95, a Lei n. 10.259/91 e a Lei n. 9.957 já inovaram em matéria de simplificação processual. Porém faltou um dado importante, a descentralização dos órgãos judiciários, não só pelos bairros das grandes cidades, mas também pelas cidades dos grandes Estados.

Sem esta medida, jamais faremos o Judiciário chegar ao povo. Não basta o *jus postulandi*, se o povo não tem como exercê-lo. A grande concentração de Varas em local único, em São Paulo e Belo Horizonte, por exemplo, é um notável erro. O Judiciário não quer dar-se o trabalho de se aproximar do povo.

Montar Varas e Juizados nos bairros é medida muito mais barata e racional do que amontoá-los em prédios nos centros das metrópoles. Na periferia, poderiam ser utilizadas instalações públicas já existentes, dos Estados, dos Municípios e mesmo da União Federal quando fosse o caso.

Convênio com o Judiciário estadual poderia facilitar a instalação conjunta de Varas e Juizados, federais e estaduais, todos no mesmo local, facilitando a vida do cidadão.

---

(243) SILVA, Fernando Antônio de Souza e, *op. cit.*, p. 188 e ss.
(244) *Ibidem*, p. 121.

É inacreditável que tais medidas tão simples não passem pela cabeça de nossos administradores, do Executivo e do Judiciário. Preferimos prédios grandiosos e de luxo. Não pensamos no destinatário de nossos serviços. Depois, ficamos falando em reforma, numa retórica sem fatos. Precisamos ser práticos e objetivos. Sem uma visão realista e desapegada das coisas não iremos longe com reforma alguma. [245]

A uma estrutura semelhante à dos juizados especiais, deveria reduzir-se toda a Justiça do Trabalho. Os recursos se limitariam a câmaras do próprio primeiro grau ou a tribunais de recurso, como são hoje os TRTs. [246]

O ideal mesmo é que houvesse, nos sindicatos, uma solução extrajudicial arbitrada e obrigatória, com recurso às Varas, quando a parte entendesse injustiçada. Depois, só mesmo os chamados recursos especiais ou extraordinários — revista e extraordinário em sentido estrito- perante o TST e para o STF, com execução integral da sentença. O que lá se decidisse, valeria para casos futuros. Todos os Juízes do Trabalho se concentrariam na primeira instância.

O *jus postulandi*, por si só, nada resolve. É preciso integrá-lo com estas medidas que são muito mais de natureza organizatória e administrativa do que propriamente jurídica.

O leitor percebe que a chamada "Reforma do Judiciário" até hoje se limitou a pequenas e insignificativas mudanças das leis processuais. Ainda não enfrentamos, nem queremos enfrentar, o problema pela frente.

Vaidades, corporativismo, visão anacrônica e outros impedimentos de diferentes ordens, principalmente os que dizem respeito a interesse de juízes, travam o progresso.

Diante deste quadro amplo, o *jus postulandi* é apenas uma alavanca, entre as muitas que precisam ser movimentadas. Não podemos continuar no século dezoito, quando o barco do tempo já nos impeliu para o século vinte e um.

Uma instituição fora do tempo é como um ser vivo fora de seu ambiente natural: não desenvolve a vida, não cresce nem procria. Com o tempo, só lhe resta o regresso, a caminhada para trás e a extinção.

Não será este, evidentemente, o fim do Judiciário.

---

(245) Em Minas Gerais, esta reforma já começou com o deslocamento de uma Turma do TRT para a cidade de Juiz de Fora. Também, em convênio com a Prefeitura, foram criados dois postos avançados da Justiça do Trabalho na periferia de Belo Horizonte. Planeja-se o remanejamento de uma Vara para um bairro de Belo Horizonte, em prédio da Prefeitura, utilizando-se a sede de uma de suas administrações regionais. Se este fato se tornar realidade, estaremos concretizando medida de alto significado social que abrirá porta para que outras também se desloquem. E, com isto, estaremos ensaiando os primeiros passos para uma reforma realmente profunda e estrutural do Judiciário.
(246) Ver sobre o tema ÁLVARES DA SILVA, Antônio. *Juizado especial de causas trabalhistas*. São Paulo: LTr, 1996. p. 125 e ss.

RELAÇÃO DE EMPREGO DOS SERVIDORES CONTRATADOS SEGUNDO O ARTIGO 37, IX, DA CONSTITUIÇÃO FEDERAL

1. COLOCAÇÃO DO PROBLEMA

O art. 37, IX, da CF diz:

Art. 37. A administração pública direta e indireta de qualquer dos Poderes da União, dos Estados, do Distrito Federal e dos Municípios obedecerá aos princípios de legalidade, impessoalidade, moralidade, publicidade e eficiência e, também, ao seguinte: (Redação dada pela Emenda Constitucional n. 19, de 1998)

IX — a lei estabelecerá os casos de contratação por tempo determinado para atender a necessidade temporária de excepcional interesse público;

No art. 37, II, o legislador constituinte estabeleceu os modos pelos quais se estabelece a vinculação do servidor com a Administração Pública — AP: cargo ou emprego público, através de concurso de provas ou de provas e títulos.

O lugar ou a atribuição que o ocupante terá na AP terá necessariamente duas formas ou padrões jurídicos: cargo e emprego. Para ingressar, terá que fazer concurso público, que será só de provas ou de provas e títulos.

Vê-se que o emprego público, ao lado do cargo, foram as duas opções que o legislador estabeleceu.

Como nenhum modelo esgota a realidade que ele pretende abarcar, principalmente no mundo jurídico, em que a realidade é sempre mais rica e criativa do que o legislador, teve a Constituição que abrir exceções. Uma delas é a do art. IX acima citado:

a) contratação por prazo determinado;

b) para atendimento de necessidade temporária;

c) de excepcional interesse público.

O legislador foi cuidadoso. Para não quebrar o rigor dos dois modos de vinculação — cargo e emprego públicos — abriu uma porta para contratação especial fora do modelo. Mas com severa restrição: a contratação dever ser por prazo determinado e deve atender a necessidade temporária de excepcional interesse público.

A determinação do prazo é uma contradição, pois a AP é por natureza permanente, portanto incompatível com o contrato por prazo determinado. A necessidade temporária é aquela que refoge aos padrões comuns da administração. Suprida a necessidade, esgota-se a premência. E o interesse público excepcional significa que, se o problema não for adequadamente enfrentado, a AP sofre prejuízo e a sociedade sai prejudicada.

Estes elementos, expressamente previstos, são vinculantes ao legislador e ao aplicador. Se a hipótese legislada ou interpretada não satisfizer aos requisitos da Constituição, torna-se inconstitucional.

O legislador, dentro do poder discricionário que lhe é próprio, tem o dever de vincular-se à determinação constitucional e o aplicador, entendendo que os requisitos não são visíveis no caso concreto, pode deixar de aplicar a lei.

Assim agindo, estará dando prevalência ao princípio — art. 37, I, e não à exceção — art. 37, IX.

2. NATUREZA JURÍDICA DO ART. 37, IX

A exceção do art. 37, IX, não é cargo nem emprego público em virtude dos requisitos de que se reveste, já anteriormente apontados.

O servidor que lá está empenhado não é servidor público porque não fez concurso, nem está sujeito à Lei n. 8.112/90. Também não é empregado público porque não fez concurso de ingresso nem está sujeito à CLT.

Não ocupa cargo público, no sentido técnico da expressão, nem está submisso "ao estatuto legal da função pública". [247] Nem também é empregado público, pelas mesmas razões, notando-se que a diferença entre o cargo e o emprego públicos é apenas de regulação jurídica, podendo ser atribuída ao emprego público qualquer competência, fora aquela que, por estar próxima do exercício da soberania, presume maiores garantias do titular que a exerce.[248]

Mesmo estes cargos poderiam ter a natureza de emprego público. Tudo dependeria das garantias que o legislador desse a seu titular. Ora, se o problema está na garantia, e se esta é prevista na lei de modo a permitir ao titular do cargo seu exercício com independência e autonomia, qualquer regime serve, desde que o legislador saiba distinguir onde se deve garantir mais ou menos.

---

(247) CAETANO, Marcello. *Manual de direito administrativo*. Rio de Janeiro: Forense, 1970. t. II, p. 594.
(248) A diferença entre cargo e emprego públicos é, no fundo, inócua. O legislador é livre para atribuir ao agente público a garantia e o sistema jurídico que quiser, fazendo, naturalmente, distinções e atribuições adequadas aos cargos e empregos públicos, segundo a finalidade que seu titular deva exercer na sociedade. Portanto não é o nome mas sim o conteúdo que importa. O Estado pode exercer funções próprias da iniciativa privada e a iniciativa privada pode assumir por delegações funções tipicamente estatais. Isto sem falar na hipótese em que o Estado assume e exerce diretamente a própria atividade privada, embora isto se faça com restrições no direito brasileiro — art. 173 da CF. Portanto, não tem nenhuma razão. BANDEIRA DE MELLO, Celso Antônio. *Curso de direito administrativo*. 21. ed. São Paulo: Malheiros, 2006. p. 246, quando afirma que "Para os servidores da Administração direta, autarquias e fundações de Direito Público (ou seja: servidores das pessoas jurídicas de Direito Público) indubitavelmente, o regime normal, corrente, terá de ser o do cargo público, admitindo-se, entretanto, ... casos em que é cabível a adoção do regime de emprego para certas atividades subalternas." De onde se tirou a afirmativa de que o regime de emprego público só se presta para "atividades subalternas" não se sabe. Quantos pequenos cargos, com pouca significação para o público em geral, existem no serviço público? Se assim fosse, todo o serviço público italiano, que é um misto de cargo e emprego, é subalterno e imprestável. Sob o tema, ver ÁLVARES DA SILVA, Antônio. *Greve no serviço público depois da decisão do STF*. São Paulo: LTr, 1988. p. 161 e seguintes.

Antes da EC-1/69, o regime jurídico do contratado para obras ou funções de natureza técnica e especializada era o de trabalho. Assim dizia o art.104:

> Aplica-se a legislação trabalhista aos servidores admitidos temporariamente para obras, ou contratados para funções de natureza técnica ou especializada.

Depois, a emenda citada os capitulou num regime estabelecido em lei especial. Assim dizia o art. 106:

> O regime jurídico dos servidores admitidos em serviços de caráter temporário ou contratados para funções de natureza técnica especializada será estabelecido em lei especial.

O problema ficou tecnicamente indefinido. Não seria mais a legislação trabalhista, mas uma "lei especial", que haveria de ser promulgada.

Não predeterminando o conteúdo da tal "lei especial", o regime jurídico ficou indeterminado. Se o legislador preferisse manter o trabalhista, não haveria qualquer óbice constitucional. Talvez, para dar mais mobilidade de opção à AP, partiu para um suposto meio termo da "lei especial".

Este raciocínio serve para mostrar a vacilação do legislador sobre o tema, indicando que a evolução não pode ser lida no sentido de desprezo ao regime trabalhista e acolhimento do estatutário.

A primeira indagação consiste em saber se há uma relação estatutária, ou seja, de caráter jurídico-administrativo.

Esta relação absolutamente não existe, conforme já se demonstrou. Se não se trata de "relação estatutária", que foi o foco da ADI 3395, pela qual se exclui qualquer interpretação do art. 114. I, no sentido de se atribuir competência à Justiça do Trabalho para julgar causas entre a AP e seus servidores, conclui-se que a relação ali estabelecida tem outra natureza.

Portanto, pelas mesmas razões pelas quais se excluiu a competência da Justiça do Trabalho, pode-se agora incluí-la, racionando *a contrario sensu*, com os mesmos argumentos da AI 3395, só que vistos pelo lado oposto.

Medindo-se os elementos jurídicos do problema, a dedução a que se chega é que se trata de vínculo muito próximo do trabalhista, jamais estatutário. Se não se trata de relação de trabalho típica,[249] o fato é que a relação do titular das atividades — art. 37, IX — se aproximam muito mais do Direito do Trabalho do que do vínculo estatutário.

Em primeiro lugar, estas tarefas de caráter temporário, para atender a necessidades excepcionais e ocasionais, se assemelham mais ao regime trabalhista do que ao estatutário. Este é o regime típico da administração pública, predisposto a receber os ocupantes em caráter definitivo, isto é, com fixidez, como salienta *Celso Antônio B. de Mello*. Ele se constitui predominantemente de cargos públicos que são providos por concurso público de provas ou de provas e títulos.[250]

---

(249) Note-se que o emprego público na AP não assume necessariamente as mesmas relações da iniciativa privada, aplicando-se pura e simplesmente a CLT. Isto pode acontecer, mas o legislador pode ampliar ou reduzir as disposições celetistas de acordo com as finalidades do emprego público dentro da AP.

(250) *Op. cit.*, p. 289.

Portanto, fixidez e definitividade caracterizam o regime do cargo público, que é a base do regime estatutário, organizado em torno de um "estatuto" rígido e firme, imposto unilateralmente ao servidor.

O que temos, no art. 37, IX, é exatamente o contrário:

a) o contrato é por prazo determinado;

b) atende a necessidade temporária;

c) que deve ter a natureza de excepcional interesse público.

d) não há concurso público, mas seleção. O art. 3º da Lei n. 8.745/03 diz que "o recrutamento do pessoal a ser contratado, nos termos desta Lei, será feito mediante processo seletivo simplificado sujeito a ampla divulgação, inclusive por meio do Diário Oficial da União, prescindindo do concurso público". E arremata, no § 1º, que "a contratação para atender às necessidades decorrentes de calamidade pública ou de emergência ambiental prescindirá de processo seletivo". [251]

Estes fatores, por si só, excluem a possibilidade da existência de regime estatutário e sinalizam para um regime excepcional, provisório, passageiro, cujo titular não é admitido por concurso, mas por "seleção". [252]

Mas não é só. A Lei reguladora — 8.745/03 — prevê (art.12) que "o contrato firmado de acordo com esta lei extinguir-se-á sem direito a indenizações nas hipóteses seguintes:

I — pelo término do prazo contratual;

II — por iniciativa do contratado;

III — pela extinção ou conclusão do projeto, definidos pelo contratante, nos casos da alínea h do inciso VI do art. 2º. (Incluído pela Lei n. 10.667, de 2003)".

Não há, pois, submissão ao processo disciplinar e ao inquérito previstos na Lei n. 8.112/90.

Já o § 1º prevê que a extinção do contrato, no caso dos incisos II e III, será comunicada com antecedência mínima de trinta dias.

E o § 2º estabelece que "A extinção do contrato, por iniciativa do órgão ou entidade contratante, decorrente de conveniência administrativa, importará no pagamento ao contratado de indenização correspondente à metade do que lhe caberia referente ao restante do contrato".

No § 1º temos instituto típico de Direito do Trabalho o aviso prévio, estabelecido no art. 487 e, no § 2º, a mesma disposição do art. 479, ambos da CLT.

Vê-se então um sistema de dispensa mediante aviso prévio e indenização, muito próximo do celetista, o que diferencia radicalmente a contratação do art. 37, IX, da CF do regime estatutário.

Mas não é só.

---

(251) Além de substituir o concurso público por uma "seleção", esta pode, em alguns casos, até mesmo ser dispensada. A flexibilidade é total.
(252) Art. 3º da Lei n. 8.745/03.

O art. 8º da Lei n. 8.745/03 manda que se aplique ao contratado o disposto na Lei n. 8.647, de 13 de abril de 1993.

Esta lei prevê, no art. 1º, que o servidor público civil ocupante de cargo em comissão, sem vínculo efetivo com a União, Autarquias, inclusive em regime especial, e Fundações Públicas Federais, vincula-se obrigatoriamente ao Regime Geral de Previdência Social de que trata a Lei n. 8.213, de 24 de julho de 1991.

No art.12 da Lei n. 8.647/03, foi dito que são segurados obrigatórios da Previdência Social as seguintes pessoas físicas:

I – como empregado:

a) ....

g) o servidor público ocupante de cargo em comissão, sem vínculo efetivo com a União, Autarquias, inclusive em regime especial, e Fundações Públicas Federais.

Por analogia, também como empregados, foram inscritos os contratados eventuais do art. 37, IX, da CF.

Com base em todos estes fatos, sempre entendemos que esta categoria não está abrangida pela ADI 3395, pois ela se refere expressamente ao art. 114 da CF, vedando qualquer interpretação que dê à Justiça do Trabalho competência para decidir causas de servidor público.

Portanto, a extensão desta interpretação ao art. 37, IX só poderia realizar-se por analogia. Porém, para que haja analogia, é preciso a existência de termos válidos de comparação que aproximem os conceitos. [253]

No caso concreto, as categorias não são passíveis de comparação. O art. 114 trata de entes da administração pública direta e indireta da União, Estados, Municípios e DF. Já o art. 37, IX, tem por objeto agentes públicos contratados por prazo determinado para tarefas específicas de excepcional interesse público.

São, portanto, institutos jurídicos diversos, que não podem ser assimilados por analogia nem ser aproximados por qualquer raciocínio includente. E, por via de consequência, como não se trata de servidores públicos concursados, ocupantes de cargo publico criado por lei, com atribuições próprias e remuneração determinada, não há aqui vinculação estatutária com a Administração Pública.

Este raciocínio é evidente e não demanda maiores fundamentações.

Também há relação jurídica de emprego público, tal como prevista na Lei n. 9.962/00 nem de função pública, pois há um agente e um objetivo a ser atingido, mediante uma relação jurídica remunerada. Ele não exerce, como é óbvio, apenas uma função.

Nos casos concretos, que motivaram as decisões da 4ª Turma do TRT de Minas, as contratações se renovaram várias vezes, tornando definitiva e não temporária a relação. Como não se trata de vínculo estatutário, nem trabalhista

---

(253) Sobre a função da analogia na Ciência do Direito, ver ÁLVARES DA SILVA, Antônio. *As súmulas de efeito vinculante e a completude do ordenamento jurídico*. São Paulo: LTr, 2004. p. 56.

típico, nem de função pública, o que há na realidade é uma relação de trabalho atípica com o Estado, que assim deve ser considerada para efeitos jurídicos.

Portanto não se trata de vínculo estatutário. Nem de autoridade incompetente, pois a Justiça do Trabalho atua no caso com base no art. 114 da CF para julgar um relação de trabalho atípica.

Também, em tais casos, é comum que a AP requeira liminares, alegando *periculum in mora*, o que não procede, pois se trata de controvérsia jurídica em curso, que não requer solução excepcional. Quem for condenado a final, sofrerá o ônus da sucumbência como em qualquer ação.

Se toda parte, numa ação que anteveja condenação, arguir o *periculum in mora*, não haveria mais curso normal do processo. Ele seria resolvido pelas despropositadas liminares que se tornaram regra no direito brasileiro, em que se julga mais por liminar do que no mérito. Se há perigo de demora, ele existe é para o reclamante que, em demandas contra o Estado, terá que esperar anos, mesmo ganhando.

Poder-se-ia argumentar ainda que há uma relação administrativa entre o trabalhador excepcional e o Estado, através de um contrato administrativo. Mesmo que haja esta relação jurídico-administrativa entre o reclamante e a AP, ela não tem definitivamente caráter estatutário. Por isto, jamais poderá incluir-se no âmbito da ADI 3397.

Também não se há de analisar o problema sob o prisma do art. 39, com redação data pela EC n.19, hoje revogado por decisão do STF (ADI n. 2.135-4) pois, ao dispor a redação antiga, hoje repristinada, sobre regime jurídico único, não se exclui o regime trabalhista. "Regime único" não é, nem nunca foi, sinônimo de regime estatutário.

O emprego público está ao lado do cargo público, no art. 37, I, da CF. Portanto, poderia também o emprego tornar-se o regime único ali mencionado. A questão não é jurídica. Trata-se de uma opção jurídica que o legislador tem de fazer.

Prevendo a CF emprego público, nada pode impedir seu uso, a não ser que uma emenda constitucional o retire do art. 37.

Não se pode incluir o regime jurídico do trabalhador temporário como de natureza meramente privada ou celetista. Porque a lei que disciplinou sua atividade assim não dispôs. Mas há sem dúvida uma relação de trabalho e esta atrai a aplicação do artigo 114 da CF.

Mais uma vez, repita-se: a ADI 3395 tem alvo específico — o regime estatutário — e não afeta as demais relações de trabalho em que possa envolver-se a Administração Pública.

Ainda que houvesse regime jurídico único celetista ou contratações pela Lei n. 9.962, que continua em vigência, este tipo de relação jurídica não impede a agilidade do Estado, como se argumentou no STF. Pode haver trabalho em diferentes turnos e isto é um cotidiano na vida trabalhista. O pagamento de horas extras também existe no serviço público — art. 61,V, da Lei n. 8.112/00 e, em alguns casos, o regime estatutário é que enrijece a natural flexibilidade que o serviço tem de ter, pelo excesso de garantias do servidor.

Pelo regime celetista, a dispensa é mais fácil, desde que acompanhada de indenizações legais. As mais complexas engrenagens administrativas de empresas multinacionais, os plantões noturnos de hospitais, os plantões de vigilantes e várias outras atividades, que demandam turnos ininterruptos e dedicação exclusiva, funcionam perfeitamente bem sob o regime celetista.

Logo, se for ele o escolhido, pode também cumprir a finalidade de reger o serviço público com total eficiência. Já se foi o tempo em que se precisava do autoritarismo unilateral do Estado para garantir a prestação de trabalho em certas circunstâncias.

Aliás, a flexibilização e a mobilidade exigidas na moderna Administração só se obtêm com o servidor privado, perante o qual a empresa pode tomar decisões rápidas sem óbices legais, pois tais medidas estão normalmente previstas em negociação coletiva e atendem ao interesse de ambas as partes, havendo, para o esforço, compensações salariais, impossíveis no serviço público para atender a um trabalhador ou grupo especial de trabalhadores.

Cite-se o exemplo italiano, em que o regime jurídico é único tanto para o empregado público quanto privado.[254] E a Itália é hoje a quinta economia do mundo.

3. A EVOLUÇÃO DA JURISPRUDÊNCIA TRABALHISTA

A 4ª Turma vem seguindo de perto a jurisprudência trabalhista indicada pelo TST com ampliações.

Inicialmente, reconheceu que havia relação de emprego com a pessoa de direito público, quando a contratação era irregular.

Não tendo sido nomeado para cargo ou emprego público, e ainda não editada a Lei n. 9.962/00, que introduziu de forma explícita a relação de trabalho com o poder público, divisamos a existência de um *novum genus*, o contrato de trabalho com o Estado, hoje tornado possível, de forma objetiva e clara, pela lei citada.

O TST, entretanto, não aceitou a tese, expedindo a Súmula 363 que reconhece ao trabalhador contratado irregularmente apenas a contraprestação das horas trabalhadas e o FGTS, este proveniente de norma legal.

---

(254) Para detalhes do regime jurídico único italiano, ver ÁLVARES DA SILVA, Antônio. *Greve no serviço público... Op. cit.*, p.161. Giancarlo Perone, em conferência para os alunos da pós-graduação em Direito da Faculdade de Direito da UFMG, lembra que, não obstante esta identificação, há certos núcleos duros que não podem ser modificados, pois fazem parte da política estatal. Por exemplo, a acesso a cargo público mediante concurso previsto no art. 97 da Constituição italiana. A convenção coletiva é livre, não precisa de aquiescência ou ratificação do presidente da república. A Administração Pública é representada na negociação coletiva pela Agência para Representação Negocial das Administrações Públicas — Aran — constituída de comitês dos diferentes setores da administração pública e dos sindicatos mais representativos destes setores. A seguir a negociação é apresentada à Corti dei Conti (tribunal de contas), que emitirá parecer em 15 dias sobre a compatibilidade da negociação com o orçamento público. Onde então as propaladas dificuldades da negociação coletiva com o poder pública e a compatibilidade do regime trabalhista para a administração pública? O regime, sendo único, recepciona as vantagens e evita os defeitos de ambos os lados. Até que se introduza este regime e, nosso direito, o ideal é a composição que hoje se tenta nos tribunais do trabalho. O regime estatutário ficou fora da jurisdição do trabalho pela ADI 3395. Mas as demais relações de trabalho com o Estado podem ficar nesta jurisdição para resolver os dissídios que daí nascem.

A Orientação Jurisprudencial 205 dispôs, em sua primeira parte, que

I — Inscreve-se na competência material da Justiça do Trabalho dirimir dissídio individual entre trabalhador e ente público se há controvérsia acerca do vínculo empregatício.

Isto significa que pode haver vínculo empregatício entre um trabalhador e um ente público. E que está na competência material da Justiça do Trabalho decidir sobre sua existência.

Reconhecido o vínculo, aplica-se a Súmula 363, fazendo jus o suposto empregado público apenas às horas trabalhadas e ao FGTS.

A segunda parte da OJ 205 trata da contratação com base no art. 37, IX, da CF

II — A simples presença de lei que disciplina a contratação por tempo determinado para atender a necessidade temporária de excepcional interesse público (art. 37, inciso IX, da CF/1988) não é o bastante para deslocar a competência da Justiça do Trabalho se se alega desvirtuamento em tal contratação, mediante a prestação de serviços à Administração para atendimento de necessidade permanente e não para acudir a situação transitória e emergencial.

A OJ reconheceu, como não podia deixar de ser, a existência de uma nova vinculação ao serviço público, regulada pelo art. 37, IX da CF. Mas reconheceu que também pode haver fraude, como entendeu existir a Quarta Turma, no caso que motivou as reflexões deste artigo, pois houve contratações sucessivas, tornando permanente a contratação eventual, por prazo determinado, para atender a fins de excepcional interesse público, como está no art. 37, IX, da CF.

Se se entender, como parece, que, mesmo havendo vínculo permanente de prestação de serviço com o Estado, a relação está sob a guarda da ADI 3395, que proibe à Justiça do Trabalho decidir questões que envolvem a relação estatutária, então estarão automaticamente revogadas, tanto a Súmula 363 quanto a OJ 205.

Porém, para se chegar a esta conclusão, teríamos que admitir que, mesmo os servidores contratados sob o pálio do art. 37, IX, teriam uma relação estatutária com a Administração Pública, o que é um contra-senso.

Todos estes fatos mostram a discussão da matéria está desfocada. Não se trata da hipótese de incidência da ADI 3395.

4. CONCLUSÕES

Ao julgar estas importantes questões, o STF, na pessoa de seus ministros, naturalmente considerará o alcance social que elas têm para a sociedade e para o povo em geral.

À Justiça do Trabalho está reservado no pós-moderno decidir e compor os conflitos do trabalho de qualquer categoria ou gênero. Esta é uma realidade que cresce em todo o mundo.

Esvaziá-la desta missão significa diminuir as possibilidades de melhor prestação Judiciária, exatamente porque a especialização permite um conhecimento mais próximo da realidade, possibilitando um julgamento que satisfaça melhor às necessidades sociais subjacentes ao conflito.

Entre o povo e os órgãos estatais (entre os quais, naturalmente, se situa o Judiciário), há uma relação fundamental básica, que se coloca entre a sociedade e as instituições que se criam para institucionalizá-la, ou seja, *Fundamentalbeziehung zwischen einer Basis — Gesellschaft — und einem — Überbau —* (superestrutura), a que se dá o nome de Estado. (255)

Entre elas deve haver um justo equilíbrio e uma adequada convivência. Uma dessintonia entre elas conduz a falhas e imperfeições no exercício das finalidades do próprio Estado.

Por vontade soberana da Constituição, atribuiu-se à Justiça do Trabalho julgar

I — as ações oriundas da relação de trabalho, abrangidos os entes de direito público externo e da administração pública direta e indireta da União, dos Estados, do Distrito Federal e dos Municípios; (Incluído pela Emenda Constitucional n. 45, de 2004).

Pela clara, insofismável e evidente redação, não há dúvida alguma de que os entes da AP foram incluídos nesta competência.

As conclusões da ADI 3395 não correspondem ao atual estágio de evolução das relações de trabalho com o Estado. Não existe mais o "vínculo estatutário", tal como se formou no século passado, mas sim um misto de conceitos de um lado e de outro.

Para demonstrar que o regime estatutário está definitivamente superado, vejam-se os seguintes fatores, que performam o moderno perfil do servidor público atual:

1 — SINDICALIZAÇÃO

2 — GREVE

3 — DISCUTIR A CONTEÚDO DAS OBRIGAÇÕES DO CARGO – ART. 12 DA LEI N. 8.112/90

4 — NEGOCIAÇÃO COLETIVA DE FATO

LEI N. 9.962/00

5 — DOS 34 ITENS DO ART. 7º, 14 SE APLICAM AO SERVIDOR PÚBLICO

6 — O EXEMPLO DO DIREITO ITALIANO

Faremos um comentário ligeiro sobre cada um.

Como se pode dizer unilateral, como afirma *Celso Antônio Bandeira de Mello*, bem como o STF, um regime em que os servidores podem sindicalizar-se e fazer greve?

Não se conhece nenhum país do mundo em que os sindicatos, representando os trabalhadores, não negociem, discutam e representem os interesses de seus representados.

Sindicato existe para representar. Está escrito no art. 8º, III, da CF o seguinte: "Ao sindicato cabe a defesa dos direitos e interesses coletivos e individuais da categoria, inclusive em questões judiciais ou administrativas".

Acaso é possível defender interesses individuais e coletivos sem negociar, dialogar, tratar e conversar? E isto significa unilateralidade?

---

(255) BEYER, Wilhelm R. *Staatsphilosophie*. München: Dobbeck Verlag, 1959. p. 9.

Creio que o assunto, por ser óbvio, não merece maior aprofundamento.

A Lei n. 7.783/89 (Lei de Greve) foi adaptada ao serviço público por intermédio do Mandado de Injunção 712. O artigo 3º, recepcionado no mandado de injunção citado, diz:

> "Frustrada a negociação ou verificada a impossibilidade de recursos via arbitral, é facultada a cessão coletiva do trabalho."

Ora, se a negociação foi "frustrada", isto significa que ela existiu. Só que não foi dotada de sucesso. Em vez de plena e exitosa, malogrou-se. E não é preciso lembrar aqui que toda mudança de estado (isto é, do êxito ao malogro) só pode operar-se no que existe.

Negociar, ter êxito ou frustração é unilateralismo? Acaso negociar é ato isolado?

É elementar que a greve existe e sempre existiu no Direito Coletivo do Trabalho para forçar o empregador a conceder condições de trabalho mais favoráveis ao trabalhador.

Se agora o empregado pode forçar o Estado a negociar, onde fica o "unilateralismo"?

O art. 13 da Lei n. 8.112/90 diz:

> A posse dar-se-á pela assinatura do respectivo termo, no qual deverão constar as atribuições, os deveres, as responsabilidades e os direitos inerentes ao cargo ocupado, que não poderão ser alterados unilateralmente, por qualquer das partes, ressalvados os atos de ofício previstos em lei.

No termo de posse devem constar as atribuições, os deveres e as responsabilidades do cargo, *que não poderão ser alterados unilateralmente.* (Grifei).

Acaso estabelecer deveres, atribuições e responsabilidades que só podem ser mudados por negociação é ato unilateral?

Até o próprio Estatuto dos Servidores Públicos Civis já é flexível. Quem não viu isto até agora foi o Judiciário, infelizmente.

O artigo 1º da Lei n. 9.962 diz:

> O pessoal admitido para emprego público na Administração federal direta, autárquica e fundacional terá sua relação de trabalho regida pela Consolidação das Leis do Trabalho, aprovada pelo Decreto-Lei n. 5.452, de 1º de maio de 1943, e legislação trabalhista correlata, naquilo que a lei não dispuser em contrário. [256]
>
> § 1º Leis específicas disporão sobre a criação dos empregos de que trata esta Lei no âmbito da Administração direta, autárquica e fundacional do Poder Executivo, bem como sobre a transformação dos atuais cargos em empregos.

Esta lei, que está em plena vigência, regulamentou o emprego público na Administração Federal, cuja relação de trabalho será regida pela CLT. Acaso a CLT estabelece um regime unilateral?

---

(256) Aqui se vê, mais uma vez, o retorno ao Direito do Trabalho. A CLT só será modificada se a lei, que criar o emprego público, dispuser em contrário. Portanto, agora, o tal "regime misto" ou a chamada "lei especial" é que são exceção.

Dos 34 itens que a CF estabeleceu como direito dos trabalhadores urbanos e rurais, 14 foram transpostos para o serviço público. Portanto o que há hoje é um regime misto, nunca um "estatuto".

O direito italiano hoje não estabelece mais uma regulação diferente da relação de trabalho do servidor público com o Estado. Salvo categorias especiais — tais como juízes, ministério público — a lei que se aplica ao trabalhador privado e ao público é a mesma. [257]

O que no Brasil é um absurdo, na Itália é o cotidiano. Dirão que cada povo tem seu ordenamento jurídico. Sim, mas uns são melhores e mais atuais do que outros.

Este sucessivo esvaziamento da Justiça do Trabalho, depois da EC n. 45, que teve como propósito exatamente ampliá-la, não é bom para o povo nem para o País.

Por isto, o Colégio de Presidentes e Corregedores de Tribunais Regionais — Coleprecor — reunido em Brasília no dia 11.2. 09, debatendo o tema "relação de trabalho e a competência da Justiça do Trabalho", tomou a seguinte e incisiva posição:

1 – O artigo 114 da CF atribui à Justiça do Trabalho competência para julgar todos os casos oriundos da relação de trabalho, sem qualquer limitação;

2 – A Justiça do Trabalho é capilarizada por todo o território nacional, estando em condições de prestar jurisdição plena sobre o trabalho humano com celeridade e economia, dada a sua reconhecida competência, estando, portanto, apta a atender à reivindicação de justiça do cidadão.

3 – É flagrante a oscilação da jurisprudência quanto ao alcance da competência da Justiça do Trabalho assegurado pelo artigo 114, I, da CF.

Isto posto, os membros do Coleprecor, preocupados com esta questão, concitam os Excelentíssimos Senhores Ministros do colendo Tribunal Superior do Trabalho e os integrantes do Conselho Superior da Justiça do Trabalho que envidem esforços na defesa institucional da competência da Justiça do Trabalho tal como expressa na Constituição Federal.

A declaração diz tudo e tocou no cerne do problema.

É preciso que haja uma campanha, interna e externa, no Judiciário Trabalhista e fora dele, junto ao Congresso Nacional, para que se aplique a competência agora conquistada, sem os frequentes cortes que vem sofrendo no STF e no STJ.

A jurisdição do trabalho está aquém do serviço que pode prestar ao jurisdicionado. Pela alta formação jurídica e moral de seus juízes, está apta a desempenhar um papel bem maior na sociedade brasileira.

A sociedade do pós-moderno é informal, rápida e ágil. Exige dos particulares e dos governos soluções imediatas. Os sistemas jurídicos de nossos dias têm de conformar-se à nova realidade, sob pena de se tornarem um obstáculo ao desenvolvimento político, social e econômico de uma nova era.

---

(257) Greve no serviço público depois da decisão do STF. *Op. cit.*, p. 166-171.

Se a jurisprudência do STF e do STJ é hostil a esta ampliação, resta o apelo ao legislador para recolocar as coisas no seu curso certo.

O fato é que o erro, quando persistente, precisa ser corrigido, para que a sociedade não fique prejudicada.

BIBLIOGRAFIA

ALENCAR, José Arraes de. *Vocabulário latino*. Rio de Janeiro: Civilização Brasileira, 1944.

ÁLVARES DA SILVA, Antônio. *Greve no serviço público depois da decisão do STF*. São Paulo: LTr, 1988.

_____. *Questões polêmicas de Direito do Trabalho*. São Paulo: LTr, 1993.

_____. *Reforma para a justiça do trabalho*. Belo Horizonte: RTM, 1996.

_____. *Juizado especial de causas trabalhistas*. São Paulo: LTr, 1996.

_____. *Reforma do Judiciário*. Belo Horizonte: Del Rey, 2004.

_____. *As súmulas de efeito vinculante e a completude do ordenamento jurídico*. São Paulo: LTr, 2004.

_____. *Dissídio coletivo e a EC 45/04*. Belo Horizonte: RTM, 2005.

_____. *Pequeno tratado da nova competência trabalhista*. São Paulo: LTr, 2005.

_____. *Competência penal trabalhista*. São Paulo: LTr, 2006.

_____. *Execução provisória trabalhista depois da reforma do CPC*. São Paulo: LTr, 2007.

_____. *Execução provisória trabalhista depois da reforma do CPC*. São Paulo: LTr, 2008

AMERICAN HERITAGE DICTIONARY, versão *on line*.

ARISTÓTELES. *Política*. S.l. Europa-América, 1997.

ASSIS, Araken de. *Manual de execução*. 11. ed. São Paulo: Revista dos Tribunais, 2007.

ATIYAH, P. S. *Law & modern society*. 2. ed. Oxford: Oxford Press, 1995.

BACHELARD, G. *O novo espírito científico*. Rio de Janeiro: Tempo Brasileiro, 1968.

BALLY, Charles. *El lenguage y la vida*. Buenos Aires: Losada, 1967.

BANDEIRA DE MELLO, Celso Antônio. *Curso de direito administrativo*. 21. ed. São Paulo: Malheiros, 2006.

BENEVIDES FILHO, Maurício. *A sanção premial no direito*. Brasília: Brasília Jurídica, 1999.

BENTHAM, Jeremias. *As recompensas em matéria penal*. São Paulo: Rideel, 2007.

BERGEL. *Teoria geral do direito*. São Paulo: Martins Fontes, 2001.

BEYER, Wihelm R. *Staatsphilosophie*. München: Dobbeck Verlag, 1959.

BLENK, Werner. *European labour courts:* current issues. Geneva: International Labour Office, 1989.

BOBBIO, Norberto. *Teoria general del derecho*. Bogotá: Temis, 1992.

_____. *O positivismo jurídico*. São Paulo: Ícone, 1995.

_____. *Teoria geral da política* – a filosofia política e a lição dos clássicos. Rio de Janeiro: Campus, 2000.

_____. *O filósofo e a política*. Rio de Janeiro: Contraponto, 2003.

_____. *Da estrutura à função*. São Paulo: Manole, 2007.

BRANQUINHO, João; MURCHO, Desidério; GOMES, Nelson Gonçalves. *Enciclopédia de termos lógico-filosóficos*. São Paulo: Martins Fontes, 2006.

BRETONE, Mário. *História do direito romano*. Lisboa: Estampa, 1990.

BROX/RÜRHERS/HENSSLER. *Arbeitsrecht*. 16 Auf. Stuttgart: Kohlhammer, 2004.

BRUGER, Walter. *Dicionário de filosofia*. São Paulo: Herder,1962.

BURNHAM, William. *Introduction to the law and legal system of the United States*. St. Paul: West Publishing, 1995.

CAETANO, Marcello. *Manual de direito administrativo*. Rio de Janeiro: Forense, 1970. t. II.

CÂMARA JÚNIOR, J. Mattoso. *Princípios de lingüística geral*. Rio de Janeiro: Livraria Acadêmica, 1959.

CANOTILHO, J. J. Gomes; MOREIRA, Vital. *Constituição da república portuguesa anotada*. 1. ed. Coimbra: Coimbra Editora, 2007.

CAPPELLETTI, Mauro. *Proceso, ideologias, sociedad*. Buenos Aires: Ediciones Jurídicas Europa-América, 1974.

CARNELUTTI, Francesco. *As misérias do processo penal.* Campinas: Conan, 1995.

CHALET, Didier. *La célérité de la procédure en droit processuel.* Paris. L.G.D.J., 2006.

CHURCHLAND, Patrícia Smith. *Neurophilosophie.* Cambridge: Bradfor Book, 1986.

COING, Helmut. *Fundamentos de filosofia do direito.* Barcelona: Ediciones Ariel, 1961.

CORDEIRO, Antônio Menezes. *Manual de Direito do Trabalho.* Coimbra: Almedina, 1991.

COUTURE, Eduardo J. *Fundamentos del derecho procesual civil.* Buenos Aires: Depalma,1969.

CRUZ, Luana Pedrosa de Figueiredo. *As modificações no conceito de sentença à luz dos princípios do sincretismo e da* nulla executio sine titulo. GOMES JR. Luiz Manoel; SOUZA, Emérson de Cortezia.

DAHL, Robert A. *Sobre a democracia.* Brasília: UnB, 2001.

DE BUEN, Nestor. *Derecho procesal del trabajo.* México: Porrúa, 1994.

DELLACAMPAGNE, Christian. *A filosofia política hoje.* Rio de Janeiro: Zahar, 2001.

DICIONÁRIO DOS USUÁRIOS DE MICROCOMPUTADORES. Rio de Janeiro: Campus, 1993.

DINAMARCO, Cândido Rangel. Menor onerosidade possível e efetividade da tutela jurisdicional. In: *Nova era do processo civil.* 2. ed. São Paulo: Malheiros, 2007.

DOBBYN, John. *Injunctios.* St. Paul, 1974.

EPSTEIN, Isaac. *Cibernética.* São Paulo: Ática, 1986.

FERRARI, Regina Maria Macedo Nery. *Critérios científicos para a solução de conflitos aparentes entre tratados internacionais e a Constituição Federal.* São Paulo: Revista dos Tribunais, v. 95. n. 856.

FERREIRA, Daniel. *Sanções administrativas.* São Paulo: Malheiros, 2001.

FLACO, Quinto Horácio. *Sátiras.* Tradução de Antônio Luís Seabra. Rio de Janeiro: Simões, 1952.

FRIAS, José Eustáquio. A multa pelo descumprimento da condenação em quantia certa e o novo conceito de sentença. In: SANTOS, Ernani Fidelis *et al. Execução civil* – Estudos em homenagem a Humberto Theodoro Júnior. São Paulo: Revista dos Tribunais, 2007.

FRIEDMAN, Thomas L. *O mundo é plano* – uma breve história do século XXI. Rio de Janeiro: Objetiva, 2005.

GIDDENS, Anthony. *A terceira via*. Rio de Janeiro: Record, 2000.

GOETHE, Johann Wolfgang. *Máximas e reflexões*. Lisboa: Guimarães Editores, 2001.

GUIBOURG. *Manual de informática jurídica*. Buenos Aires: Astrea, 1996.

HARRÉ, Rom et al. *O homem e a ciência*. Problemas da revolução científica. Belo Horizonte: Itatiaia, 2000.

HERVADA, Javier. *O que é o direito*? A moderna resposta do realismo jurídico. São Paulo: Martins Fontes,1996.

_____. *Lições propedêuticas de filosofia do direito*. São Paulo: Martins Fontes, 2008.

HOUAISS ELETRÔNICO.

JARSPER, Karl. *Was ist Philosophie*? München: Piper & Co Verlag,1976.

KASSIERER, Ernst. *Linguagem e mito*. 4. ed. São Paulo: Perspectiva, 2006.

KAUFMANN, Arthur. *Rechtsphilosophie*. München: C.H. Beck, 1997.

KELSEN, Hans. *Teoria geral das normas*. Porto Alegre: Fabris, 1986.

_____. *Teoria geral do direito e do Estado*. São Paulo: Martins Fontes,1990.

KLUG, Ulrich. *Lógica jurídica*. Colômbia: Themis,1998.

KONDAKOW, N. I. *Wörterch der Logik*. Westgberlin: Déb, 1978.

LABBÉE, Pascal. *Introduction au droit processuel*. Lille: Presses Universitaires, 1955.

LARENZ, Karl. *Richtiges Recht* — Grundzüge einer Rechtsethik. München: C.H. Beck, 1979.

_____. *Methodenlehre der Rechtswissenschaft*. 5 Auf. Berlin: Springer/Verlag, 1983.

LEVY, Pierre. *As tecnologias da inteligência* — o futuro do pensamento na era da informática. Rio de Janeiro: Editora 34, 1993.

LOPES, José Reinaldo de Lima. *O direito na história*. 2. ed. Rio de Janeiro: Max Limonad, 2002.

LOSANO, Mario G. *Curso de informática jurídica*. Madrid: Tecnos, 1987.

LUZ, José Luís Brandão da. *Introdução à epistemologia* — Conhecimento, verdade e história. Lisboa: Casa da Moeda, 2002.

LYONS, John. *Linguagem e linguística*. Rio de Janeiro: LTC, 1987.

MACHADO NETO, A. L. *Problemas filosóficos das ciências humanas*. Brasília: Universidade de Brasília, 1966.

MARTIN, F. *Les mots latins*. Paris: Hachette, 1941.

MARTINS FILHO, Ives Gandra da Silva. Breve história da justiça do trabalho no Brasil. In: *História do trabalho, do direito do trabalho e da justiça do trabalho*. São Paulo: LTr, 1998.

MARTINS, Leonardo. *Cinqüenta anos de jurisprudência do tribunal constitucional alemão*. Montevidéu: Konrad Adenauer Stiftung, 2005.

MELLO, Gladstone Cheves de. *Ensaio de estilística da língua portuguesa*. Rio de Janeiro: Padrão, 1976.

MINIDICIONÁRIO DE INFORMÁTICA. São Paulo: Saraiva, 1999.

MIRANDA, Pontes de. *Tratado de direito privado*. 3. ed. Rio de Janeiro: Borsoi, 1970. t. 1.

MITCHELL, William C.; SIMMONS, Randy T. *Para além da política* — Mercados, bem-estar social e o fracasso da burocracia. Rio de Janeiro: Topbooks, 2003.

MONDOLFO, Rodolfo. *O homem na cultura antiga*. São Paulo: Mestre Jou, 1968.

MONOD, Jacques. *Acaso e necessidade*. Petrópolis: Vozes,1971.

MOREIRA, José Carlos Barbosa. *Temas de direito processual*. Nona Série. São Paulo: Saraiva, 2007.

MORRISON, Wayne. *Filosofia do direito* — dos gregos ao pós-modernismo. São Paulo: Martins Fontes, 2006.

NUNES, Rogério. *Constituição dos EUA anotada*. Lisboa, 1993.

OLIVEIRA, Eugênio Pacelli de. *Curso de processo penal*. 3. ed. Belo Horizonte: Del Rey, 2004.

ORTEGA Y GASSET. *Meditação da técnica*. Rio de Janeiro: Livro Iberoamericano, 1963.

PALOMBELLA, Gianluigi. *Filosofía del derecho, moderna y contemporânea*. Madrid: Tecnos, 1999.

PASCAL, George. *Compreender Kant*. 2. ed. Petrópolis: Vozes, 2005.

PONTES DE MIRANDA. *Tratado de direito privado*. Parte Geral. 3. ed. Rio de Janeiro: Borsoi, 1970. t. 1.

POPPER, Karl. *Lógica das ciências sociais*. Rio de Janeiro: Tempo Universitário, 1978.

RADBRUCH, Gustavo. *Introdução à ciência do direito*. São Paulo: Martins Fontes,1999.

ROUSSEAU, J. J. *O contrato social*. São Paulo: Martins Fontes, 1989.

ROVER, Aires José. *Informática no direito* — inteligência artificial. Curitiba: Juruá, 1992.

RUSSEL, Bertrand. *A perspectiva científica*. São Paulo: Editora Nacional, 1949.

_____. *Introdução à filosofia da matemática*. 2. ed. Rio de Janeiro: Zahar, 1996.

RÜTHER, Bernd. *Rechtstheorie*. 2 Auf. München: CH Beck, 2005.

RYFFEL, Hans. *Rechtssociologie*. Neuwied: Luchterhand, 1974.

SCHOPENHAUER, Arthur. *Fragmentos sobre a história da filosofia*. São Paulo: Martins Fontes, 2007.

SCHWABE, Jürgen. *Cinqüenta anos de jurisprudência do tribunal constitucional federal alemão*. Uruguay: Konrad Adenauer, 2005.

SENA, Adriana Goulart de. *Juízo conciliatório trabalhista*. São Paulo: LTr, v. 71, n. 10.

SOUZA E SILVA, Fernando Antônio. *O direito de litigar sem advogado*. Rio de Janeiro: Renovar, 2007.

SPENGLER, Oswald. *O homem e a técnica* — uma contribuição à filosofia da vida. Porto Alegre: Edições Meridiano, 1941.

TOSI, Renzo. *Dicionário de sentenças latinas e gregas*. São Paulo: Martins Fontes, 1996.

TREVESM, Renato. *Sociologia do direito*. São Paulo: Manole, 2004.

VASCONCELOS, Antônio Gomes de; GALDINO, Dirceu. *Núcleos intersindicais de conciliação trabalhista*. São Paulo: LTr, 1999.

VÉSCOVI, Enrique. *Teoria general del proceso*. Colômbia: Temis, 1999.

VIRGILIO. *Eneida*, Livro III.

WARNER, Ralph. *Small Claims Court*. Berkely: Nolo Press, 1994.

WARTOFSKY, Marx W. *Introdución a la filosofía de la ciencia*. Madrid: Alianza Editorial, 1973. v. 1.

WEISSTEIN, Erik. Disponível em: <http://www.mathworld.wolfram.com>. Acesso em: 8.9.07.

WIENER, Norbert. *Mensch und Menschmachine* — Kybernetik und Gesellschaft. Frankfurt: Athenäum, 1966.

ZIPPELIUS, Reinhold. *Das Wesen des Rechts*. München: C.H. Beck, 1973.